21世纪经济管理新形态教材·会计学系列

# 高级财务会计
## （第2版）

游春晖　王　菁 ◎ 编著

U0362186

清华大学出版社

北京

## 内 容 简 介

本书详细介绍了所得税会计、企业合并会计、合并财务报表、外币业务会计、租赁会计、股份支付会计、或有事项、非货币性资产交换、债务重组等经济业务的会计处理。本书具有以下三个特点：一是简单易懂，文字表述通俗易懂，图形、表格、例题、补充阅读资料等阐释详尽，并设置有思考题和精选练习题；二是保证质量，根据最新的企业会计准则和税收法规编写，覆盖了企业会计准则的重点章节和重点内容；三是实务导向，在每一个较重要的知识点后都设有对应的例题，所有的例题都与实务相关。

本书不仅可作为高等院校会计、财务管理、审计等专业及各类相关专业培训班的教材，也可作为实务界会计、财务管理、审计、税务等部门人员的业务学习用书和考证考级参考用书。

**图书在版编目（CIP）数据**

高级财务会计/游春晖，王菁编著. —2 版. —北京：清华大学出版社，2023.1
21 世纪经济管理新形态教材. 会计学系列
ISBN 978-7-302-62532-2

Ⅰ. ①高…　Ⅱ. ①游…　②王　Ⅲ. ①财务会计－高等学校－教材　Ⅳ. ①F234.4

中国版本图书馆 CIP 数据核字(2023)第 016111 号

责任编辑：左玉冰
封面设计：汉风唐韵
责任校对：宋玉莲
责任印制：沈　露
出版发行：清华大学出版社
网　　　址：http://www.tup.com.cn，http://www.wqbook.com
地　　　址：北京清华大学学研大厦 A 座　　　　　　邮　　编：100084
社 总 机：010-83470000　　　　　　　　　　邮　　购：010-62786544
投稿与读者服务：010-62776969，c-service@tup.tsinghua.edu.cn
质 量 反 馈：010-62772015，zhiliang@tup.tsinghua.edu.cn
课 件 下 载：http://www.tup.com.cn，010-83470142
印 装 者：三河市人民印务有限公司
经　　销：全国新华书店
开　　本：185mm×260mm　　　　印 张：15.75　　　字　　数：366 千字
版　　次：2019 年 4 月第 1 版　　2023 年 2 月第 2 版　　印　　次：2023 年 2 月第 1 次印刷
定　　价：49.00 元

产品编号：098123-01

# 第 2 版 前 言

随着经济全球化和我国市场经济的日益发展,企业交易事项日趋复杂。财政部会计准则委员会自 2019 年以来依次发布了《企业会计准则第 21 号——租赁》《企业会计准则第 7 号——非货币性资产交换》《企业会计准则第 12 号——债务重组》等准则。鉴于高级财务会计在会计服务经济社会发展中的特殊地位及专题务实性、内容时效性的要求,我们启动了对《高级财务会计》第 1 版的修订。

根据 2019 年以来企业会计准则的最新动态,结合教学需求,我们对第 1 版教材进行了以下修订:

(1)根据修订后的《企业会计准则第 21 号——租赁》《企业会计准则第 22 号——金融工具确认和计量》,对租赁会计章节的内容进行重新编写;

(2)根据修订后的《企业会计准则第 12 号——债务重组》《企业会计准则第 22 号——金融工具确认和计量》,对债务重组章节的内容进行重新编写;

(3)根据修订后的《企业会计准则第 7 号——非货币性资产交换》,对非货币性资产交换章节的内容进行了完善;

(4)根据"高级财务会计"课程特点增加课程思政内容,在介绍实务案例的同时培养使用者的爱国情怀和专业志趣;

(5)对各章节的内容进行了必要的文字修改和完善。

第 2 版《高级财务会计》仍然设置为九章,分别介绍所得税会计、企业合并会计、合并财务报表、外币业务会计、租赁会计、股份支付会计、或有事项、非货币性资产交换、债务重组九个专题。

虽经仔细校对,但书中仍可能存在不足与疏漏之处,敬请专家和读者批评指正。

编 者
2022 年 7 月

# 目 录

# 第一章

# 所得税会计

## 【学习要点】

- 资产、负债的计税基础
- 资产、负债的暂时性差异
- 递延所得税负债的确认和计量
- 递延所得税资产的确认和计量
- 所得税费用的确认和计量

## 【学习目标】

通过本章的学习，理解资产、负债的计税基础、暂时性差异的内涵；掌握如何确定具体资产、具体负债的计税基础；掌握应纳税暂时性差异、可抵扣暂时性差异的计量方法；掌握递延所得税资产、递延所得税负债的确认和计量；掌握所得税费用的计量方法和核算方法。

## 第一节　所得税会计的基本原理

### 一、资产负债表债务法的含义

资产负债表债务法是从资产负债表出发，在比较资产、负债按照会计原则列报的账面价值与按照税法规定确定的计税基础的基础上，计算两者差异并进一步确定其对所得税影响的方法。资产负债表债务法能够反映资产、负债对未来所得税的影响，在所得税核算领域贯彻了资产负债观。

资产的账面价值表示的是某一资产在未来使用及处置时可为企业带来的经济利益，而资产的计税基础表示的是该资产在未来使用期间按照税法规定可以在所得税前抵扣的金额。资产的账面价值大于计税基础说明资产带来的未来经济利益要高于资产可以税前扣除的金额，形成未来应纳税所得额，企业应确认递延所得税负债；而资产的账面价值小于计税基础说明资产带来的未来经济利益要低于资产可以税前扣除的金额，这部分没有扣除完的差额可以抵减未来应纳税所得额，企业应确认递延所得税资产。

### 二、资产负债表债务法的理论基础

#### 1. 资产负债的定义

递延所得税资产（或负债）是因资产（或负债）的暂时性差异形成的未来可以用来

抵税的资产（或应纳税的负债）。暂时性差异是由于税收法规与企业会计准则的确认时间或计税基础不同而产生的差异，它是由过去的交易或事项形成的，在未来资产使用（或负债清偿）过程中，会减少（或增加）应纳税所得额的差异。可以发现，递延所得税资产（或负债）是完全符合资产（或负债）的定义的。

### 2. 权责发生制

根据企业会计准则的要求，收入和费用应按照权责发生制以归属期间为标准确认，而非根据所得税缴纳的收付实现制为标准确认。暂时性差异是企业会计准则与税收法规不一致所形成的差异，其对所得税实际缴纳数额的影响表现在未来转回期间。在暂时性差异发生时即确认递延所得税资产（或递延所得税负债），同时确认所得税费用符合权责发生制的要求。

## 三、资产负债表债务法下所得税会计的一般程序

企业一般应在资产负债表日进行所得税的核算，但如果有特殊交易或事项发生（如企业合并等），则在交易或事项发生并确认相关资产、负债时确认其对所得税的影响。所得税会计的一般核算程序如下。

### 1. 确定资产、负债项目的账面价值

除递延所得税资产和递延所得税负债外，确认相关资产和负债的账面价值。相关资产和负债的账面价值为其在资产负债表中所列示的金额。如果相关资产有计提跌价准备、减值准备等，应相应减去。如某企业有存货账面余额 1 000 万元，经过减值测试后企业对其计提了 10 万元的跌价准备，则其账面价值为 990 万元。

### 2. 确定资产、负债项目的计税基础

资产、负债项目的计税基础应以适用的税法为基础，根据企业会计准则有关计税基础的确定方法进行计算确定。如某资产的账面价值为 100 万元，按照税法规定该资产在未来可以在所得税前扣除的金额为 100 万元，则其计税基础为 100 万元。

### 3. 确定本期应确认或转销的递延所得税

对比资产、负债项目的账面价值和计税基础，分析其产生差异的性质，除特殊情况外，将其归类为应纳税暂时性差异或可抵扣暂时性差异，计算递延所得税负债或递延所得税资产在资产负债表日的应有金额。然后将该金额与期初递延所得税负债或递延所得税资产比较，计算本期应进一步确认或转销的递延所得税负债或递延所得税资产金额。

### 4. 计算当期应交所得税

按照税法规定计算当期应纳税所得额，然后根据适用税率计算当期应交所得税。

### 5. 确认所得税费用

根据当期递延所得税和当期应交所得税，计算两者之和（或之差）得到当期应确认的所得税费用。

# 第二节 资产、负债的计税基础

在资产负债表债务法下，所得税会计的关键是确定资产、负债的计税基础。

## 一、资产的计税基础

资产的计税基础是指企业在收回资产账面价值过程中，计算应纳税所得额时，按照税法规定，可以自应税经济利益中扣除的金额，也就是资产按照税法规定在未来期间可以税前扣除的金额。

资产的计税基础 = 资产未来可以所得税前扣除的金额

= 资产的账面价值 - 以前期间已经所得税前扣除的金额

通常情况下，资产的取得成本在未来期间可以全部准予扣除。也就是说，初始确认时资产的取得成本即为其计税基础。在资产使用过程中，其计税基础是资产的取得成本减去以前期间按照税法规定已经在所得税前扣除金额后的余额，如固定资产在使用过程中其计税基础为其取得成本减去按照税法规定已经在税前扣除的累计折旧金额。

### （一）固定资产

初始确认时，不论何种取得方式，固定资产的入账价值通常为税法所认可，因此其计税基础与账面价值一致。但在持有期间，固定资产折旧方法、折旧年限、减值准备计提会计处理与税法规定的差异可能会使固定资产计税基础与其账面价值出现差异。

#### 1. 折旧方法的差异

企业会计准则规定，企业可以根据固定资产经济利益的实现方式合理选取折旧方法，可供选择的折旧方法包括年限平均法、加速折旧法、工作量法等。在税法中，除了部分可以加速折旧的情形外，一般情况下允许折旧扣除的方法为年限平均法。

固定资产的账面价值 = 取得成本 - 累计折旧 - 固定资产减值准备

固定资产的计税基础 = 取得成本 - 按照税法规定在以前期间已经税前扣除的折旧额

当采用会计折旧方法确认的折旧金额与按税法规定可以扣除的折旧金额不一致时，就会导致固定资产账面价值和计税基础不一致。

**【例 1-1】** A 公司 20×1 年 12 月取得一项固定资产，取得成本为 100 万元。企业会计准则和税法均规定其使用寿命为 10 年，预计净残值为 0。A 公司根据该项固定资产未来使用情况，预期前期磨损较多，因此采用双倍余额递减法计提折旧；但税法规定该类固定资产应采用年限平均法计提折旧。要求计算 20×2 年 12 月 31 日该项固定资产的账面价值和计税基础。

**【分析】**

20×2 年 12 月 31 日，该项固定资产账面价值 = 100 - 100 × 20% = 80（万元）。

20×2 年 12 月 31 日，该项固定资产计税基础 = 100 - 100/10 = 90（万元）。

固定资产账面价值和计税基础存在 10 万元的差异，导致 A 公司当年按照税法计算的应纳税所得额比按照会计计算的应纳税所得额多 10 万元，即应减少未来期间的应纳税所得额 10 万元。

### 2. 折旧年限的差异

企业会计准则规定，固定资产折旧年限由企业根据其性质和使用情况合理确定；税法中，固定资产折旧年限根据资产类别确定，每一类资产均有其对应的最低折旧年限。当企业固定资产会计折旧年限与税法规定不一致时，将导致两者折旧金额的差异，并最终导致资产负债表日固定资产账面价值和计税基础的不一致。

【例 1-2】 A 公司 20×1 年 12 月取得一项固定资产，取得成本为 100 万元，预计净残值为 0。会计和税法均采用年限平均法计提折旧，但企业会计准则规定的使用寿命为 5 年，而税法规定的最低使用年限为 10 年。要求计算 20×2 年 12 月 31 日该项固定资产的账面价值和计税基础。

【分析】

20×2 年 12 月 31 日，该项固定资产账面价值 = 100 − 100/5 = 80（万元）。

20×2 年 12 月 31 日，该项固定资产计税基础 = 100 − 100/10 = 90（万元）。

固定资产账面价值和计税基础存在 10 万元的差异，会减少未来期间的应纳税所得额。

### 3. 减值准备的计提

企业固定资产的可收回金额低于账面价值时应计提减值准备，但税法规定企业计提的减值准备在发生实质性损失前不允许扣除。税法只认可实质性的损失，没有发生实质性的损失，税法不允许在计算所得税前扣除。账面价值计算时扣除了减值准备，但税法不允许扣除，两者的差异导致固定资产账面价值和计税基础不一致。

【例 1-3】 A 公司 20×1 年 12 月取得一项固定资产，取得成本为 100 万元。企业会计准则和税法均规定采用年限平均法计提折旧，固定资产使用寿命为 10 年，预计净残值为 0。由于生产技术进步导致市场环境发生变化，20×2 年 12 月 31 日，A 公司估计该项固定资产的可收回金额为 70 万元。要求计算 20×2 年 12 月 31 日该项固定资产的账面价值和计税基础。

【分析】

20×2 年 12 月 31 日，该项固定资产账面价值 = 100 − 100/10 = 90（万元）。

20×2 年 12 月 31 日，该项固定资产可收回金额为 70 万元，账面价值大于可收回金额，A 公司应对该项固定资产计提减值准备 20 万元。计提减值准备后，该项固定资产账面价值变为 70 万元。

20×2 年 12 月 31 日，该项固定资产计税基础 = 100 − 100/10 = 90（万元）。

固定资产账面价值和计税基础 20 万元的差异，会减少未来期间的应纳税所得额。

### （二）无形资产

无形资产的取得方式可以分为自行研发取得和其他方式取得。其他方式取得的无形资产（如外购、投资者投入等），初始确认时账面价值和计税基础一般不存在差异。导致无形资产账面价值和计税基础不一致的情形主要有以下两种。

### 1. 自行研发取得的无形资产

企业会计准则规定，自行研发形成的无形资产划分为研究阶段和开发阶段两部分。

研究阶段发生的支出计入当期损益（管理费用），开发阶段发生的支出则要区分是否符合资本化条件。不符合资本化条件的计入当期损益（管理费用），符合资本化条件的则计入无形资产成本。如果确实无法区分的，则全部费用化。

税法规定，企业自行研发形成的无形资产其计税基础为从开发阶段符合资本化条件开始至形成无形资产为止所发生的支出。为鼓励企业加大研发投入，税法对开发新技术、新产品、新工艺的研发支出增加了加计扣除条款。对于费用化的研发支出，除了据实扣除已发生的研发成本外，还可按照已发生的研发成本的50%加计扣除；而对于计入无形资产成本的研发支出，则可按照无形资产成本的150%摊销。[①]

税法的优惠条款导致无形资产账面价值和计税基础不一致。这是因为，会计中无形资产的账面价值为开发阶段符合资本化条件之后所发生的支出，而税法中除了可以抵扣符合资本化条件之后所发生的支出外，还可以再抵扣50%，使得无形资产计税基础大于账面价值。

《企业会计准则第18号——所得税》规定，同时具有下列特征的交易中因资产或负债的初始确认所产生的递延所得税资产不予确认：①该项交易不是企业合并；②交易发生时既不影响会计利润也不影响应纳税所得额（或可抵扣亏损）。无形资产初始确认时同时符合上述两个条件，因此其账面价值与计税基础之间的暂时性差异不确认。同时，既然无形资产初始确认时不确认暂时性差异，那么在后续摊销时也不确认这些暂时性差异。

**【例1-4】**　A公司20×1年为开发新技术发生支出1 000万元，其中研究阶段400万元，开发阶段符合资本化条件前的支出100万元，符合资本化条件后发生的支出500万元。A公司当期计入管理费用500万元，计入无形资产成本500万元（尚未开始摊销）。税法规定，当期发生的费用化支出可按50%的比例加计扣除，形成资本化的支出可按照150%摊销。请问A公司20×1年无形资产账面价值和计税基础之间的暂时性差异是多少？是否应该确认？

**【分析】**

A公司当期所得税前可以扣除的无形资产开发支出为750［（400＋100）×150%］万元，未来可以所得税前扣除的金额为750（500×150%）万元。无形资产的计税基础为750万元，账面价值为500万元，250万元为暂时性差异。

由于上述250万元的暂时性差异为无形资产初始确认时产生的，A公司没有发生企业合并，无形资产初始确认也不影响会计利润或应纳税所得额，因此该250万元暂时性差异的所得税影响不予确认，不形成递延所得税。

### "既不影响会计利润也不影响应纳税所得额"的理解

理解1：自行研发取得的无形资产确认时，会计分录为，借记"无形资产"，贷记

---

① 2018年7月23日召开的国务院常务会议，将研发费用加计扣除比例由50%提高到75%，并将其适用对象由科技型中小企业扩大至所有企业。

"研发支出——资本化支出"，这个分录既不影响会计利润，也不影响应纳税所得额。它指的是确认时，而非指无形资产全过程，既不影响会计利润，也不影响应纳税所得额。无形资产在使用过程中，由于摊销、减值等，必定会影响会计利润和应纳税所得额。

理解 2：不确认递延所得税资产的原因。无形资产确认时既不影响会计利润，也不影响应纳税所得额，如果确认递延所得税，那么其对应科目不能是所得税费用；无形资产取得不是来源于企业合并，对应科目不能是商誉；无形资产确认不对所有者权益产生影响，对应科目不能是资本公积。排除这些之后，递延所得税确认时对应的科目只能是无形资产本身，即借记"递延所得税资产"，贷记"无形资产"。

上述分录会减少无形资产的账面价值，一方面违背了历史成本原则，另一方面又会导致无形资产账面价值和计税基础之间的差异产生新的变动，并进一步影响递延所得税资产，从而使得调整陷入无限循环。

### 2. 无形资产摊销、减值准备计提

无形资产摊销可进一步具体分为是否需要摊销、摊销方法、摊销年限。

（1）无形资产的摊销。企业会计准则规定，无形资产在后续计量时应区分使用寿命是否确定。对于使用寿命确定的无形资产，应在预计使用寿命内根据经济利益的预期消耗方式选择系统合理的方法进行摊销；而对于使用寿命不确定的无形资产则不摊销，在每个会计年度内进行减值测试。但税法规定，除了外购商誉外，企业应在一定期限内对无形资产进行摊销，并在所得税前扣除。两者规定的差异，造成无形资产当期摊销金额的差异，并进一步造成无形资产账面价值和计税基础金额的差异。

（2）无形资产减值准备的计提。与固定资产类似，无形资产计提减值准备后，账面价值减少。但税法规定，除非无形资产发生实质性损失，否则无形资产减值损失不允许税前扣除，也即无形资产减值准备的计提不会对计税基础产生影响。两者不一致，导致无形资产账面价值和计税基础产生差异。

**【例 1-5】** A 公司 20×1 年 1 月 1 日通过外购方式取得 W 无形资产。W 无形资产取得成本为 100 万元，A 公司将其划分为使用寿命不确定的无形资产。20×1 年的减值测试表明，W 无形资产未发生减值。税法规定，W 无形资产应采用直线法在 10 年内摊销完毕。要求计算 20×1 年 12 月 31 日 W 无形资产的账面价值和计税基础。

**【分析】**

由于 W 无形资产为使用寿命不确定的无形资产，不需要摊销。而减值测试表明未发生减值，因此 W 无形资产的账面价值仍为 100 万元。

按照税法规定，20×1 年 W 无形资产可在所得税前扣除金额为 10（100/10）万元，则其计税基础变为 90 万元。

两者形成暂时性差异 10 万元，应计入未来期间的应纳税所得额。这是因为，税法在 20×1 年计算所得税时已经扣除了 10 万元的累计摊销（通常计入管理费用），导致未来可以扣除的累计摊销减少 10 万元，即未来的应纳税所得额应比正常多 10 万元。

### （三）以公允价值计量且其变动计入当期损益的金融资产

以公允价值计量且其变动计入当期损益的金融资产，其公允价值变动一方面增加

（或减少）当期损益，另一方面按照公允价值调整会计期末的账面价值。但税法规定，企业以公允价值计量的金融资产、金融负债、投资性房地产等公允价值变动不调整应纳税所得额，只有等到实际处置或结算时才将其处置或结算价款与历史成本的差额调整成处置或结算期的应纳税所得额。税法的规定表明，上述金融资产持有期间的公允价值变动不影响其计税基础。会计和税法规定的差异导致账面价值和计税基础产生差异。

以公允价值计量且其变动计入其他综合收益的金融资产，其计税基础的处理与以公允价值计量且其变动计入当期损益的金融资产类似。

**【例 1-6】** A 公司 20×1 年 8 月以 100 万元购买了 B 公司的股权，将其划分为交易性金融资产。20×1 年 12 月 31 日，该股权投资的市价变为 120 万元。要求计算 20×1 年 12 月 31 日该交易性金融资产的账面价值和计税基础。

**【分析】**

20×1 年 12 月 31 日，交易性金融资产的公允价值上升，则 A 公司一方面增加交易性金融资产的账面价值 20 万元，另一方面确认公允价值变动损益。按照税法规定，该交易性金融资产的计税基础为其取得成本 100 万元，公允价值变动不计入应纳税所得额。两者之间的差异增加未来期间的应纳税所得额，可理解为未来期间资产处置可获得 120 万元的收益，但税法只允许扣除 100 万元，因此应增加处置时的应纳税所得额 20 万元。

**【例 1-7】** A 公司 20×1 年 9 月以 100 万元购买了 B 公司发行的债券，作为以公允价值计量且其变动计入其他综合收益的金融资产。20×1 年 12 月 31 日，该债权投资的市价变为 90 万元。要求计算 20×1 年 12 月 31 日该债权投资的账面价值和计税基础。

**【分析】**

20×1 年 12 月 31 日，债权投资的公允价值下降，A 公司一方面减少其他综合收益，另一方面减少其他债权投资的账面价值。按照税法规定，该债权投资公允价值的下降不影响计税基础。两者不一致导致存在 10 万元的暂时性差异，可理解为未来资产处置只能获得 90 万元的收益，但按照税法规定，未来可以扣除 100 万元，因此会减少未来处置时的应纳税所得额 10 万元。

### （四）投资性房地产

投资性房地产是为赚取租金、资本增值而持有的房地产，其后续计量模式包括成本模式和公允价值模式。当采用公允价值模式时，会计期末按照公允价值调整投资性房地产的账面价值，同时将其变动计入当期损益。

投资性房地产初始确认时账面价值和计税基础一般不存在差异，但后续计量时两者可能会出现差异。

（1）采用成本模式。采用成本模式时，投资性房地产要按月计提折旧或摊销，其账面价值和计税基础的确定与固定资产和无形资产类似。

（2）采用公允价值模式。采用公允价值模式的投资性房地产，账面价值的确定类似于以公允价值计量的金融资产，公允价值变动会导致账面价值变动。税法中没有投资性房地产的概念，更没有相关处理规定。由于税法中房地产要计提折旧，所以其计税基础的确定和固定资产、无形资产类似。

【例1-8】 A公司有自有房屋一栋，取得成本为1 000万元，已使用5年。企业会计准则和税法均规定折旧年限为20年，使用年限平均法计提折旧，预计净残值为0。20×1年1月1日，出于生产经营需要，A公司将该房屋出租，该房屋因此由固定资产转变为投资性房地产，且采用公允价值模式进行后续计量。受房地产热影响，20×1年12月31日该栋房屋的公允价值上升为1 200万元。要求计算20×1年12月31日该栋房屋的账面价值和计税基础。

【分析】

20×1年12月31日，该栋房屋公允价值上升，因此A公司一方面增加投资性房地产的账面价值至1 200万元，另一方面增加公允价值变动损益。

20×1年12月31日，该栋房屋的计税基础为取得成本（1 000万元）减去按照税法规定累计可以扣除的折旧［1 000÷20×6=300（万元）］，其计税基础为700万元。

两者的差异500万元为应纳税暂时性差异，即未来期间该栋房屋可以获得1 200万元的收益，但税法仅允许扣除700万元，因此存在500万元的应纳税暂时性差异。

### （五）计提了减值准备的资产

资产计提减值准备之后，账面价值会因此下降；但在没有发生实质性损失之前税法并不认可减值准备，因此资产的计税基础没有发生变化。两者不一致使得企业可以减少未来期间的应纳税所得额。

【例1-9】 A公司库存中有电子产品一批，账面价值10万元。因电子产品更新速度加快，该批电子产品出现了跌价。经测算，该批电子产品可变现净值为6万元。请问该批电子产品跌价会导致账面价值和计税基础发生什么变化？

【分析】

电子产品跌价使得企业需要计提存货跌价准备，其账面价值变为可变现净值6万元。而税法不认可计提跌价准备行为，其计税基础仍为10万元。企业未来的收益只有6万元，但可所得税前抵扣的有10万元，这种差异导致企业未来产生可抵扣暂时性差异4万元。

## 二、负债的计税基础

负债的计税基础是指负债的账面价值减去未来期间计算应纳税所得额时，按照税法规定可以抵扣的金额，即

负债的计税基础 = 负债的账面价值 - 未来负债在清偿时可以在所得税前扣除的金额
= 负债在未来期间清偿时不能税前扣除的金额

负债的确认和偿还如果不影响企业的损益，也不影响应纳税所得额，则其未来期间计算应纳税所得额时可以抵扣的金额为零，计税基础等于账面价值。但在某些情况下，负债的确认和偿还可能会影响企业的损益，进而影响企业应纳税所得额，导致计税基础和账面价值存在差异。

### （一）预计负债

企业在销售商品时，可能会作出提供售后服务等承诺。如果满足负债确认条件，企

业一方面要确认销售费用，另一方面要确认预计负债。

如果税法规定，与产品销售相关的支出只有在实际发生时才允许扣除，则表明未来可以所得税前扣除的金额为负债的账面价值，即负债的计税基础为零。这时就存在账面价值和计税基础的差异。

如果税法规定，与产品销售相关的支出，不论是否实际发生都不允许扣除，则负债的账面价值和计税基础相等，不存在差异。

**【例 1-10】** A 公司 20×1 年开发了一款新产品 S 产品。为扩大销售，A 公司承诺如果在 3 年内出现任何质量问题，可以提供免费维修服务。当年 A 公司销售 S 产品 1 000 万元，预计总共将发生 50 万元的保修支出，因此当年确认了 50 万元的预计负债和销售费用。20×1 年，A 公司未发生任何保修支出。税法规定，产品售后支出在实际发生时准予据实扣除。请计算 A 公司保修承诺的账面价值和计税基础。

**【分析】**

在预计保修费用时，A 公司一方面确认销售费用，另一方面确认预计负债，预计负债的账面价值为 50 万元。税法规定，保修支出实际发生时可以扣除，因此未来可以扣除的保修支出为 50 万元，即预计负债的计税基础为 0，两者因此产生了 50 万元的暂时性差异。

上述差异可以理解为，负债的账面价值是企业承担的未来应支付的现时义务。负债确认的同时企业也确认了销售费用，销售费用的产生导致从会计角度计算的利润总额下降。该项预计负债在确认时不能在所得税前扣除，导致税法计算的应纳税所得额比利润总额多 50 万元，即 20×1 年要多纳税。由于其是暂时性差异，虽然保修费用 20×1 年没有支出，但其后几年可能要发生，因此未来可以少纳税，即会减少未来的应纳税所得额 50 万元。

从负债的计税基础公式理解，负债的计税基础 = 账面价值 − 未来可以所得税前扣除的金额，即负债的计税基础为未来不能扣除的金额。预计负债在实际发生时可以全部扣除，未来不能扣除的金额为零，即预计负债的计税基础为零。

### （二）合同负债

在不符合收入确认条件的情况下，企业应将预收客户款项确认为一项负债（合同负债）。由于通常情况下，税法和企业会计准则对收入确认的原则相同，因此如果会计上未确认为收入，该项预收款项通常不应缴纳所得税，也即该项合同负债在未来计算应纳税所得额时可以税前扣除的金额为零，账面价值和计税基础相等，不产生暂时性差异。

在某些情况下，某些预收款项按照会计规定不确认为收入，但按照税法规定却应确认为收入计入应纳税所得额（如房地产开发企业需根据预收款项和毛利率计算确定应纳税所得额）。由于该项预收款项在当期已经缴税，在未来期间计算应纳税所得额时不用再纳税，可从未来期间的应纳税所得额中扣除，即该项预收款项未来可以税前扣除，合同负债的计税基础为零，产生暂时性差异。

**【例 1-11】** A 公司 20×1 年预收了客户的合同预付款 1 000 万元，因不符合企业会计准则中收入确认原则，A 公司将其计入合同负债。但按照税法规定，收到的客户预付款应计入当期的应纳税所得额计征所得税。要求计算预收账款的账面价值和计税基础。

**【分析】**

合同负债的账面价值＝20×1 年资产负债表日的账面价值 1 000（万元）

合同负债的计税基础＝账面价值 1 000－未来期间可以税前扣除的金额 1 000 = 0

由于该项合同负债在 20×1 年已经计入当期的应纳税所得额计征所得税，因此在未来期间该合同负债不应纳入应纳税所得额重复纳税，会减少未来期间的应纳税所得额 1 000 万元，未来可以税前扣除的金额为 1 000 万元，计税基础为 0。合同负债账面价值和计税基础形成的差额为可抵扣暂时性差异。

### （三）应付职工薪酬

当职工为企业提供服务时，企业应给予职工各种形式的报酬。如果企业应支付职工报酬却没有支付，则形成企业的应付职工薪酬。税法对合理的应付职工薪酬基本允许扣除，但某些超出扣除标准的职工薪酬不允许税前扣除，计税时应进行纳税调整。该部分不允许税前扣除的职工薪酬，不仅当期不允许扣除，在以后期间也不允许扣除（永久性差异），未来期间允许税前扣除的金额为零，这时账面价值和计税基础一致。

**【例 1-12】** A 公司 20×1 年 12 月计入成本费用的职工薪酬为 3 000 万元，截至 20×1 年 12 月 31 日仍未支付。根据税法规定，3 000 万元职工薪酬中可税前扣除的合理部分为 2 500 万元。要求计算应付职工薪酬的账面价值和计税基础。

**【分析】**

应付职工薪酬的账面价值＝3 000（万元）

应付职工薪酬的计税基础＝账面价值 3 000－未来期间可以税前扣除的金额 0

＝3 000（万元）

3 000 万元应付职工薪酬在形成时，一方面借记相关成本费用，另一方面贷记应付职工薪酬，应付职工薪酬已经在当期全部计入成本费用。3 000 万元可以分拆成两部分，一是可税前扣除的合理部分 2 500 万元，二是超标准的部分 500 万元。税法只允许扣除 2 500 万元，即 2 500 万元部分已经在当期所得税前扣除，这部分在未来期间不再扣除，未来可以扣除的金额为 0；剩余的 500 万元，因为超标准，在当期和未来都不允许扣除，未来可以扣除的金额为 0。账面价值和计税基础相等，不存在暂时性差异。

### （四）其他负债

企业如果被相关部门处罚，应缴而未缴的罚款和滞纳金等会构成企业的一项负债，企业一方面确认相关费用，另一方面确认负债。税法规定因违反法律法规而承担的罚款和滞纳金不允许税前扣除，即未来允许税前扣除的金额为零，计税基础和账面价值一致。

**【例 1-13】** A 公司为疫苗生产企业，因在生产过程中未能完全遵守相关法规和操作规程被人民法院处罚 1 000 万元，尚未支付。要求计算企业未缴处罚的账面价值和计税基础。

**【分析】**

负债的账面价值＝1 000（万元）

负债的计税基础＝账面价值 1 000－未来可以税前扣除的金额 0＝1 000（万元）

税法规定，因违法而支付的罚款不允许税前扣除，罚款未来可以扣除的金额为零，账面价值和计税基础相等，不存在暂时性差异。

### 三、特殊交易或事项中资产、负债的计税基础

对于特殊交易或事项，其资产、负债计税基础的确定应遵从税法规定。企业合并中企业会计准则和税法规定的差异可能会导致账面价值与计税基础不一致的情况。

企业会计准则规定，企业合并应区分同一控制下的企业合并和非同一控制下的企业合并。同一控制下的企业合并，合并方取得被合并方的资产、负债应按照其原账面价值入账，合并中不产生新的资产和负债；而对于非同一控制下的企业合并，合并方取得被合并方的资产、负债应按照购买日的公允价值入账，合并成本大于取得的被合并方可辨认净资产公允价值份额的部分应确认为商誉，合并成本小于取得的被合并方可辨认净资产公允价值份额的部分应计入当期损益。

税法并不区分是否同一控制。通常情况下，被合并方应视同公允价值转让、处置相关资产、负债，计算转让所得，缴纳所得税。这时合并方取得的资产、负债也即按照公允价值确定其计税基础。具体处理时，还应考虑企业合并是否是免税合并。[①]例如税法规定，同一控制下不需要支付对价的企业合并、合并方股东在合并时取得股权的支付金额不低于其交易支付总额 85% 的，可以选择按照被合并方原有资产、负债的计税基础作为其取得资产、负债的计税基础，被合并方企业转让不缴纳所得税。上述规定表明，如果不是免税合并，则合并方取得的资产和负债按照公允价值确定其计税依据；如果是免税合并，则合并方按照被合并方原账面价值确定其计税依据。

企业会计准则和税法规定的差异可能会导致账面价值与计税基础的不一致。如同一控制下的非免税合并，合并方取得的资产和负债均按照被合并方的原账面价值作为其账面价值，账面价值不变，但合并方应按照购买日的公允价值确定其计税基础，两者不一致导致需要确认递延所得税资产或负债。因上述差异产生于同一控制下的企业合并，递延所得税的影响应计入所有者权益。又如非同一控制下的免税合并，合并方取得的资产和负债按照购买日的公允价值作为其账面价值，但合并方应按照被合并方原账面价值确定其计税基础，两者不一致同样导致需要确认递延所得税资产或负债。因上述差异产生于非同一控制下的企业合并，递延所得税影响合并商誉。

【例 1-14】 A 公司与 B 公司为非同一控制下的两家公司。20×1 年 12 月，A 公司通过发行股票对 B 公司进行合并，该合并符合税法规定的免税合并条件。合并时 B 公司有关资产和负债的账面价值和公允价值见表 1-1，要求确定企业合并时 A 公司取得相关资产、负债的账面价值、计税基础及暂时性差异。

表 1-1　B 公司有关资产和负债的账面价值和公允价值　　　　　万元

| 项目 | 账面价值 | 公允价值 |
| --- | --- | --- |
| 固定资产 | 1 000 | 1 100 |
| 无形资产 | 500 | 450 |
| 存货 | 600 | 700 |
| 短期借款 | （300） | （300） |

---

① 税法中所指的企业合并特指吸收合并和新设合并，控股合并归入股权收购。

**【分析】**

由于该项企业合并为非同一控制下的免税合并，A 公司取得 B 公司相关资产、负债的账面价值应以公允价值为基础确定，而计税基础则应以原账面价值为基础确定。A 公司取得相关资产、负债的账面价值、计税基础及暂时性差异见表 1-2。

表 1-2　A 公司取得相关资产、负债的账面价值、计税基础及暂时性差异　万元

| 项目 | 账面价值 | 计税基础 | 暂时性差异 |
| --- | --- | --- | --- |
| 固定资产 | 1 100 | 1 000 | 100 |
| 无形资产 | 450 | 500 | −50 |
| 存货 | 700 | 600 | 100 |
| 短期借款 | （300） | （300） | 0 |

# 第三节　暂时性差异

暂时性差异是资产、负债的账面价值与其计税基础之间的差异，该差异会随着时间的推移而逐渐消失。资产、负债暂时性差异会影响企业未来期间的应纳税所得额和应交所得税，如果会导致未来期间企业应纳税所得额增加，则形成了应纳税暂时性差异；如果会导致未来期间企业应纳税所得额减少，则形成了可抵扣暂时性差异。

## 一、应纳税暂时性差异

应纳税暂时性差异是指在未来资产收回或负债清偿期间，企业会因资产收回或负债清偿而增加该期间的所得税，即企业会因暂时性差异转回而增加转回期间的应纳税所得额和应交所得税（现在不纳税，以后期间应纳税），因此在应纳税暂时性差异产生时企业应确认递延所得税负债。

应纳税暂时性差异存在于以下两种情况。

（1）资产的账面价值大于计税基础。资产的账面价值表示企业未来期间使用资产或处置资产所带来的经济利益的流入，而资产的计税基础表示资产在未来期间可以税前扣除的金额。资产的账面价值大于计税基础，表明未来期间资产带来的经济利益流入超过可以所得税前扣除的金额，超出部分形成了未来期间的应纳税所得额。如某资产的账面价值为 100 万元，而计税基础仅为 80 万元，超出的 20 万元暂时性差异形成了应纳税所得额，在差异产生当期应确认递延所得税负债。

（2）负债的账面价值小于计税基础。负债的账面价值表示企业未来期间清偿该债务所带来的经济利益的流出，而负债的计税基础则为负债账面价值扣除未来允许税前扣除金额后的差额。

负债的暂时性差异 = 负债的账面价值 − 负债的计税基础

　　　　　　　　= 负债的账面价值 −（负债的账面价值 −

　　　　　　　　　未来期间允许税前扣除的金额）

　　　　　　　　= 未来期间允许税前扣除的金额

负债的账面价值小于计税基础表明未来期间允许税前扣除的金额为负数，即应增加

未来期间的应纳税所得额，确认递延所得税负债。

## 二、可抵扣暂时性差异

可抵扣暂时性差异是指在未来期间资产收回或负债清偿时，企业会因资产收回或负债清偿而减少该期间的所得税，即企业会因暂时性差异转回而减少转回期间的应纳税所得额和应交所得税（现在纳税，以后期间可以抵扣），因此在可抵扣暂时性差异产生时企业应确认递延所得税资产。

可抵扣暂时性差异存在于以下两种情况。

（1）资产的账面价值小于计税基础。资产的账面价值小于其计税基础，表明未来期间资产带来的经济利益流入低于可以所得税前扣除的金额，低于的部分可以抵减未来期间企业其他项目的应纳税所得额。但需要注意的是，企业确认该递延所得税资产的前提是预计未来期间企业能够产生足够的应纳税所得额以利用该可抵扣暂时性差异。如某资产的账面价值为 100 万元，而计税基础为 150 万元，表明企业不仅可以将 100 万元的账面价值在税前全部扣除，而且可以在税前再扣除 50 万元，从而减少未来期间的应纳税所得额。暂时性差异使得未来的应纳税所得额减少，在差异产生当期应确认递延所得税资产。

（2）负债的账面价值大于计税基础。负债的账面价值大于计税基础使未来期间允许负债税前扣除的金额为正数，它意味着企业在未来期间可以将与负债相关的全部或部分支出从未来经济利益中扣除，减少未来期间的应纳税所得额，企业确认递延所得税资产。

## 三、特殊项目产生的暂时性差异

### （一）未作为资产、负债确认的项目产生的暂时性差异

某些交易或事项的发生虽然不会导致资产、负债的产生，但按照税法规定能够确定其计税基础，这时该资产、负债的账面价值为零，而计税基础却并不为零，两者的差异也构成了暂时性差异。如企业发生的广告费支出，在发生时计入当期的销售费用，并未形成资产，因此该资产的账面价值为零；但按照税法规定，企业发生的销售费用不超过当年销售收入 15% 的部分准予扣除，超过部分准予在以后纳税年度结转扣除，因此其计税基础不为零，两者的差异构成了暂时性差异。

【例 1-15】 A 公司在 20×1 年发生了 250 万元的广告费和业务宣传费，已全部计入当期的销售费用。税法规定，不超过当年销售收入 15% 的部分在当年准予扣除，超出的部分在以后年度准予扣除。A 公司当年的销售收入为 1 000 万元。

【分析】

A 公司发生的 250 万元广告费和业务宣传费，已全部计入当期损益，未形成资产，如果将其视为资产，则其账面价值为 0。

在 20×1 年，A 公司准予税前扣除的广告费和业务宣传费为 150 万元，超出的 100 万元可以在以后年度税前扣除，因此其计税基础为 100 万元。

资产账面价值零和计税基础 100 万元之间产生了 100 万元的暂时性差异，该差异可以减少未来期间的应纳税所得额和应交所得税，属于可抵扣暂时性差异。

**【例 1-16】** A 公司在筹建时发生了 2 000 万元的筹建费用，费用发生时已计入当期的管理费用。按照税法规定，筹建费用允许在企业开始正常生产经营活动之后的 5 年内摊销。

**【分析】**

A 公司发生的筹建费用计入管理费用，资产的账面价值为零。筹建费用允许在以后 5 年内摊销，假设当年所得税前扣除了 400 万元，在未来 4 年可以继续税前扣除的金额为 1 600 万元，因此该资产的计税基础为 1 600 万元。账面价值零和计税基础 1 600 万元之间的差额为可抵扣暂时性差异，可以冲减未来期间的应纳税所得额。

### （二）可抵扣亏损和税款抵减产生的暂时性差异

按照税法规定，企业产生的亏损可以在未来期间结转，用以后年度的所得弥补，因此可抵扣亏损和税款抵减具有减少未来期间应纳税所得额和应交所得税的作用。虽然它们不是资产、负债，也没有计税基础，但所起的作用和可抵扣暂时性差异相同，应确认与其相关的递延所得税资产。

**【例 1-17】** A 公司由于开拓新的市场发生大量的支出，致使当年亏损 1 000 万元。按照税法规定，该亏损可以在以后 5 个纳税年度税前抵减。A 公司预计在未来 5 年能够产生足够的应纳税所得额弥补该亏损。

**【分析】**

经营亏损虽然与因账面价值和计税基础不同而产生的暂时性差异没有直接关系，但能够减少未来期间的应纳税所得额，属于可抵扣暂时性差异。由于 A 公司预计在未来 5 年能够产生足够的应纳税所得额弥补该亏损，因此应确认该递延所得税资产。

## 第四节　递延所得税负债及资产的确认和计量

通常情况下，应纳税暂时性差异应确认为递延所得税负债，可抵扣暂时性差异应确认为递延所得税资产，但在具体会计处理时会存在一些特殊情况。

### 一、递延所得税负债的确认和计量

#### （一）递延所得税负债的确认

##### 1. 确认递延所得税负债的情况

除《企业会计准则第 18 号——所得税》明确规定不确认递延所得税负债的情况外，企业对于所有应纳税暂时性差异应确认为递延所得税负债。

（1）与直接计入所有者权益的交易或事项相关的，在确认递延所得税负债的同时，应减少所有者权益，如以公允价值计量且其变动计入其他综合收益的金融资产的公允价值变动等。

（2）与企业合并中取得资产、负债相关的，同一控制下的非免税合并，在确认递延所得税负债的同时，相关影响计入所有者权益；非同一控制下的免税合并，在确认递延所得税负债的同时，相关影响调整购买日商誉。

（3）除上述两种情况外，在确认递延所得税负债的同时，应增加利润表中的所得税费用。

**【例 1-18】** A 公司 20×1 年 12 月从 B 公司购买一台 M 设备，作为固定资产使用。购买成本为 100 万元，预计的使用年限为 4 年，预计净残值为 0，采用年限平均法计提折旧。税法规定，该设备可以使用年数总和法计提折旧，其他规定与 A 公司会计处理相同。A 公司未对该设备计提减值准备，除折旧差异外，不存在其他差异。A 公司适用的企业所得税税率为 25%。要求计算未来 4 年的暂时性差异，并编制相关会计分录。

**【分析】**

M 设备递延所得税负债的计算见表 1-3。

表 1-3　M 设备递延所得税负债的计算　　　　　　　　　　　元

| 项目 | 20×2 年 | 20×3 年 | 20×4 年 | 20×5 年 |
|---|---|---|---|---|
| 实际成本 | 1 000 000 | 1 000 000 | 1 000 000 | 1 000 000 |
| 累计会计折旧 | 250 000 | 500 000 | 750 000 | 1 000 000 |
| 账面价值 | 750 000 | 500 000 | 250 000 | 0 |
| 累计计税折旧 | 400 000 | 700 000 | 900 000 | 1 000 000 |
| 计税基础 | 600 000 | 300 000 | 100 000 | 0 |
| 暂时性差异 | 150 000 | 200 000 | 150 000 | 0 |
| 适用税率/% | 25 | 25 | 25 | 25 |
| 递延所得税负债余额 | 37 500 | 50 000 | 37 500 | 0 |

① 20×2 年资产负债表日。

M 设备账面价值 = 实际成本 − 累计会计折旧

　　　　　　　 = 1 000 000 − 250 000 = 750 000（元）

M 设备计税基础 = 实际成本 − 累计已经税前扣除的折旧额

　　　　　　　 = 1 000 000 − 400 000 = 600 000（元）

M 设备账面价值大于计税基础 150 000 元，属于应纳税暂时性差异，应确认递延所得税负债 37 500 元。

借：所得税费用　　　　　　　　　　　　　　　　　　　　37 500

　　贷：递延所得税负债　　　　　　　　　　　　　　　　　　　37 500

② 20×3 年资产负债表日。

M 设备账面价值 = 1 000 000 − 500 000

　　　　　　　 = 500 000（元）

M 设备计税基础 = 1 000 000 − 700 000

　　　　　　　 = 300 000（元）

M 设备账面价值大于计税基础 200 000 元，属于应纳税暂时性差异，递延所得税负债余额为 50 000 元。因上一年已经确认递延所得税负债 37 500 元，因此本年进一步确认递延所得税负债 12 500 元。

借：所得税费用　　　　　　　　　　　　　　　　　　　　12 500

　　贷：递延所得税负债　　　　　　　　　　　　　　　　　　　12 500

③ 20×4 年资产负债表日。

M 设备账面价值 = 1 000 000 − 750 000

＝ 250 000（元）

M 设备计税基础 = 1 000 000 − 900 000

＝ 100 000（元）

M 设备账面价值大于计税基础 150 000 元，属于应纳税暂时性差异，递延所得税负债余额为 37 500 元。因上一年递延所得税负债余额为 50 000 元，因此本年应转回递延所得税负债 12 500 元。

借：递延所得税负债                                        12 500

　　贷：所得税费用                                        12 500

④ 20×5 年资产负债表日。

M 设备账面价值 = 1 000 000 − 1 000 000

＝ 0

M 设备计税基础 = 1 000 000 − 1 000 000

＝ 0

M 设备账面价值与计税基础相等，不存在暂时性差异。因上一年递延所得税负债余额为 37 500 元，因此本年应全部转回。

借：递延所得税负债                                        37 500

　　贷：所得税费用                                        37 500

【例 1-19】A 公司 20×1 年 6 月支付 100 万元价款购入 B 公司发行的股票 20 万股，占 B 公司总股本的 1%。A 公司将其指定为以公允价值计量且其变动计入其他综合收益的非交易性权益工具投资。20×1 年 12 月 31 日，A 公司持有的股票公允价值上升为 120 万元。A 公司适用的所得税税率为 25%，不存在其他会计和税法差异。

【分析】

① 20×1 年 12 月 31 日，公允价值上升。

借：其他权益工具投资——公允价值变动                        200 000

　　贷：其他综合收益——其他权益工具投资公允价值变动          200 000

② 确认暂时性差异带来的所得税影响。

其他权益工具投资的账面价值为 120 万元，但计税基础仍为 100 万元，两者存在 20 万元的暂时性差异，应确认递延所得税负债 5 万元。

借：其他综合收益                                          50 000

　　贷：递延所得税负债                                    50 000

## 2. 不确认递延所得税负债的特殊情况

某些情况下，虽然资产、负债存在因账面价值与计税基础不同导致的应纳税暂时性差异，但出于特殊考虑，准则规定不确认递延所得税负债。

（1）商誉的初始确认。非同一控制下的免税合并中，合并方支付的合并成本大于取得的被合并方可辨认净资产公允价值份额，合并方应确认为商誉。商誉的账面价值为合并成本大于取得相关净资产公允价值的差额。如果为免税合并，则商誉的计税基础为零。对于商誉初始确认账面价值大于计税基础形成的暂时性差异，企业会计准则规定不确认递延所得税负债。

【例 1-20】 A 公司 20×1 年通过发行股票的方式（股票公允价值为 2 000 万元）对 B 公司进行吸收合并，合并前两个公司不存在任何关联关系。根据税法规定，该项合并符合免税合并条件，两个公司选择免税处理。购买日 B 公司资产、负债的相关资料见表 1-4，适用的所得税税率为 25%。

表 1-4 购买日 B 公司资产、负债的相关资料　　　　　　　　万元

| 项目 | 公允价值 | 计税基础 | 暂时性差异 |
| --- | --- | --- | --- |
| 固定资产 | 1 100 | 1 000 | 100 |
| 无形资产 | 450 | 500 | −50 |
| 存货 | 700 | 600 | 100 |
| 短期借款 | （300） | （300） | 0 |
| 不包括递延所得税的资产、负债的公允价值 | 1 950 | 1 800 | 150 |

【分析】
企业合并中应确认的递延所得税负债和商誉的计算过程如下（单位：万元）：

可辨认净资产的公允价值[①]　　　　　　　　　　　　　　1 950
递延所得税资产　　　　　　　　　　　　　　　　　　　12.5（50×25%）
递延所得税负债　　　　　　　　　　　　　　　　　　　50（200×25%）
考虑递延所得税后可辨认净资产的公允价值　　　　　　　1 912.5
企业合并成本　　　　　　　　　　　　　　　　　　　　2 000
商誉　　　　　　　　　　　　　　　　　　　　　　　　87.5

在免税合并的情况下，A 公司取得 B 公司各项资产、负债的计税基础应与 B 公司原计税基础一致。由于 B 公司之前没有商誉，因此商誉的计税基础为零。

企业合并中产生的商誉账面价值 87.5 万元与计税基础 0 之间的应纳税暂时性差异，按照企业会计准则规定，不再确认递延所得税负债。这是因为如果对该应纳税暂时性差异确认递延所得税负债，将导致企业合并中的递延所得税负债总额增加，从而影响考虑递延所得税后可辨认净资产的公允价值，反过来又再次影响企业合并商誉的计算，由此陷入死循环。

（2）同时具备下列特征的交易中产生的资产或负债的初始确认。

①该交易不是企业合并。

②该交易发生时既不影响会计利润也不影响应纳税所得额。

之所以对这类交易不确认递延所得税负债，是因为该交易既不影响会计利润，也不影响应纳税所得额，如果确认递延所得税负债，将导致有关资产的账面价值增加或有关负债的账面价值减少，违反了历史成本原则。

（3）同时满足下列条件的对子公司、联营企业及合营企业投资产生的暂时性差异。

---

① 在非同一控制下的企业合并中，B 公司可辨认净资产的公允价值即为 A 公司取得相关资产、负债的入账价值。

①投资企业能够控制暂时性差异转回的时间。

②该暂时性差异在可预见的未来很可能不会转回。

如果投资企业不希望暂时性差异转回，可以运用自身的影响力对其进行控制，因此在可预计的未来，该暂时性差异不会转回，对未来期间的所得税也不产生影响，从而不用确认递延所得税负债。除此之外对子公司、联营企业及合营企业投资产生的暂时性差异应确认相应的递延所得税负债。

以采用权益法核算的长期股权投资为例，暂时性差异是否确认相应的递延所得税负债应考虑投资的持有意图。

①投资企业拟长期持有。长期股权投资账面价值的变化主要涉及初始投资成本调整、确认投资收益、被投资企业其他权益变动三方面。由于投资企业拟长期持有，因此初始投资成本调整产生的暂时性差异预计在未来期间不会转回，不会影响未来期间的所得税；投资企业取得投资收益后被投资企业分红时，由于我国规定居民企业之间的股息、红利免税，因此也不影响未来期间的所得税；被投资企业其他权益变动导致投资企业长期股权投资账面价值的变化时，由于投资企业拟长期持有，因此该暂时性差异预计在未来期间不会转回，不影响未来期间的所得税。上述分析表明，如果投资企业拟长期持有，长期股权投资账面价值和计税基础之间的差异一般不确认递延所得税。

②投资企业拟对外出售。如果投资企业改变持有意图，打算近期出售，因出售会影响应纳税所得额，长期股权投资账面价值和计税基础之间的差异应确认相关的所得税影响。

## （二）递延所得税负债的计量

递延所得税负债的金额应根据应纳税暂时性差异乘以预期收回资产或清偿负债期间的适用税率计算确定，即递延所得税负债应以相关应纳税暂时性差异转回期间的所得税税率计量。通常情况下，企业的适用税率不会产生变化，因此也可根据企业现行适用税率计算确定。同时需要注意的是，递延所得税负债不考虑时间价值，不需要进行折现。

## 二、递延所得税资产的确认和计量

### （一）递延所得税资产的确认

#### 1. 递延所得税资产确认的一般原则

递延所得税资产产生于可抵扣暂时性差异，但并不是所有的可抵扣暂时性差异都可以确认为递延所得税资产。递延所得税资产的确认需满足以下两个条件：①暂时性差异在可预见的未来很可能转回；②企业在未来能够产生足够的应纳税所得额，以利用该可抵扣暂时性差异。如果企业在未来不能产生应纳税所得额以实现与可抵扣暂时性差异相关的经济利益，则企业不应确认递延所得税资产；如果企业在未来不能产生足够的应纳税所得额，则应以可能取得的应纳税所得额为限，确认递延所得税资产。

企业应判断未来期间能够产生的应纳税所得额，在判断时应考虑以下两个因素：一是企业未来期间正常生产经营活动能够带来的应纳税所得额，二是以前产生的应纳税暂时性差异如果转回将增加的应纳税所得额。

（1）对与子公司、联营企业、合营企业投资相关的可抵扣暂时性差异。当企业对上述企业的投资采用权益法核算时，如果被投资企业发生亏损，投资企业应按照持股比例相应减少长期股权投资的账面价值，但税法所规定的计税基础（持有成本）却没有发生变化，导致账面价值小于计税基础，产生可抵扣暂时性差异。

如果对上述投资计提减值准备同样也会减少长期股权投资的账面价值，但计税基础不变，也产生了可抵扣暂时性差异。

（2）税法规定可以结转以后年度的未弥补亏损。如果亏损或税款抵减金额已经得到或预计将得到税务部门的认可，则以很可能取得的应纳税所得额为限，计算确认递延所得税资产。

### 2. 不确认递延所得税资产的情况

《企业会计准则第 18 号——所得税》规定，同时具有下列特征的交易因资产、负债的初始确认产生的递延所得税资产不予确认：

（1）该项交易不是企业合并。

（2）该项交易发生时，既不影响会计利润，也不影响应纳税所得额（或可抵扣亏损）。

**【例 1-21】** A 公司融资租入一项固定资产，该资产在租赁开始日的公允价值为 100 万元，融资租赁合同约定的租赁付款额为 120 万元，租赁付款额的现值为 98 万元。

**【分析】**

账面价值 = 租赁付款额现值

$\qquad$ = 98（万元）

计税基础[①] = 120（万元）

账面价值和计税基础之间产生了暂时性差异，但由于该交易发生时，既不影响会计利润，也不影响应纳税所得额，因此不应贷记"所得税费用"。如果贷记"使用权资产"则会导致该资产的账面价值发生变化，进一步影响暂时性差异金额和递延所得税金额，从而陷入无限循环。根据《企业会计准则第 18 号——所得税》规定，该交易不确认递延所得税资产。

**【例 1-22】** A 公司为研发新技术投入大量资金，并最终研发成功。计入无形资产成本的金额为 1 000 万元，按照税法规定可在未来税前扣除的金额为 1 500 万元。

**【分析】**

无形资产的账面价值 = 1 000（万元）

无形资产的计税基础 = 1 500（万元）

由于该差异产生于无形资产的初始确认，且初始确认时既不影响会计利润，也不影响应纳税所得额。如果确认递延所得税资产需调整无形资产的历史成本，违反了历史成本原则，因此不确认该递延所得税资产。

### （二）递延所得税资产的计量

与递延所得税负债的计量相同，递延所得税资产的金额也应根据可抵扣暂时性差异

---

① 《中华人民共和国企业所得税法实施条例》规定，融资租入固定资产应以租赁合同约定的付款总额和签订合同中发生的相关费用为计税基础，如果上述信息不能取得，则以该资产的公允价值和签订合同中发生的相关费用为计税基础。

乘以预期收回资产或清偿负债期间的适用税率计算确定。递延所得税资产不考虑时间价值，不需要进行折现。

企业确认递延所得税资产后，应在每个资产负债表日对其进行复核。如果未来很可能无法产生足够的应纳税所得额以利用可抵扣暂时性差异，应减计递延所得税资产的账面价值。除了递延所得税资产确认时计入所有者权益的情况外，其他情况下递延所得税资产的减计应增加所得税费用。

如果判断以后又能够产生足够的应纳税所得额以利用可抵扣暂时性差异，应当将减计的递延所得税资产账面价值恢复。

## 三、特殊交易或事项中递延所得税的确认和计量

### （一）与直接计入所有者权益的交易或事项相关的递延所得税

与直接计入所有者权益的交易或事项相关的递延所得税应当计入所有者权益，这些交易或事项主要包括：①会计政策变更采用追溯调整法或对前期差错更正采用追溯调整法调整期初留存收益；②以公允价值计量且其变动计入其他综合收益的金融资产的公允价值变动；③自用房地产转为采用公允价值模式计量的投资性房地产，公允价值大于账面价值的差额计入其他综合收益等。

### （二）与企业合并相关的递延所得税资产

企业合并中，购买方可能会取得可抵扣暂时性差异，如购买日被购买方存在未弥补亏损等。如果购买方取得的可抵扣暂时性差异因不符合递延所得税资产的确认条件而未确认，但在购买日后 12 个月内，新的信息表明上述差异已经符合递延所得税资产的确认条件，应当确认递延所得税资产。确认时，冲减商誉；商誉不足冲减的，差额部分计入当期损益。除此之外，与企业合并相关的递延所得税资产应当计入当期损益。

【例 1-23】 A 公司与 B 公司为非同一控制下的两家企业。A 公司于 20×1 年 11 月用 1 800 万元购买了 B 公司 70% 的股权，因会计与税法差异产生了 200 万元的可抵扣暂时性差异。A 公司适用的所得税税率为 25%。在购买日，A 公司预期未来不能取得足够的应纳税所得额，因此未确认递延所得税资产 50（200×25%）万元，由此计算出商誉为 40 万元。

【分析】

20×2 年 6 月，A 公司预期未来能够产生足够的应纳税所得额以利用企业合并时产生的 200 万元可抵扣暂时性差异，而且该事实在购买日已经存在。A 公司此时应确认递延所得税资产。

| | |
|---|---|
| 借：递延所得税资产 | 500 000 |
| 贷：商誉 | 400 000 |
| 所得税费用 | 100 000 |

如果 20×2 年 6 月，A 公司预期未来能够产生足够的应纳税所得额以利用企业合并时产生的 200 万元可抵扣暂时性差异，但该事实在购买日并不存在，而是新产生的事实。

| | |
|---|---|
| 借：递延所得税资产 | 500 000 |
| 贷：所得税费用 | 500 000 |

**【例 1-24】** A 公司 20×1 年、20×2 年和 20×3 年按照税法规定计算的应交所得税均为 10 万元。A 公司 20×1 年计提存货跌价准备 5 万元,20×2 年转回 2 万元,20×3 年转回 3 万元。A 公司适用的所得税税率 25%在这三年未发生变化,除此之外,不存在其他会计和税法差异。要求编制 A 公司所得税相关会计分录。

**【分析】**

A 公司所得税费用计算表见表 1-5。

表 1-5　A 公司所得税费用计算表　　　　　　　　　　　　　　元

| 项　　目 | 20×1 年 | 20×2 年 | 20×3 年 |
|---|---|---|---|
| 可抵扣暂时性差异 | 50 000 | 30 000 | 0 |
| 税率/% | 25 | 25 | 25 |
| 递延所得税资产期末余额 | 12 500 | 7 500 | 0 |
| 递延所得税资产本期发生额 | 12 500 | −5 000 | −7 500 |

(1)20×1 年会计处理。

借:所得税费用　　　　　　　　　　　　　　　　　　　　　100 000

　　贷:应交税费——应交所得税　　　　　　　　　　　　　　　100 000

借:递延所得税资产　　　　　　　　　　　　　　　　　　　　12 500

　　贷:所得税费用　　　　　　　　　　　　　　　　　　　　　12 500

也可以将上述两个分录合并。

借:所得税费用　　　　　　　　　　　　　　　　　　　　　　87 500

　　递延所得税资产　　　　　　　　　　　　　　　　　　　　12 500

　　　贷:应交税费——应交所得税　　　　　　　　　　　　　　100 000

(2)20×2 年会计处理。

借:所得税费用　　　　　　　　　　　　　　　　　　　　　105 000

　　贷:应交税费——应交所得税　　　　　　　　　　　　　　　100 000

　　　递延所得税资产　　　　　　　　　　　　　　　　　　　　5 000

本期递延所得税资产的发生额

　　　　=期末递延所得税资产应有余额 − 期初递延所得税资产账面余额

　　　　=7 500 − 12 500 = −5 000(元)

(3)20×3 年会计处理。

借:所得税费用　　　　　　　　　　　　　　　　　　　　　107 500

　　贷:应交税费——应交所得税　　　　　　　　　　　　　　　100 000

　　　递延所得税资产　　　　　　　　　　　　　　　　　　　　7 500

# 第五节　所得税费用的确认和计量

## 一、所得税费用

根据资产负债表债务法,利润表中的所得税费用由当期所得税和递延所得税两部分

构成，即

所得税费用 = 当期所得税 + 递延所得税

其中，当期所得税表示的是企业当期真实应交的所得税，而递延所得税表示的是预期所得税，所得税费用为两者的混合。这时，所得税费用的列报金额可以实现与企业利润总额基本配比。

## 二、当期所得税

（1）当期所得税为企业根据税法规定，当期应缴纳给税务部门的所得税金额，应按照税法口径计算得出。

当期所得税 = 应纳税所得额 × 当期适用所得税税率

（2）由于会计和税法存在差异，企业应在利润总额的基础上按照税法规定进行纳税调整，计算出当期的应纳税所得额。

应纳税所得额 = 会计利润 + 纳税调整

纳税调整为会计利润与税法应纳税所得额之间的差额，包括纳税调增和纳税调减。在进行纳税调整时，应按照税法规定进行调整。纳税调整项目包括计入利润表的收入与按照税法规定应计入应纳税所得额的收入之间的差额（调增或调减）、计入利润表的费用与按照税法规定允许税前扣除金额之间的差额（调增或调减）、计入利润表但按照税法规定不允许税前扣除的费用（调增）、税法规定的不征税收入（调减）及其他纳税调整因素。

## 三、递延所得税

递延所得税包括递延所得税资产和递延所得税负债，是两者当期发生额的综合结果。如果用公式表示，其计算公式为

递延所得税 =（递延所得税负债的期末余额 – 递延所得税负债的期初余额）–

（递延所得税资产的期末余额 – 递延所得税资产的期初余额）

一般情况下，递延所得税发生时，计入所得税费用，但以下两种情况除外。

（1）某项交易或事项发生时应计入所有者权益，那么因其而产生的递延所得税及其变化也计入所有者权益。

【例 1-25】　A 公司持有一项以公允价值计量且其变动计入其他综合收益的其他债权投资。A 公司该债权投资的取得成本为 100 万元，在取得当年年末，该债权投资的公允价值上升为 120 万元。A 公司适用的企业所得税税率为 25%。

【分析】

①其他债权投资公允价值变动。

借：其他债权投资　　　　　　　　　　　　　　　　　　　　　　200 000

　　贷：其他综合收益　　　　　　　　　　　　　　　　　　　　　200 000

②递延所得税的影响。

借：其他综合收益　　　　　　　　　　　　　　　　　　　　　　50 000

　　贷：递延所得税负债　　　　　　　　　　　　　　　　　　　　50 000

（2）企业合并中，合并方取得的资产、负债的账面价值与计税基础不同引起的暂时性差异，其递延所得税的确认计入商誉或当期损益，不计入所得税费用。

**【例 1-26】** A公司 20×2 年度利润总额为 1 000 万元，所得税税率为 25%。当年发生的与税法规定有差异的交易或事项如下。

（1）20×1 年 12 月取得一项管理用固定资产，当时取得成本为 600 万元，预计净残值为零，预计使用年限 3 年。因该设备使用频繁，前期磨损较大，企业采用年数总和法计提折旧，税法规定采用直线法计提折旧。除此之外，企业会计准则和税法规定没有其他差异。

（2）企业当年投资 B 公司股票 200 万元，作为交易性金融资产核算。当年年底，该资产的公允价值上升为 240 万元。

（3）企业向关联企业捐赠现金 100 万元，税法规定对关联企业的捐赠不允许税前扣除。

（4）企业因违法被行政处罚 20 万元。

要求计算 A 公司当年应交所得税、递延所得税，并进行所得税账务处理。

**【分析】**

（1）A 公司计算应纳税所得额时，应以利润总额为基础，根据税法规定进行纳税调整。

$$应纳税所得额 = 1\ 000 + 100 - 40 + 100 + 20$$
$$= 1\ 180（万元）$$

上述纳税调整计算的说明如下。

①折旧的差异处理。

$$会计折旧费用 = 600 × 3/6 = 300（万元）$$

$$税法允许税前扣除的折旧费用 = 600 × 1/3 = 200（万元）$$

会计在计算利润总额时扣除了 300 万元折旧费用，但税法只允许扣除 200 万元，因此应将多扣除的 100 万元调增。

②交易性金融资产公允价值上升计入利润总额 40 万元，但税法并不将其纳入应纳税所得额，因此应调减 40 万元。

③关联企业捐赠、违法罚款不能税前扣除，属于永久性差异，应调增应纳税所得额。

（2）应交所得税 = 1 180 × 25% = 295（万元）

（3）递延所得税的计算。

①递延所得税资产 = 100 × 25% = 25（万元）

其中，固定资产的账面价值为 300（600 − 300）万元，固定资产计税基础为 400（600 − 200）万元，形成可抵扣暂时性差异 100 万元。

②递延所得税负债 = 40 × 25% = 10（万元）

其中，交易性金融资产的账面价值为 240 万元，交易性金融资产的计税基础为 200 万元，形成应纳税暂时性差异 40 万元。

③递延所得税 = 10 − 25 = − 15（万元）

（4）所得税费用及账务处理。

所得税费用 = 295 − 15 = 280（万元）

| 借：所得税费用 | 2 800 000 |
|---|---|
| 　　递延所得税资产 | 250 000 |
| 　贷：应交税费——应交所得税 | 2 950 000 |
| 　　递延所得税负债 | 100 000 |

## 偷逃巨额税款，饱尝失信苦果

　　W集团是J市一家大型煤矿生产企业，也是当地重点税源。20×3年底，市税务局稽查局对W集团立案检查，抽调骨干力量组成专案组对集团生产经营流程和产销情况实施全面核查。经过几个月的内查外调，最终确认W集团存在少缴个人所得税、企业所得税等违法事实，共计少缴税款1.73亿元。稽查局依法对W集团作出补缴税款、加收滞纳金并处罚款共计3.37亿元的处理决定。该案是稽查局有史以来查处案值最大的偷逃税款案件。

　　由于案值巨大、偷逃税款违法行为恶劣，按照《重大税收违法案件信息公布办法（试行）》的规定，税务机关将该集团信息纳入税收违法"黑名单"，并通过外部网站和J市社会信用信息平台进行曝光。同时，将该集团涉税违法信息推送给联合惩戒成员单位实施联合惩戒。不久，W集团就尝到了涉税违法失信的苦果。

　　税务机关按照信用评价制度规定，将W集团纳税信用等级降为D级。不仅以前享受的各种办税便利服务和优待没有了，税务机关还增加了纳税评估和税收检查频次，将该集团列为重点税收监控对象。

　　与此同时，多个政府部门的惩戒措施也接踵而至：市财政部门将W集团违法信息提交有关处室进行了备案，因此当该集团向财政部门申请220万元科研返还奖励基金时，申请被驳回；金融部门降低了对W集团的贷款信用评级，偌大的一个集团，即使愿意提供资产抵押，也没有银行受理其贷款申请；由于是大型企业集团，以往J市开展行业企业评先评优活动，该集团总是"座上客"，但入了"黑名单"后，集团和法定代表人坐了冷板凳。此外，W集团不少老客户和业务合作单位，通过信用平台和媒体得知集团被列入税收违法"黑名单"后，也纷纷对该集团的信誉度、经营能力提出了质疑，集团因此失去了不少订单和合作项目。"黑名单"联合惩戒措施的实施，让W集团生产经营处处受限，集团负责人也因此认识到了企业涉税违法失信所带来的严重后果。

　　新修订的《重大税收违法案件信息公布办法（试行）》发布实施后。当税务人员告知W集团法定代表人，该集团情况适用信用救济规定，经审核集团信息已移出税收违法"黑名单"。W集团负责人喜出望外，连连向税务人员表示，今后集团一定吸取教训，加强财务核算管理，完善内控管理制度，按时足额申报纳税，通过实际行动修复纳税信用。

　　资料来源：焦作市税务局. 偷逃3.37亿税款，饱尝失信苦果[EB/OL]. https://www.taxhu.com/index.php?m=article&f=view&id=172760.

　　**思考**：偷逃企业所得税可能遭受哪些处罚？如何才能使企业规避所得税的税务风险？

答案提示　扫描此码

# 本章知识点小结

1. 资产负债表债务法下所得税会计的一般核算程序包括五步：①确定资产、负债项目的账面价值；②确定资产、负债项目的计税基础；③确定本期应确认或转销的递延所得税；④计算当期应交所得税；⑤确认所得税费用。

2. 资产的计税基础是指资产按照税法规定在未来期间可以税前扣除的金额，其金额为资产的账面价值减去以前期间已经在税前扣除的金额。通常情况下，资产初始确认时的账面价值与计税基础相等。

3. 固定资产在持有期间可能会因折旧方法、折旧年限、减值准备计提会计与税法规定不一致，导致账面价值与计税基础不同，出现暂时性差异。

4. 税法加计扣除条款导致无形资产初始确认时账面价值和计税基础不一致，但会计不确认该暂时性差异，在后续摊销时也不确认该暂时性差异。

5. 无形资产可能会因持有期间是否摊销、摊销方法、摊销年限导致账面价值和计税基础不一致。

6. 以公允价值计量且其变动计入当期损益的金融资产、以公允价值计量且其变动计入其他综合收益的金融资产，当公允价值发生变化时其账面价值会发生变化，但其计税基础却没有相应发生变化，导致出现暂时性差异。但两者有关所得税的会计处理是不同的。

7. 采用公允价值模式计量的投资性房地产，账面价值会因公允价值变动而变动。税法中没有投资性房地产的概念，房地产要计提折旧，其计税基础的确定和固定资产、无形资产类似。

8. 负债的计税基础是指负债的账面价值减去未来期间计算应纳税所得额时，按照税法规定可以抵扣的金额，即负债计税基础为负债在未来清偿时不能税前扣除的金额。

9. 预计负债只有在支出实际发生时才允许税前扣除，其计税基础为零，这时存在账面价值和计税基础的差异。

10. 税法对合理的应付职工薪酬基本允许扣除，超出扣除标准的职工薪酬应进行纳税调整。由于超出部分不仅当期不允许扣除，在以后期间也不允许扣除，未来期间允许税前扣除的金额为零，不存在账面价值和计税基础的差异。

11. 企业合并产生的暂时性差异。

| 合并类型 | 同一控制下的企业合并 | 非同一控制下的企业合并 |
| --- | --- | --- |
| 免税合并 | 资产、负债的账面价值＝计税基础，不产生暂时性差异 | 资产、负债的账面价值≠计税基础时，产生暂时性差异，需确认递延所得税 |
| 应税合并 | 资产、负债的账面价值≠计税基础时，产生暂时性差异，需确认递延所得税 | 资产、负债的账面价值＝计税基础，不产生暂时性差异 |

12. 暂时性差异分类。

| 类型 | 资产 | 负债 |
| --- | --- | --- |
| 应纳税暂时性差异 | 资产的账面价值大于计税基础 | 负债的账面价值小于计税基础 |
| 可抵扣暂时性差异 | 资产的账面价值小于计税基础 | 负债的账面价值大于计税基础 |

13. 某些交易或事项的发生虽然不会导致资产、负债的产生，但如果按照税法规定能够确定其计税基础，也会构成暂时性差异，应确认相应的递延所得税。

14. 可抵扣亏损和税款抵减虽然不是资产、负债，也没有计税基础，但所起的作用和可抵扣暂时性差异相同，应确认与其相关的递延所得税资产。

15. 递延所得税负债的确认原则。

（1）与直接计入所有者权益的交易或事项相关的，在确认递延所得税负债的同时，应减少所有者权益。

（2）与企业合并中取得资产、负债相关的，同一控制下的非免税合并，在确认递延所得税负债的同时，相关影响计入所有者权益；非同一控制下的免税合并，在确认递延所得税负债的同时，相关影响调整购买日商誉。

（3）除上述两种情况外，在确认递延所得税负债的同时，应增加利润表中的所得税费用。

16. 不确认递延所得税负债的特殊情况。

（1）商誉的初始确认。

（2）同时具备下列特征的交易中产生的资产或负债的初始确认。

①该交易不是企业合并。

②该交易发生时既不影响会计利润，也不影响应纳税所得额。

（3）同时满足下列条件的对子公司、联营企业及合营企业投资产生的暂时性差异。

①投资企业能够控制暂时性差异转回的时间。

②该暂时性差异在可预见的未来很可能不会转回。

17. 递延所得税负债的金额根据应纳税暂时性差异乘以预期收回资产或清偿负债期间的适用税率计算确定，递延所得税资产的金额根据可抵扣暂时性差异乘以预期收回资产或清偿负债期间的适用税率计算确定，两者都不需要进行折现。

18. 递延所得税资产的确认需满足以下两个条件：①暂时性差异在可预见的未来很可能转回；②企业在未来能够产生足够的应纳税所得额以利用该可抵扣暂时性差异。

19. 同时具有下列特征的交易因资产、负债的初始确认产生的递延所得税资产不予确认。

（1）该项交易不是企业合并。

（2）该项交易发生时，既不影响会计利润，也不影响应纳税所得额。

20. 所得税费用 = 当期所得税 + 递延所得税。

递延所得税 =（递延所得税负债的期末余额 − 递延所得税负债的期初余额）−

（递延所得税资产的期末余额 − 递延所得税资产的期初余额）

# 思　考　题

1. 所得税会计的一般核算程序有哪些？

2. 资产的计税基础、负债的计税基础如何界定？它们之间有什么差异？

3. 什么情况下会形成应纳税暂时性差异？什么情况下会形成可抵扣暂时性差异？

4. 递延所得税资产的确认条件有哪些?

5. 当期所得税费用如何计算?

# 练 习 题

1. A 公司 20×1 年 12 月 31 日购买了甲固定资产,设备原值 1 000 万元,预计可以使用 10 年,设备净残值为 0,采用直线法计提折旧。税法规定该设备可采用加速折旧法,在计税时 A 公司采用双倍余额递减法计提折旧。除折旧方法外,会计和税法规定没有差异。20×3 年 12 月 31 日,A 公司对该设备计提了 100 万元的减值准备。20×3 年 12 月 31 日,该设备的计税基础是多少万元?

2. A 公司 20×2 年发生无形资产研究开发支出共计 400 万元,其中研究阶段发生支出 100 万元,开发阶段不符合资本化条件的支出 120 万元,开发阶段符合资本化条件的支出 180 万元。假设 A 公司所开发的无形资产属于"三新"范畴,而且会计摊销方法、年限、净残值均与税法规定一致。该无形资产在当期已经摊销 18 万元。20×2 年年末,A 公司该无形资产的计税基础为多少?

3. A 公司与 B 公司签订一份租赁协议,协议约定 A 公司自 20×2 年 12 月 31 日开始将其自用的一栋写字楼出租给 B 公司使用。该写字楼原值为 1 000 万元,累计折旧 100 万元,未计提减值准备。出租转为投资性房地产后,A 公司对其采用公允价值模式进行后续计量,出租开始日的公允价值为 1 300 万元。转为投资性房地产前,A 公司该写字楼会计处理与税法规定完全一致。税法规定,写字楼剩余可适用年限为 30 年,采用直线法计提折旧,预计净残值为 0。20×3 年 12 月 31 日,按照税法规定,写字楼的计税基础为多少?

4. 为激励企业的管理层,20×2 年 1 月 1 日 A 公司授予其管理层每人 1 000 份现金股票增值权。约定管理层只要在公司连续服务满 3 年,就可以根据公司股价增长幅度获得现金。A 公司计算的 20×2 年该现金股票增值权的余额为 600 万元。税法规定,以现金支付的应付职工薪酬,在实际支付时可以税前扣除。20×2 年 12 月 31 日,该应付职工薪酬的计税基础为多少?

5. A 公司 20×1 年 12 月 31 日购入一台生产用设备。购入成本为 1 000 万元,会计上采用年限平均法计提折旧,预计使用年限为 10 年,净残值为 0。税法规定该设备采用双倍余额递减法计提折旧,其他规定与会计相同。除此之外,A 公司不存在其他会计与税法处理的差异。A 公司适用的企业所得税税率为 25%。要求编制 A 公司 20×2 年和 20×3 年与所得税有关的会计分录。

6. A 公司 20×2 年 1 月 1 日以 1 000 万元的价格取得 B 公司 20% 的股权,能够对 B 公司施加重大影响,采用权益法核算取得的长期股权投资。投资日,B 公司可辨认净资产公允价值与账面价值相同,均为 4 500 万元。20×2 年,B 公司取得净利润 500 万元,同时当年取得的作为以公允价值计量且其变动计入其他综合收益的金融资产核算的债券投资 20×2 年年末的市价相比取得成本上升 100 万元。税法规定,我国境内居民企业之间的股息、红利免税。A 公司 20×2 年的利润总额为 5 000 万元。A 公司和 B 公司的所得税税率均为 25%，期初不存在递延所得税资产和递延所得税负债，未来有足够的应纳税所得额抵扣产生的可抵扣暂时性差异。要求计算 A 公司取得长期股权投资 20×2 年年末的账面价值和计税基础，说明是否应确认递延所得税，并编制 A 公司有关所得税的会计分录。

答案解析　　扫描此码

## 即测即练题

自学自测　　扫描此码

# 第二章

# 企业合并会计

【学习要点】

- 企业合并的概念和类型
- 同一控制下企业合并的会计处理
- 非同一控制下企业合并的会计处理

【学习目标】

通过本章的学习,理解企业合并的概念、能够区分不同类型企业合并之间的差别;掌握同一控制下一次投资和分次投资实现企业合并的会计处理;掌握非同一控制下一次投资和分次投资实现企业合并的会计处理。

## 第一节　企业合并概述

### 一、企业合并的界定

《企业会计准则第 20 号——企业合并》将企业合并定义为"企业合并,是指将两个或者两个以上单独的企业合并形成一个报告主体的交易或事项"。

在理解企业合并概念时,应把握以下几个关键点。

(1)"单独的企业"既是独立的法人主体,也是独立的报告主体,应定期提供单独的会计报告。

(2)被购买方是否构成业务。业务是企业内部某些生产经营活动或资产负债的组合,该组合具有投入、加工处理过程和产出能力,能够独立计算其成本费用或所产生的收入。只有被购买方构成业务才适用企业合并准则。

(3)"合并形成一个报告主体"是指将多个单独的企业合并所形成的合并体作为一个报告主体。从经济意义上看,该报告主体是一个整体;但从法律意义上看,则可能为一个法人主体,也可能为多个法人主体。当一个企业将其他一个或多个企业的资产、负债并入本企业,合并企业留存,而被合并的企业解散时,合并体既是一个法人主体也是一个报告主体;当参与合并的各企业在合并后法人资格均被注销,重新注册成立一家新的企业时,这个新的企业既是一个法人主体,也是一个报告主体;当一个企业通过股权购买或交换等方式取得一个或多个企业的控制权时,合并企业和被合并企业同时留存。这时通过合并形成的经济意义上的整体(其包括多个法人主体)需要作为一个报告主体对外提供合并会计信息。

【例 2-1】 有 A、B 两个企业，当 A、B 合并后只留下 A 企业，A 企业是合并后的报告主体；当合并后 A、B 同时注销，创设一个新企业 C，则 C 企业是合并后的报告主体；当 A、B 同时留存，A 取得 B 的控制权，这时虽然 A 和 B 均为独立的法律主体，但它们构成了一个经济意义上的统一体，这个统一体是合并后的报告主体。

（4）"交易或事项"。交易是指发生在两个不同会计主体之间的价值转移，如一家公司购买另一家公司的产品等；事项主要是指发生在一个会计主体内部各部门之间资源的转移，如企业的生产车间到仓库领用原材料等。企业合并是交易还是事项的判定关乎企业合并的性质问题，当判定为交易时，企业合并的确认和计量应采用公允价值；当判定为事项时，企业合并的确认和计量则应采用账面价值。

## 二、企业合并的类型

### （一）按合并双方合并前、后最终控制方是否发生变化分类

#### 1. 同一控制下的企业合并

同一控制下的企业合并是指参与合并的企业在合并前后均受同一方或相同的多方最终控制，并且该控制并非暂时性的。

在理解该概念时，应明确以下几个问题。

1）同一方或相同的多方

"同一方"是指参与合并的企业在合并前后均实施最终控制的投资者，通常是指企业集团的母公司。同一控制下的企业合并一般发生在企业集团内部，如集团内母子公司、子公司与子公司之间，该类合并本质上是集团内部企业之间的资产或权益的转移。需要注意的是，同受国家控制的企业之间发生的合并，不能仅仅因为参与合并各方在合并前后都受国家控制而将其视为同一控制下的企业合并。

"相同的多方"通常是指根据投资者之间的协议约定，在对被投资单位的生产经营决策行使表决权时发表一致意见的两个或两个以上的投资者。该投资者群体根据合同或协议约定，通过最终决定参与合并企业的财务和经营政策获取利益。

2）控制

"控制"是指投资方拥有对被投资方的权力，通过参与被投资方的相关活动而享有可变回报，并且有能力运用对被投资方的权力影响其回报金额。

投资方要实现控制，必须同时具备以下两个基本要素。

一是因涉入被投资方而拥有可变回报。可变回报是不固定且可能随着被投资方业绩变化而变化的回报，它可能为正回报，也可能为付回报，或两者同时包括。可变回报的形式主要有股利、被投资方经济利益的其他分配（如利息等）、投资方对被投资方投资的价值变动、投资方将自身的资产与被投资方的资产整合以实现规模经济节约成本等。

二是有能力运用其对被投资方的权力影响可变回报的金额。权力的概念包括以下几重内涵：①权力只是表明投资方拥有主导被投资方相关活动的现时能力，并不要求投资方实际行使其权力。即使该能力未被实际行使，也应视为该投资方拥有对被投资方的权

力；②权力是一种实质性权力，而非保护性权力；③权力是为自己行使的，而不是代其他方行使；④权力的通常形式为表决权（如直接或间接拥有半数以上的表决权），但有时也可能表现为其他合同安排（如某些投资方在合同约定的范围内开展业务活动，表决权仅与行政性管理事务有关等）。

【例2-2】 A投资者持有被投资单位45%的投票权，剩余投票权由数千位小投资者所拥有，且每位投资者的投票权均未超过1%，投资者之间没有达成协议或能够作出共同决策。虽然A投资者的投票权未超过50%，但由于其他投资者持有的表决权过于分散，为否决A投资者而需要联合一致的行动方过多，可以A投资者持有的股权绝对规模和其他股东持有股权相对规模为基础，确定其拥有充分决定性的投票权。

3）最终控制

在直接控制的情况下，控制方对被控制方的控制就是最终控制；在间接控制的情况下，间接控制方拥有对被控制方的最终控制权。通常情况下，能够对参与合并的企业在合并前后实施最终控制的企业是指企业集团中的母公司。

4）控制并非暂时性

"控制并非暂时性"是指参与合并的各方在合并前后较长的时间内受同一方或相同的多方最终控制，较长的时间通常指1年以上（含1年）。其包含两重意思，即合并日之前，参与合并各方在最终控制方的控制时间一般在1年以上（含1年）；企业合并后，通过合并所形成的报告主体在最终控制方的控制时间也应在1年以上（含1年）。

### 2. 非同一控制下的企业合并

非同一控制下的企业合并是指参与合并的企业在合并前后不受同一方或相同的多方最终控制的合并交易，即除同一控制下企业合并之外的其他企业合并。

【例2-3】 A企业与B企业为不存在关联关系的两个独立企业，现有甲、乙、丙、丁、戊、己六个企业。其中，A拥有甲60%的投票权、拥有乙70%的投票权，甲拥有丙80%的投票权；B拥有丁60%的投票权、拥有戊70%的投票权，丁拥有己80%的投票权。以上投票权的持有时间均超过1年。现有A合并B、A合并丁、甲合并丁、甲合并乙、丁合并己、丁合并甲和丙，请分析以上合并属于同一控制下的企业合并还是非同一控制下的企业合并、最终控制方是谁。

【分析】

合并情况见表2-1。

表2-1 合并情况

| 同一控制下的企业合并 | | 非同一控制下的企业合并 |
| --- | --- | --- |
| 最终控制方为A | 最终控制方为B | |
| 甲合并乙 | 丁合并己 | A合并B |
| | | A合并丁 |
| | | 甲合并丁 |
| | | 丁合并甲和丙 |

### 3. 两类合并的概念比较

从两类合并的概念比较,同一控制下的企业合并强调的是合并方在合并之前和合并之后都同属于一方或相同多方最终控制,而非同一控制下的企业合并则分属于不同的最终控制方控制。

### 4. 两类合并的实质比较

同一控制下的企业合并由于最终控制方没有发生变化,这种合并实质上属于企业集团内部资产、负债的重新组合,不仅合并可能不是合并双方自愿的,而且合并的作价也很难公允,其只能称为经济事项,因此同一控制下的企业合并在会计处理中采用账面价值为计量基础;非同一控制下的企业合并由于最终控制方已经发生了变化,由一个控制主体变成另外一个控制主体,这种合并是非关联企业之间的合并。其实质上是交易双方自愿进行的购买交易,合并价格相对公允,因此非同一控制下的企业合并在会计处理中采用公允价值为计量基础。

### 5. 两类合并参与方的称谓比较

同一控制下的企业合并,取得对方控制权的为合并方,被对方控制的为被合并方;非同一控制下的企业合并,取得对方控制权的为合并方（也称为购买方）,被对方控制的为被合并方（也称为被购买方）。

## （二）按合并后主体的法律形式分类

不论是同一控制下的企业合并还是非同一控制下的企业合并,其合并后主体的法律形式都分为吸收合并、新设合并和控股合并。其中,吸收合并、新设合并不形成母子公司关系,而控股合并则会形成母子公司关系。

### 1. 吸收合并

吸收合并是指合并方通过企业合并取得被合并方的全部净资产,合并后被合并方的法人资格被注销,其原持有的资产、负债并入合并方的资产、负债。如果采取换股形式实施吸收合并,则被合并方的原股东成为合并方的股东。

### 2. 新设合并

新设合并是指参与合并的各方在合并后法人资格均被注销不复存在,并重新注册成立一家新的企业。新设合并情况下,参与合并企业的资产和负债由新成立的企业拥有和承担,参与合并企业的股东以其持有原企业的净资产获取新成立企业的股权。

### 3. 控股合并

控股合并是指合并方在企业合并中取得对被合并方的控制权,被合并方在合并后仍保持其独立的法人资格并继续经营,合并方确认企业合并形成的对被合并方的投资。控股合并情况下,合并方通过拥有对方一半以上的表决权资本或其他方式控制对方,参与合并各方企业仍存在,为独立的法人。虽然从法律意义上来讲,不构成企业合并,但由于合并方能控制对方的财务和经营决策,参与合并各方已经形成了一个经济整体。

不同企业合并法律形式结果比较见表 2-2。

表 2-2 不同企业合并法律形式结果比较

| 分类 | 合并方 | 被合并方 | 合并后的法律形式 |
|---|---|---|---|
| 吸收合并 | A | B | A |
| 新设合并 | A | B | C |
| 控股合并 | A | B | A + B |

## 三、企业合并会计处理的基本思路

企业合并时的合并会计处理包括两大部分：一是合并方如何对合并事项或交易进行确认和计量；二是合并方是否需要以及如何编制合并财务报表。合并方对合并事项或交易的确认和计量是本章的内容，而合并方编制合并财务报表则是合并财务报表章节的内容。

不论是同一控制下的企业合并还是非同一控制下的企业合并，其合并结果都包括吸收合并、新设合并和控股合并，合并时都会涉及合并方支付合并对价，也会产生合并费用。虽然企业合并类型有差异，但都需对这些内容进行确认和计量，因此可将其账务处理的基本框架进行总结（表 2-3）。

表 2-3 企业合并账务处理的基本框架

| 吸收合并、新设合并 | | 控股合并 | |
|---|---|---|---|
| 借：有关资产 | [取得的资产] | 借：长期股权投资 | [取得的股权] |
| 贷：有关负债 | [承担的负债] | 贷：银行存款等 | |
| 银行存款等 | | 应付债券 | [支付的合并对价] |
| 应付债券 | [支付的合并对价] | 股本 | |
| 股本 | | 银行存款等 | [支付的合并费用] |
| 银行存款等 | [支付的合并费用] | | |

企业合并会计处理需要解决如下主要问题。

（1）合并方对于其取得的有关资产、负债或股权是采用账面价值计量还是公允价值计量。

（2）支付的合并对价是采用账面价值计量还是公允价值计量。

（3）两者之间如果存在差额，差额是计入权益还是确认商誉或损益。

（4）合并产生的合并费用是计入当期损益还是计入购买成本。

上述问题的解决涉及企业合并的两种处理方法，即权益结合法和购买法。

### （一）权益结合法

同一控制下的企业合并采用权益结合法。权益结合法视企业合并为合并双方股权的联合，而非购买，合并后股东在新企业中的股权相对不变。由于权益结合法将企业合并视为所有者权益的结合，合并不会造成企业经济利益的流入和流出，最终控制方也没有发生变化，因此在账务处理中，会计基础保持不变，仍然按其账面价值进行记载，不调整为公允价值。

**【例 2-4】** 现有 A、B 两公司进行企业合并，合并时采用权益结合法进行会计处理。A、B 两公司合并前、合并后的资产负债表情况示例见表 2-4。

表 2-4　权益结合法示例（吸收合并）　　　　　　　　　　　　　　　　　万元

| 会计要素 | 合并前 | | 合并后 |
| --- | --- | --- | --- |
| | A 公司 | B 公司 | A 公司 |
| 资产 | 1 000 | 1 000 | 2 000 |
| 负债 | 600 | 300 | 900 |
| 所有者权益 | 400 | 700 | 1 100 |

权益结合法的会计处理原则如下。

（1）由于最终控制方没有发生变化，合并不会导致所控制的资产价值发生变化。

（2）由于属于非交易性的集团内部资产、负债重组，不需要按照公允价值对被合并方的资产和负债进行调整，只需按照被合并方原账面价值入账。

（3）企业合并过程中不会产生新的资产和负债。

（4）合并后形成报告主体视同在合并日及以前期间一直存在。

### （二）购买法

非同一控制下的企业合并采用购买法。由于非同一控制下的企业合并，从本质上讲是交易性的资产和负债重组，取得的子公司的资产和负债需按照公允价值重新计算。

购买法的会计处理原则如下。

（1）合并中产生新的计价基础。购买方取得被购买方的可辨认净资产按照公允价值入账，购买方的购买成本也应按照购买日支付对价、发行权益性证券或承担负债的公允价值确定。

（2）要确认商誉或负商誉。购买成本大于购买方取得的可辨认净资产公允价值时，其差额形成商誉；当购买成本小于购买方取得的可辨认净资产公允价值时，其差额形成负商誉，计入当期损益。

（3）被购买方自期初至购买日的净损益不应纳入购买方合并当年的净损益中。购买方当年的净损益仅包括其当年实现的净损益、被购买方自购买日后当年实现净损益中购买方应享有的份额。

（4）被购买方留存收益不应纳入购买方合并后的留存收益中。

## 第二节　同一控制下企业合并的会计处理

### 一、一次投资实现的企业合并的会计处理

#### （一）吸收合并和新设合并

在这种情况下，被合并方已经不复存在，其合并账务处理的基本思路如下。

（1）支付资产实施的企业合并。

借：有关资产账户　　　　　　　　　　　　　[取得的被合并方资产账面价值]A
　　资本公积→盈余公积→
　　未分配利润（依次冲减）　　　　　　　　　[(A－B)＜C 的差额]①
　　　贷：有关负债账户　　　　　　　　　　　[承担的被合并方负债账面价值]B
　　　　　银行存款等　　　　　　　　　　　　[支付的合并对价的账面价值]C
　　　　　资本公积　　　　　　　　　　　　　[(A－B)＞C 的差额]

（2）发行债券或承担其他债务实施的企业合并。

借：有关资产账户　　　　　　　　　　　　　[取得的被合并方资产账面价值]A
　　资本公积→盈余公积→未分配利润　　　　　[(A－B)＜(C＋D)的差额]
　　　贷：有关负债账户　　　　　　　　　　　[承担的被合并方负债账面价值]B
　　　　　应付债券　　　　　　　　　　　　　[发行债券的面值减去手续费等]②C
　　　　　银行存款等　　　　　　　　　　　　[实际发生的债券发行手续费等]D
　　　　　资本公积　　　　　　　　　　　　　[(A－B)＞(C＋D)的差额]

（3）发行权益性证券实施的企业合并。

借：有关资产账户　　　　　　　　　　　　　[取得的被合并方资产账面价值]A
　　资本公积→盈余公积→未分配利润　　　　　[(A－B)＜(C＋D)的差额]
　　　贷：有关负债账户　　　　　　　　　　　[承担的被合并方负债账面价值]B
　　　　　股本　　　　　　　　　　　　　　　[发行证券的面值]C
　　　　　银行存款等　　　　　　　　　　　　[实际发生的证券发行手续费等]D
　　　　　资本公积　　　　　　　　　　　　　[(A－B)＞(C＋D)的差额]

（4）合并时支付的评估、审计等费用。

借：管理费用
　　贷：银行存款等

【例 2-5】 A 公司和 B 公司为 C 公司的两个子公司。20×2 年 1 月 1 日，A 公司以银行存款 150 万元和账面价值 80 万元、公允价值 100 万元的库存商品对 B 公司进行吸收合并。20×1 年 12 月 31 日 A 公司、B 公司的资产负债见表 2-5 和表 2-6。

表 2-5　A 公司资产负债表

20×1 年 12 月 31 日　　　　　　　　　　　　　万元

| 资产 | | 负债及所有者权益 | |
| --- | --- | --- | --- |
| 货币资金 | 200 | 短期借款 | 60 |
| 应收账款 | 60 | 长期借款 | 200 |
| 存货 | 150 | 股本 | 400 |
| 固定资产 | 300 | 资本公积 | 50 |
| 无形资产 | 20 | 盈余公积 | 5 |
| | | 未分配利润 | 15 |
| 资产总计 | 730 | 负债及所有者权益总计 | 730 |

---

① 如果借记"资本公积"，则以合并方"资本公积"中股本溢价贷方余额为限冲减，不足冲减部分依次冲减"盈余公积"和"未分配利润"。下同处理。

② 在债券发行时，支付的手续费、佣金等借记"应付债券——利息调整"，发行债券的面值贷记"应付债券——面值"，实际筹集的资金、取得的其他资产或负债减少借记"银行存款"等。

表 2-6　B 公司资产负债表

20×1 年 12 月 31 日　　　　　　　　　　　　　　　　　　　万元

| 资产 | | 负债及所有者权益 | |
|---|---|---|---|
| 货币资金 | 0 | 短期借款 | 20 |
| 应收账款 | 30 | 长期借款 | 100 |
| 存货 | 80 | 股本 | 150 |
| 固定资产 | 190 | 资本公积 | 30 |
| 无形资产 | 10 | 盈余公积 | 2 |
| | | 未分配利润 | 8 |
| 资产总计 | 310 | 负债及所有者权益总计 | 310 |

要求：对合并事项作出账务处理，并编制合并后 A 公司的资产负债表，比较合并前后 A 公司所有者权益的变化。

【分析】

（1）双方的账务处理。

① B 公司注销净资产。

借：短期借款　　　　　　　　　　　　　　　　　　　200 000

　　长期借款　　　　　　　　　　　　　　　　　　1 000 000

　　股本　　　　　　　　　　　　　　　　　　　　1 500 000

　　资本公积　　　　　　　　　　　　　　　　　　　300 000

　　盈余公积　　　　　　　　　　　　　　　　　　　 20 000

　　未分配利润　　　　　　　　　　　　　　　　　　 80 000

　　贷：应收账款　　　　　　　　　　　　　　　　　　　300 000

　　　　库存商品等存货　　　　　　　　　　　　　　　　800 000

　　　　固定资产　　　　　　　　　　　　　　　　　　1 900 000

　　　　无形资产　　　　　　　　　　　　　　　　　　　100 000

② A 公司取得 B 公司净资产。

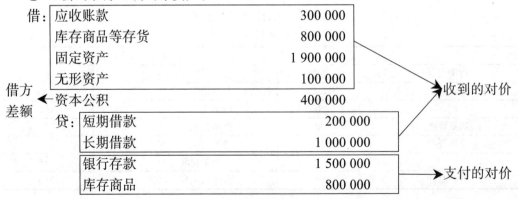

（2）合并后 A 公司资产负债表见表 2-7。合并前 A 公司的所有者权益为 470 万元，由于合并时取得的净资产的账面价值小于支付资产账面价值 40 万元，导致合并后 A 公司所有者权益变为 430 万元。

表 2-7　A 公司资产负债表

20×2 年 1 月 1 日　　　　　　　　　　　　　　　　　万元

| 资产 | | 负债及所有者权益 | |
|---|---|---|---|
| 货币资金 | 50 | 短期借款 | 80 |
| 应收账款 | 90 | 长期借款 | 300 |
| 存货 | 150 | 股本 | 400 |
| 固定资产 | 490 | 资本公积 | 10 |
| 无形资产 | 30 | 盈余公积 | 5 |
| | | 未分配利润 | 15 |
| 资产总计 | 810 | 负债及所有者权益总计 | 810 |

【例 2-6】　吸收合并时发生合并费用的处理。接例 2-5 的资料，假定在合并过程中，A 公司支付合并的评估费用、审计费用共 3 万元。

【分析】

合并日 A 公司的账务处理如下：

| | |
|---|---|
| 借：应收账款 | 300 000 |
| 　　库存商品等存货 | 800 000 |
| 　　固定资产 | 1 900 000 |
| 　　无形资产 | 100 000 |
| 　　管理费用 | 30 000 |
| 　　资本公积 | 400 000 |
| 　　贷：短期借款 | 200 000 |
| 　　　　长期借款 | 1 000 000 |
| 　　　　银行存款 | 1 530 000 |
| 　　　　库存商品 | 800 000 |

即在例 2-5 的基础上增加支付合并费用的会计分录：

| | |
|---|---|
| 借：管理费用 | 30 000 |
| 　　贷：银行存款 | 30 000 |

【例 2-7】　接例 2-5 的资料，假定在合并过程中，A 公司通过发行每股面值为 10 元、市价为 11 元的普通股 12 万股对 B 公司进行吸收合并。

要求：对合并事项作出账务处理，并编制合并后 A 公司的资产负债表，比较合并前后 A 公司所有者权益的变化。

【分析】

（1）A 公司取得 B 公司净资产的账务处理。

| | |
|---|---|
| 借：应收账款 | 300 000 |
| 　　库存商品等存货 | 800 000 |
| 　　固定资产 | 1 900 000 |
| 　　无形资产 | 100 000 |
| 　　贷：短期借款 | 200 000 |
| 　　　　长期借款 | 1 000 000 |

| 股本 | 1 200 000 |
|---|---|
| 资本公积 | 700 000 |

（2）合并后A公司资产负债表见表2-8。

**表2-8  A公司资产负债表**

20×2年1月1日　　　　　　　　　　　　　　　　万元

| 资产 | | 负债及所有者权益 | |
|---|---|---|---|
| 货币资金 | 200 | 短期借款 | 80 |
| 应收账款 | 90 | 长期借款 | 300 |
| 存货 | 230 | 股本 | 520 |
| 固定资产 | 490 | 资本公积 | 120 |
| 无形资产 | 30 | 盈余公积 | 5 |
| | | 未分配利润 | 15 |
| 资产总计 | 1 040 | 负债及所有者权益总计 | 1 040 |

合并前A、B公司资产合计 = 730 + 310 = 1 040（万元）

合并前A、B公司负债合计 = 260 + 120 = 380（万元）

合并前A、B公司所有者权益合计 = 470 + 190 = 660（万元）

合并后A公司资产合计为1 040万元，负债合计为380万元，所有者权益合计为660万元。可以发现，当A公司采用发行股票的方式进行吸收合并时，合并前后两个公司的资产、负债、所有者权益总额并没有发生变化。这与A公司采用银行存款和库存商品进行吸收合并的结果是有差异的。

### （二）控股合并

在这种情况下，合并方和被合并方继续存在，需要分别编制其个别财务报表。其中，合并方合并账务处理的基本思路如下。

（1）支付资产实施的控股合并。

借：长期股权投资　　　　　　　　　[被合并方所有者权益账面价值×持股比例]A

　　资本公积→盈余公积→

　　未分配利润　　　　　　　　　　[A＜B的差额]

　　贷：银行存款等　　　　　　　　[支付的合并对价的账面价值]B

　　　　资本公积　　　　　　　　　[A＞B的差额]

（2）发行债券或承担其他债务实施的控股合并。

借：长期股权投资　　　　　　　　　[被合并方所有者权益账面价值×持股比例]A

　　资本公积→盈余公积→

　　未分配利润　　　　　　　　　　[A＜（B＋C）的差额]

　　贷：应付债券　　　　　　　　　[发行债券的面值减去手续费等]B

　　　　银行存款等　　　　　　　　[实际发生的债券发行手续费等]C

　　　　资本公积　　　　　　　　　[A＞（B＋C）的差额]

（3）发行权益性证券实施的控股合并。

借：长期股权投资　　　　　　　　　[被合并方所有者权益账面价值×持股比例]A

资本公积→盈余公积→

未分配利润　　　　　　　　　　　　[A＜(B＋C)的差额]

　　贷：股本　　　　　　　　　　　[发行证券的面值]B

　　　　银行存款等　　　　　　　　[实际发生的证券发行手续费等]C

　　　　资本公积　　　　　　　　　[A＞(B＋C)的差额]

（4）合并时支付的评估、审计等费用。

借：管理费用

　　贷：银行存款等

【例2-8】　以支付资产作为合并对价的控股合并。接例2-5的资料，假定在合并过程中，A公司以银行存款150万元和账面价值80万元、公允价值100万元的库存商品取得B公司100%的股权。

【分析】

合并日A公司的账务处理如下。

| | | |
|---|---|---|
| 借：长期股权投资 | | 1 900 000 |
| 　　资本公积 | | 400 000 |
| 　　贷：银行存款 | | 1 500 000 |
| 　　　　库存商品 | | 800 000 |

【例2-9】　以发行股票作为合并对价的控股合并。接例2-5的资料，假定在合并过程中，A公司通过发行每股面值为10元、市价为11元的普通股12万股取得B公司80%的股权，发行股票的手续费1万元。

【分析】

合并日A公司的账务处理如下。

| | | |
|---|---|---|
| 借：长期股权投资 | | 1 520 000 |
| 　　贷：股本 | | 1 200 000 |
| 　　　　银行存款 | | 10 000 |
| 　　　　资本公积 | | 310 000 |

## 二、分次投资实现的企业合并的会计处理

通过多次交换交易实现的企业合并账务处理的基本方法如下。

### （一）分次投资实现的控股合并

合并方应当以持股比例计算的合并日应享有被合并方所有者权益账面价值份额，作为其初始投资成本。该所有者权益账面价值份额是指所有者权益在最终控制方合并财务报表中的账面价值份额。

合并方原长期股权投资账面价值、合并日为取得新股权所支付的资产、承担债务账面价值之和为实现合并所付出的总代价，其与初始投资成本之差，调整资本公积（资本溢价或股本溢价），如果资本公积不足冲减，则调整盈余公积和未分配利润。

### （二）分次投资实现的吸收合并

通过分次投资实现的同一控制下吸收合并比照前述同一控制下吸收合并的处理原

则进行处理。

【例 2-10】 A 公司和 B 公司为 C 公司的两个子公司。20×1 年 1 月 1 日，A 公司以银行存款 3 500 万元取得 B 公司 30%的股权。投资日 B 公司可辨认净资产的账面价值为 10 000 万元，公允价值为 9 800 万元。取得投资后 A 公司参与 B 公司的生产经营决策，因而对该股权投资采用权益法核算。20×1 年全年，B 公司取得净利润 1 000 万元，A 公司根据其持股比例确认投资收益 300 万元，在此期间 B 公司未宣告发放现金股利。20×2 年 1 月 1 日，A 公司进一步以银行存款 4 500 万元取得 B 公司 40%的股权。合并日 B 公司可辨认净资产的账面价值为 11 000 万元，公允价值为 11 500 万元。假定 B 公司可辨认净资产公允价值高于账面价值的差额为固定资产评估增值。合并过程中不考虑合并费用和相关税费。要求编制企业合并相关会计分录。

【分析】

与 A 公司个别报表相关的账务处理如下。

（1）20×1 年 1 月 1 日股权投资。

借：长期股权投资                                              35 000 000
　　贷：银行存款                                              35 000 000

采用权益法核算时，初始投资成本大于投资时应享有被投资单位可辨认净资产公允价值份额，不要求对长期股权投资的成本进行调整。

（2）20×1 年确认投资收益。

借：长期股权投资                                               3 000 000
　　贷：投资收益                                               3 000 000

（3）20×2 年 1 月 1 日追加投资。

借：长期股权投资                                              45 000 000
　　贷：银行存款                                              45 000 000

（4）调整账面价值与初始投资成本之差。

合并日初始投资成本 = 11 000 × 70% = 7 700（万元）

合并日长期股权投资账面价值 = 3 500 + 300 + 4 500 = 8 300（万元）

两者差额 = 8 300 − 7 700 = 600（万元）

借：资本公积                                                   6 000 000
　　贷：长期股权投资                                           6 000 000

合并日 A 公司对 B 公司长期股权投资的账面价值已调整为 7 700 万元。

# 第三节　非同一控制下企业合并的会计处理

## 一、一次投资实现企业合并的会计处理

### （一）吸收合并和新设合并

#### 1. 支付资产实施的企业合并

（1）支付货币资金、存货实施的企业合并。

借：有关资产账户 　　　　　　　　　[取得的被合并方资产公允价值]A
　　商誉 　　　　　　　　　　　　　　[(A − B) < C 的差额]
　　贷：有关负债账户 　　　　　　　　[承担的被合并方负债公允价值]B
　　　　银行存款、主营业务收入等 　　[支付的合并对价的公允价值]C[①]
　　　　营业外收入 　　　　　　　　　[(A − B) > C 的差额]

补充阅读资料 2-1

　　商誉是由不能分别辨认并单独确认的资产所形成的未来经济利益（IFRS3，国际财务报告准则第 3 号），属于不可辨认资产。合并成本大于取得的可辨认净资产公允价值的差额为合并商誉。购买方愿意多支付购买对价，可能是因为被购买方存在地理位置、管理水平、产品知名度、市场潜力等优势，而这种优势会增加购买方未来的经济利益。合并成本小于取得的可辨认净资产公允价值的差额为合并负商誉，计入当期损益。《企业会计准则第 20 号——企业合并》规定，应首先复核取得的被购买方各项可辨认资产、负债及或有负债的公允价值及合并成本的计量，经复核后合并成本仍然小于取得的可辨认净资产公允价值份额的，差额计入当期损益。

　　**【例 2-11】** A 公司和 B 公司为非同一控制下的两个企业。20×1 年 6 月 30 日，A 公司用账面价值 300 万元、公允价值 340 万元的库存商品和 100 万元银行存款对 B 公司进行吸收合并。合并日 B 公司的资产、负债无法准确确定其公允价值，A 公司暂时按照其账面价值入账。B 公司资产负债表见表 2-9。20×1 年 12 月 31 日，确定 B 公司固定资产公允价值应为 220 万元，其他资产账面价值和公允相同。假定合并后，合并企业对该固定资产采用年限平均法按 5 年计提折旧。不考虑相关税费，要求计算合并商誉并编制 A 公司有关企业合并的会计处理分录。

表 2-9　B 公司资产负债表

20×1 年 6 月 30 日　　　　　　　　　　　　　　　　　万元

| 资产 | | 负债和所有者权益 | |
|---|---|---|---|
| 项目 | 账面价值 | 项目 | 账面价值 |
| 货币资金 | 50 | 短期借款等 | 100 |
| 存货 | 100 | 股本 | 100 |
| 固定资产 | 200 | 资本公积 | 70 |
| | | 盈余公积 | 50 |
| | | 未分配利润 | 30 |
| 合计 | 350 | 合计 | 350 |

**【分析】**

A 公司确认的企业合并成本 = 340 + 100 = 440（万元）

---

① 非同一控制下的企业合并，购买方的合并成本为其付出资产、发生或承担负债、发行权益性证券的公允价值。当购买方付出的是存货等资产时，相当于出售资产换取股权，公允价值构成其合并成本；另外，付出资产需要在账面上进行注销。当公允价值和账面价值存在差额，该差额应作为资产的转让损益计入当期损益。

A 公司确认的资产转让收益 = 340 − 300 = 40（万元）

取得的 B 公司净资产公允价值 =（50 + 100 + 200）− 100 = 250（万元）

商誉 = 440 − 250 = 190（万元）

① 20×1 年 6 月 30 日，A 公司合并时的账务处理。

借：银行存款等                                                          500 000
　　库存商品等                                                        1 000 000
　　固定资产                                                          2 000 000
　　商誉                                                              1 900 000
　　贷：短期借款等                                                              1 000 000
　　　　主营业务收入                                                            3 400 000
　　　　银行存款                                                                1 000 000
借：主营业务成本                                                      3 000 000
　　贷：库存商品                                                                3 000 000

② 20×1 年 12 月 31 日，A 公司调整合并成本的账务处理。

借：固定资产                                                            200 000
　　贷：商誉                                                                      200 000

同时对固定资产评估增值部分计提折旧：

$$应计提折旧 = \frac{20}{5} \times \frac{6}{12} = 2（万元）$$

借：管理费用                                                             20 000
　　贷：累计折旧                                                                  20 000

（2）出让固定资产、无形资产等实施的企业合并。

借：有关资产账户                              [取得的被合并方资产公允价值]A
　　商誉                                      [(A − B) < C 的差额]
　　贷：有关负债账户                          [承担的被合并方负债公允价值]B
　　　　固定资产清理　⎫
　　　　无形资产　　　⎬                       [支付的合并对价的公允价值]C[①]
　　　　资产处置损益等⎭
　　　　营业外收入                            [(A − B) > C 的差额]

【例 2-12】　A 公司和 B 公司为非同一控制下的两个企业。20×1 年 6 月 30 日，A 公司用账面价值 300 万元（原值 500 万元，已计提折旧 200 万元）、公允价值 340 万元的固定资产和 100 万元银行存款对 B 公司进行吸收合并。假定购买日 B 公司固定资产公允价值为 220 万元，其他资料同例 2-11。要求计算合并商誉并编制 A 公司有关企业合并的会计分录。

【分析】

A 公司确认的企业合并成本 = 340 + 100 = 440（万元）

A 公司确认的资产转让收益 = 340 − 300 = 40（万元）

---

① 此处的资产处置损益为付出资产公允价值与账面价值的差额，差额既可能在借方，也可能在贷方。

取得的 B 公司净资产公允价值 =（50 + 100 + 220）- 100 = 270（万元）

商誉 = 440 - 270 = 170（万元）

20×1 年 6 月 30 日，A 公司合并时的账务处理。

| | | |
|---|---|---|
| 借：固定资产清理 | | 3 000 000 |
| 　　累计折旧 | | 2 000 000 |
| 　　贷：固定资产 | | 5 000 000 |
| 借：银行存款等 | | 500 000 |
| 　　库存商品等 | | 1 000 000 |
| 　　固定资产 | | 2 200 000 |
| 　　商誉 | | 1 700 000 |
| 　　贷：短期借款等 | | 1 000 000 |
| 　　　　固定资产清理 | | 3 000 000 |
| 　　　　资产处置损益 | | 400 000 |
| 　　　　银行存款 | | 1 000 000 |

### 2. 发行债券或承担其他债务实施的企业合并

借：有关资产账户　　　　　　　　　　　[取得的被合并方资产公允价值]A

　　商誉　　　　　　　　　　　　　　　[(A - B) < (C + D)的差额]

　　贷：有关负债账户　　　　　　　　　[承担的被合并方负债公允价值]B

　　　　应付债券　　　　　　　　　　　[发行债券的公允价值减去手续费等]①C

　　　　银行存款等　　　　　　　　　　[实际发生的债券发行手续费等]D

　　　　营业外收入　　　　　　　　　　[(A - B) > (C + D)的差额]

### 3. 发行权益性证券实施的企业合并

借：有关资产账户　　　　　　　　　　　[取得的被合并方资产公允价值]A

　　商誉　　　　　　　　　　　　　　　[(A - B) < (C + D + E)的差额]

　　贷：有关负债账户　　　　　　　　　[承担的被合并方负债公允价值]B

　　　　股本　　　　　　　　　　　　　[发行证券的面值]C

　　　　资本公积　　　　　　　　　　　[发行证券的溢价 - 手续费等]D

　　　　银行存款等　　　　　　　　　　[实际发生的证券发行手续费等]E

　　　　营业外收入　　　　　　　　　　[(A - B) > (C + D + E)的差额]

【例 2-13】 A 公司和 B 公司为非同一控制下的两个企业。20×1 年 6 月 30 日，A 公司用普通股 100 万股，每股面值 1 元，市场价格 1.5 元和 100 万元银行存款对 B 公司进行吸收合并。假定购买日 B 公司固定资产公允价值为 220 万元，其他资料同例 2-11。要求计算合并商誉并编制 A 公司有关企业合并的会计分录。

【分析】

A 公司确认的企业合并成本 = 1.5 × 100 + 100 = 250（万元）

---

① 在债券发行时，发行债券的面值贷记"应付债券——面值"，发行债券的溢价减去支付的手续费、佣金等借记或贷记"应付债券——利息调整"。

A 公司确认的资本公积 =（1.5 - 1）× 100 = 50（万元）

取得的 B 公司净资产公允价值 =（50 + 100 + 220）- 100 = 270（万元）

负商誉 = 270 - 250 = 20（万元）

20×1 年 6 月 30 日，A 公司合并时的账务处理如下：

| | | |
|---|---|---|
| 借：银行存款等 | 500 000 | |
| 　库存商品等 | 1 000 000 | |
| 　固定资产 | 2 200 000 | |
| 　贷：短期借款等 | | 1 000 000 |
| 　　股本 | | 1 000 000 |
| 　　资本公积 | | 500 000 |
| 　　银行存款 | | 1 000 000 |
| 　　营业外收入 | | 200 000 |

### 4. 合并时支付的相关费用

购买方为合并发生的审计、法律服务、评估咨询等中介费用以及其他相关管理费用，应当于发生时计入当期损益（管理费用）。

【例 2-14】 考虑与企业合并相关的递延所得税。A 公司和 B 公司为非同一控制下的两个企业。20×1 年 6 月 30 日，A 公司用普通股 100 万股，每股面值 1 元，市场价格 1.5 元和 100 万元银行存款对 B 公司进行吸收合并。购买日 B 公司固定资产公允价值为 220 万元，企业所得税税率为 25%，假定此项合并为符合税法规定的免税合并。其他资料同例 2-11。要求计算合并商誉并编制 A 公司有关企业合并的会计分录。

【分析】

B 公司个别报表固定资产账面价值 = 220（万元）

B 公司个别报表固定资产计税基础 = 200（万元）

递延所得税负债 =（220 - 200）× 25% = 5（万元）

负商誉 = 270 - 250 - 5 = 15（万元）

20×1 年 6 月 30 日，A 公司合并时的账务处理如下：

| | | |
|---|---|---|
| 借：银行存款等 | 500 000 | |
| 　库存商品等 | 1 000 000 | |
| 　固定资产 | 2 200 000 | |
| 　贷：短期借款等 | | 1 000 000 |
| 　　股本 | | 1 000 000 |
| 　　资本公积 | | 500 000 |
| 　　银行存款 | | 1 000 000 |
| 　　递延所得税负债 | | 50 000 |
| 　　营业外收入 | | 150 000 |

## （二）控股合并

形成母子公司关系的控股合并，购买日合并成本公允价值大于取得被购买方可辨认净资产公允价值份额的差额，包含在长期股权投资的初始投资成本中。该差额在购买方的个别报表中不单独确认商誉，在合并日的合并财务报表中才需要单独列报合并商誉。[①]

### 1. 支付资产实施的企业合并

借：长期股权投资　　　　　　　　　　　　A＝B
　　贷：银行存款、主营业务收入等　　　　[支付的合并对价的公允价值]B

### 2. 发行债券或承担其他债务实施的企业合并

借：长期股权投资　　　　　　　　　　　　A＝B＋C
　　贷：应付债券　　　　　　　　　　　　[发行债券的公允价值减去手续费等]B
　　　　银行存款等　　　　　　　　　　　[实际发生的债券发行手续费等]C

### 3. 发行权益性证券实施的企业合并

借：长期股权投资　　　　　　　　　　　　A＝B＋C＋D
　　贷：股本　　　　　　　　　　　　　　[发行证券的面值]B
　　　　资本公积　　　　　　　　　　　　[发行证券的溢价－手续费等]C
　　　　银行存款等　　　　　　　　　　　[实际发生的证券发行手续费等]D

### 4. 合并时的相关费用

合并时发生的各项直接相关费用，计入当期损益（管理费用）。

【例 2-15】　A 公司和 B 公司为非同一控制下的两个企业。20×1 年 6 月 30 日，A 公司用账面价值 300 万元、公允价值 340 万元的库存商品和 100 万元银行存款对 B 公司进行 80%的控股合并。假定购买日 B 公司固定资产公允价值为 220 万元，其他资料同例 2-11。要求计算合并商誉并编制 A 公司有关企业合并的会计分录。

【分析】

A 公司确认的企业合并成本 = 340 + 100 = 440（万元）

A 公司确认的资产转让收益 = 340 － 300 = 40（万元）

取得的 B 公司可辨认净资产公允价值份额 = [（50+100+220）－ 100]×80%
　　　　　　　　　　　　　　　　　　　　= 216（万元）

合并成本公允价值大于取得被购买方可辨认净资产公允价值份额的差额 224（440 － 216）万元，包含在长期股权投资的初始投资成本中。

20×1 年 6 月 30 日，A 公司合并时的账务处理如下。

借：长期股权投资　　　　　　　　　　　　　　　　　　　　　4 400 000
　　贷：主营业务收入　　　　　　　　　　　　　　　　　　　　3 400 000
　　　　银行存款　　　　　　　　　　　　　　　　　　　　　　1 000 000
借：主营业务成本　　　　　　　　　　　　　　　　　　　　　3 000 000
　　贷：库存商品　　　　　　　　　　　　　　　　　　　　　　3 000 000

---

① 长期股权投资成本大于应享有被购买方可辨认净资产公允价值份额的差额，应确认为合并资产负债表中的商誉，商誉不摊销但要每年进行减值测试；长期股权投资成本小于应享有被购买方可辨认净资产公允价值份额的差额，经核实后确认为合并利润表中的营业外收入。

## 二、分次投资实现的企业合并的会计处理

通过多次交换交易实现的企业合并账务处理的基本方法是：购买方以购买日之前持有被购买方股权投资账面价值加上新增股权投资成本之和为企业合并的初始投资成本。

### （一）购买日之前持有被购买方股权投资账面价值

购买方在购买日之前持有的被购买方股权投资账面价值保持不变，即购买日之前持有的股权投资作为长期股权投资采用权益法核算的，为权益法下至购买日应有的账面价值；购买日之前持有的股权投资作为金融资产采用公允价值核算的，为至购买日应有的账面价值。

### （二）新增股权投资成本

购买日追加投资的投资成本为支付对价的公允价值。购买日之前持有被购买方股权投资账面价值与新增股权投资成本之和作为企业合并初始投资成本，确认为长期股权投资。

【例2-16】 资料见例2-10，假定A公司和B公司为非同一控制下的两个公司，其他资料相同。要求编制企业合并相关会计分录。

【分析】

A公司个别报表的账务处理如下。

（1）20×1年1月1日，A公司第一次投资时。

借：长期股权投资      35 000 000

    贷：银行存款      35 000 000

（2）20×1年确认投资收益。

借：长期股权投资      3 000 000

    贷：投资收益      3 000 000

至购买日，A公司持有B公司股权投资账面价值为3 800（3 500＋300）万元。

（3）20×2年1月1日追加投资。

借：长期股权投资      45 000 000

    贷：银行存款      45 000 000

A公司企业合并初始投资成本为8 300（3 800＋4 500）万元。

 课程思政案例

### 中国企业跨国并购的现状及特点

我国企业的跨国并购始于20世纪90年代。在政府"走出去"战略的推动下，越来越多的企业开始参与全球资源再配置和资产重组活动。2001年至2003年，我国企业实施的跨国并购累计投资额约达12亿美元，2004年跨国并购的投资额为26.5亿美元，2005年我国企业跨国并购金额突破140亿美元，2011年中国大陆企业跨国并购的交易额为429亿美元。联合国《2013世界投资报告》数据显示，2012年中国是世界第三大

投资国，仅次于美国和日本。

2021 年商务部、国家统计局和国家外汇管理局联合发布了《2020 年度中国对外直接投资统计公报》，指出 2020 年中国对外直接投资呈现以下特点。

一是中国企业对外投资总体保持活跃。2020 年中国对外直接投资 1 537.1 亿美元，同比增长 12.3%，流量规模首次位居全球第一。2020 年末，中国对外直接投资存量达 2.58 万亿美元，次于美国（8.13 万亿美元）和荷兰（3.8 万亿美元）。中国在全球外国直接投资中的影响力不断扩大，流量占全球比重连续 5 年超过一成，2020 年占 20.2%；存量占 6.6%，较上年提升 0.2 个百分点。2020 年中国双向投资基本持平，引进来走出去同步发展。

二是对"一带一路"沿线国家投资稳步增长。截至 2020 年年底，中国 2.8 万家境内投资者在全球 189 个国家（地区）设立对外直接投资企业 4.5 万家，全球 80% 以上国家（地区）都有中国的投资，年末境外企业资产总额 7.9 万亿美元。在"一带一路"沿线国家设立境外企业超过 1.1 万家，2020 年当年实现直接投资 225.4 亿美元，同比增长 20.6%，占同期流量的 14.7%；年末存量 2 007.9 亿美元，占存量总额的 7.8%。2013 至 2020 年中国对沿线国家累计直接投资 1 398.5 亿美元。

三是投资领域日趋广泛，结构不断优化。2020 年，中国对外直接投资涵盖国民经济的 18 个行业大类，近七成投资流向租赁和商务服务、制造、批发和零售、金融领域，四大行业流量均超过百亿美元。2020 年末，中国对外直接投资存量的八成集中在服务业，主要分布在租赁和商务服务、批发和零售、信息传输/软件和信息技术服务、金融、房地产、交通运输/仓储和邮政等领域。

四是非公经济与公有经济控股主体的对外投资齐头并进。2020 年中国对外非金融类投资流量中，非公有经济控股的境内投资者对外投资 671.6 亿美元，占 50.1%，同比增长 14.1%；公有经济控股的境内投资者对外投资 668.9 亿美元，占 49.9%，同比增长 15.1%。

五是互利共赢效果凸显，实现共同发展。2020 年境外中资企业向投资所在国家和地区缴纳各种税金总额合计 445 亿美元，雇用外方员工 218.8 万人，占境外企业员工总数的 60.6%。对外投资带动我国产货物出口 1 737 亿美元，占中国货物出口总值的 6.7%。境外中资企业当年实现销售收入 2.4 万亿美元。

资料来源：中华人民共和国商务部. 商务部、国家统计局和国家外汇管理局联合发布《2020 年度中国对外直接投资统计公报》[EB/OL]. http://hzs. mofcom.gov.cn/article/date/202110/20211003207274. shtml

**思考：**我国企业跨国并购投资额为什么会在 20 年间快速增长？

答案提示　扫描此码

## 本章知识点小结

1. 企业合并的分类。

（1）按合并双方合并前、后最终控制方是否发生变化，可以分为同一控制下和非同一控制下的企业合并。

（2）按合并后主体的法律形式，可以分为吸收合并、新设合并和控股合并。吸收合并和新设合并情形下，被合并企业消失，即其账面上原有的资产和负债要注销；控股合并情形下，被合并企业留存，合并方取得对方股权即长期股权投资。

2. 同一控制下的企业合并采用权益结合法，合并各方按其原来的账面价值核算。不论是支付资产、发行债券或权益性证券，均采用账面价值。合并方支付的合并对价的账面价值与取得可辨认净资产账面价值份额的差额，调整资本公积（资本溢价或股本溢价），资本公积不足冲减的，调整留存收益。

3. 非同一控制下的企业合并采用购买法，按照公允价值进行计量。不论是支付资产、发行债券或权益性证券，均采用公允价值（公允价值与其原账面价值之差，计入当期损益）。吸收合并和新设合并情形下，合并对价的公允价值与取得可辨认净资产公允价值的差额，确认为商誉或负商誉（营业外收入）；控股合并情形下，该差额在购买方的个别财务报表中不单独确认商誉（包含在长期股权投资初始投资成本中），在合并日的合并财务报表中才需要单独列报合并商誉。

4. 不论是同一控制下的企业合并还是非同一控制下的企业合并，合并时支付的评估、审计等费用均计入管理费用。

5. 控股合并情形下分次投资实现的企业合并。

| 合并方式 | 同一控制下的企业合并 | 非同一控制下的企业合并 |
| --- | --- | --- |
| 初始投资成本 | 以持股比例计算的合并日应享有被合并方所有者权益账面价值份额作为初始投资成本 | 购买日之前持有被购买方股权投资账面价值＋新增股权投资成本 |
| 合并所付出的总代价 | 包括原长期股权投资账面价值、合并日为取得新股权所支付的资产、承担债务的账面价值 | 购买日之前持有被购买方股权投资账面价值＋新增股权投资成本 |
| 合并所付出的总代价与初始投资成本之差 | 调整资本公积、盈余公积和未分配利润 | 不存在差额 |

# 思 考 题

1. 什么是企业合并？
2. 企业合并可以分为哪些类别？
3. 权益结合法和购买法各有什么特点？分别适用哪些企业合并类型？
4. 同一控制下一次投资实现企业合并和分次投资实现企业合并的会计处理是怎么样的？
5. 非同一控制下一次投资实现企业合并和分次投资实现企业合并的会计处理是怎么样的？

# 练 习 题

1. A 公司与 B 公司为非关联方企业。20×2 年 6 月，A 公司拟通过向 B 公司原股东定向发行股份的方式取得 B 公司的控股权。双方根据 B 公司 20×2 年 6 月可辨认净资产公允价值为参考，确定交易价格为 50 亿元。A 公司董事会决议公告日前 10 个交易日的股票均价为 10 元/股，共发行了 5 亿股。交易同时约定，B 公司原股东取得的股份在 1 年内禁售。20×2 年 8 月 31 日，A 公司完成了定向增发手续和对 B 公司产权交接的手续，对 B 公司开始实施控制，当日 A 公司股票收盘价为 10.2 元/股。要求计算 A 公司此次企业合并的合并成本。

2. A 公司为 B 公司和 C 公司的母公司。20×1 年 1 月 1 日，B 公司通过非同一控制下企业合并取得 D 公司的控制权，为此产生合并商誉 1 500 万元。20×2 年 1 月 1 日，B 公司将其控制的 D 公司出售给 C 公司，售价为 B 公司对 D 公司的投资成本和 D 公司 20×1 年所获取的净利润之和，出售后 B 公司所记录的商誉一并转销。假设该商誉并未减值，计算合并财务报表中的商誉金额为多少？

3. A 公司、B 公司和 C 公司为同一控制下的公司。20×2 年 8 月，A 公司以存货和固定资产作为对价取得 B 公司控制的 C 公司 100%股权。A 公司支付对价的存货和固定资产的账面价值为 800 万元和 900 万元，公允价值为 1 000 万元和 1 200 万元。在合并日，C 公司所有者权益账面价值为 2 000 万元，相对于最终控制方而言的账面价值为 2 100 万元。B 公司原合并 C 公司时为非同一控制下的企业合并，当时产生商誉 200 万元。不考虑相关税费，计算 A 公司合并 C 公司时应确认的资本公积为多少？

4. A 公司与 B 公司为没有关联关系的两家企业。20×2 年 1 月，A 公司以增发 100 万股普通股（市价 4 元/股，面值 1 元/股）和转让公允价值 80 万元，成本 60 万元存货的对价取得 B 公司 80%的股权，从而对 B 公司实施控制。A 公司适用的增值税税率为 16%。要求计算 A 公司取得 B 公司控制权的成本。

5. A 公司 20×2 年 5 月 1 日与 B 公司的母公司甲公司签订股权转让协议。协议约定，A 公司通过向甲公司定向增发普通股的方式取得甲公司持有的 B 公司 80%的股权。20×2 年 5 月 31 日，A 公司向甲公司定向增发 1 000 万股普通股，并取得 B 公司 80%的股权，派人对 B 公司董事会进行改组。A 公司发行的普通股面值 1 元/股，5 月 31 日的收盘价为 15 元/股。为发行股票，A 公司支付券商佣金和手续费等 50 万元，另发生对 B 公司的评估费 10 万元，已经用银行存款支付。协议签订日，B 公司经评估确定的可辨认净资产公允价值为 13 000 万元，20×2 年 5 月 31 日按评估日可辨认净资产公允价值持续计算的净资产账面价值为 13 500 万元。合并前，A 公司与甲公司和 B 公司不存在任何关联方关系，不考虑相关税费。要求判断 A 公司对 B 公司的企业合并属于什么类型，并确定其初始投资成本、编制相关会计分录。

6. A 公司 20×2 年 9 月 30 日取得 B 公司 60%的股权，从而能够对 B 公司实施控制。合并日，B 公司可辨认净资产账面价值 8 000 万元，公允价值 9 000 万元。除固定资产和无形资产外，B 公司其他资产、负债的公允价值和账面价值相同。固定资产为一栋办公大楼，账面价值 3 000 万元，公允价值 3 800 万元，剩余使用年限 30 年，年限平均法计提折旧，净残值为零；无形资产为土地使用权，账面价值 2 400 万元，公允价值 2 600 万元，剩余使用年限 10 年，直线法摊销，预计净残值为零。A 公司付出资产的公允价值为 6 000 万元，包括一栋办公大楼和一项土地使用权。办公大楼的原值 3 500 万元，累计折旧 400 万元，计提减值准备 200 万元，公允价值 4 000 万元；土地使用权的原值 2 200 万元，累计摊销 500 万元，计提无形资产减值准备 200 万元，公允价值 2 000 万元。另 A 公司用银行存款支付咨询费等费用 80 万元。A 公司和 B 公司在交易前不存在关联方关系。

要求：

（1）判断企业合并的类型；

（2）计算 A 公司企业合并的成本，转让固定资产、无形资产对其 20×2 年度利润总额的影响；

（3）计算 A 公司取得长期股权投资的入账价值，并编制会计分录。

答案解析　　扫描此码

## 即测即练题

自学自测　　扫描此码

# 第三章

# 合并财务报表

【学习要点】

- 长期股权投资与所有者权益的抵销
- 内部商品交易的抵销
- 内部债权债务的抵销
- 内部固定资产交易的抵销
- 内部无形资产交易的抵销
- 所得税会计相关的合并处理
- 合并现金流量表的编制

【学习目标】

通过本章的学习，理解合并财务报表的合并理论、合并范围的确定及合并财务报表的编制原则和程序；掌握同一控制下合并日和合并日后长期股权投资与所有者权益的抵销处理；掌握非同一控制下合并日和合并日后长期股权投资与所有者权益的抵销处理；掌握内部商品交易的内部销售收入和内部销售成本、存货跌价准备的抵销处理；掌握内部债权和债务以及计提的坏账准备的抵销处理；掌握内部固定资产交易的抵销处理；掌握内部无形资产交易的抵销处理；掌握内部交易所得税会计的抵销处理；掌握合并现金流量表的编制原则和方法。

## 第一节  合并财务报表概述

### 一、合并财务报表的含义

#### （一）合并财务报表的概念

合并财务报表是反映母公司和其全部子公司所形成的企业集团整体财务状况、经营成果和现金流量情况的报表。

企业合并包括吸收合并、新设合并和控股合并，但只有控股合并才需要编制合并财务报表。这是因为吸收合并的情况下，被合并企业注销，合并后只有一个独立的法律主体，显然不需要编制合并财务报表；在新设合并的情况下，合并各方组成了一个新的企业，也不需要编制合并财务报表。在控股合并的情况下，企业集团中的母公司和子公司仍为独立法人，仍需提供个别财务报表。集团整体的财务信息并非单个成员企业财务信息的简单加总，为便于集团的投资者、债权人、其他潜在投资者、政府管理机构等了解集团整体的资源总量、经营成果，还需要对外提供集团合并财务报表。

### （二）合并财务报表的特点及局限

与个别财务报表相比，合并财务报表存在以下特点。

（1）反映的对象不同。个别财务报表只反映单个企业的财务信息，而合并财务报表则反映集团整体的财务信息。

（2）编制主体不同。个别财务报表由单个企业独立编制，合并财务报表由母公司编制。

（3）编制方法不同。个别财务报表根据单个企业的账簿记录，采用直接或间接计算填列的方法；合并财务报表则采用工作底稿这个特殊方法。编制时，先对个别报表财务数据进行加总，之后进行调整、抵销，计算出合并数，然后填列合并财务报表。

虽然合并财务报表反映的是集团整体的财务信息，但根据现有的企业会计准则，合并财务报表仍存在以下局限。

（1）不能完整反映集团整体的财务信息。合并财务报表纳入合并范围的只有母公司以及母公司控制的子公司，对于母公司已经投资但不能对其实施控制的被投资企业，现行企业会计准则并未将之纳入合并范围。

（2）财务信息的可理解性和相关性受影响。当企业集团实施多元化经营时，不同经营范围企业经营状况的汇总叠加会影响财务信息的可理解性和相关性。同时，当集团跨境经营时，外汇汇率和境内外通货膨胀差异也会影响到境外子公司个别报表的折算。

## 二、合并财务报表的种类

### （一）按照合并财务报表编制时间分类

按照编制时间差异，合并财务报表可分为合并日合并财务报表和合并日后合并财务报表。

合并日合并财务报表是指取得控制权当天，母公司编制的合并报表。同一控制下的企业合并，母公司在合并日应编制合并资产负债表、期初至合并日的合并利润表及合并现金流量表；而在非同一控制下的企业合并，在合并日只需编制合并资产负债表。形成这种差异的原因在于同一控制下的企业在合并前后控制方未发生变化，而非同一控制下的企业在合并前后控制方已经发生变化，合并之前发生的业务不应被纳入合并范围。

合并日后合并财务报表是指在企业合并后的每一个资产负债表日，母公司编制的合并报表。合并日后母子公司之间、子公司之间发生了投资收益确认、内部商品购销、股利分配等经济业务，这些业务是合并日不曾有的，需要对这些业务进行相应的调整、抵销处理。

### （二）按照合并财务报表的具体内容进行分类

按照合并财务报表的具体内容不同，合并财务报表可分为合并资产负债表、合并利润表、合并现金流量表、合并所有者权益变动表和报表附注。上述报表均由母公司进行编制。

合并资产负债表反映报告期末企业集团整体的资产、负债和所有者权益；合并利润表反映报告期内企业集团整体的经营成果；合并现金流量表反映报告期内企业集团整体的现金和现金等价物流入、流出情况；合并所有者权益变动表反映报告期内企业集团整体所有者权益各组成部分增减变动情况。

### 三、合并财务报表的合并理论

目前，合并财务报表存在三种典型的合并理论，即所有权理论、母公司理论和实体理论。

#### 1. 所有权理论

该理论认为，母子公司之间的关系是拥有和被拥有的关系。合并财务报表编制的目的是满足母公司股东的信息需求，向其报告母公司所拥有的资源。子公司少数股权股东的信息需求应由子公司个别报表提供。根据这一理论，当母公司并非全资控股时，只按母公司拥有子公司股权比例合并子公司的资产、负债、所有者权益、收入、费用、利润，不包括少数股权股东应享有的份额，合并时以公允价值为基础进行反映。可以发现，该理论强调的是母公司所实际拥有的股权，而非母公司所实际控制的资源。虽然这种做法很稳健，却与控制的实质存在偏离。这是因为控制具有排他性，当母公司控制子公司时，不但控制了其所拥有的子公司的份额，而且控制了整个子公司资源的运用。

#### 2. 母公司理论

母公司理论强调的是母公司股东和债权人的利益。该理论认为企业集团的股东只包括母公司的股东，少数股权股东不在企业集团股东之列，合并财务报表是母公司本身财务报表的延伸和扩展。根据这一理论，子公司中少数股权股东的权益被当作资产负债表中的负债项目；子公司当年收益中少数股权股东应享有的部分被当作合并利润表中的费用项目；子公司与其股东之间交易所形成的未实现利润，当顺销（母公司将商品销售给子公司）时未实现利润只抵销子公司中母公司持有股权的份额，少数股权股东所对应的份额，视同销售实现进行处理；合并时所形成的商誉只反映属于母公司的部分，属于少数股权股东的部分不确认。

#### 3. 实体理论

实体理论认为企业集团是集团中所有企业构成的经济实体，不论是母公司还是少数股权股东都是经济实体的组成部分，它们同等重要，应平等对待。合并财务报表是为整个经济体服务的，为集团所有成员提供财务信息。根据该理论，合并资产负债表中应同时列示母公司和少数股权股东的股东权益，合并利润表应将合并净收益在母公司和少数股权股东之间进行分配，商誉包括由少数股权股东所享有的商誉，所有内部交易产生的未实现利润不论是顺流交易还是逆流交易都应全部抵销。

由于实体理论所编制的财务报表更有利于企业集团内部管理人员从集团整体把握集团的经营活动状况，更能够满足集团内部管理人员的财务信息需要，因此不论是国际财务报表准则还是我国企业会计准则，都主要采用了实体理论。

## 四、合并范围的确定

不论是国际会计准则委员会（IASC）还是美国财务会计准则委员会（FASB），均将控制作为合并财务报表的编制基础和合并范围确定的标准。这是因为，当两个公司存在控制关系时，它们之间在资产运用、经营和财务决策上便成为一个经济统一体（企业集团）。这个统一体超越了法律实体，单个独立的财务报表无法充分反映统一体的财务状况、经营成果和现金流量，必须将统一体作为财务的报告主体才能全面、真实地反映。

### （一）控制的基本内涵

控制是指投资方拥有对被投资方的权力，通过参与被投资方的相关活动而享有可变回报，并且有能力运用对被投资方的权力影响其回报金额。

从以上概念中，可以发现控制应具备以下两个基本要素：①因涉入被投资方而享有可变回报；②有能力运用其对被投资方的权力影响回报金额。

#### 1. 可变回报

可变回报的金额是不固定的，可能随着被投资方业绩改变而变化。它可能为正回报、负回报，也可能兼而有之。

可变回报的形式多样，主要包括股利、被投资方发行债券而产生的利息（因债券可能违约）、投资方享有被投资方股权的价值变动、管理被投资方资产而获取的管理费、被投资方清算时所享有的权益等。

#### 2. 权力

权力是控制的第一个要素。如果投资方能够主导被投资方的相关活动，则投资方享有对被投资方的控制权力。

（1）权力只是表明投资方有主导被投资方相关活动的现时能力，但并不意味着投资方一定会实际行使该权力。这里所指的相关活动是对被投资方回报产生重大影响的活动。

（2）权力是一种实质性权利。权力来源于权利，是权利的体现。权利分为实质性权利和保护性权利。实质性权利是持有人在对相关活动进行决策时，有实际能力行使的可执行权利，它是当前可执行的权利。但在某些情况下，当前不可行使的权利也可能是实质性权利，如投资方持有一份 5 天后结算的股票期权购买合同，一旦行使，投资方的表决权将占多数。如果召开股东大会的最早时间在一个月后，那么投资方虽然当前不能行使，但在召开股东大会时有能力主导相关活动，因此它也构成一项实质性权利。保护性权利则是指保护当事方的权利，它既不能对被投资方实施控制，也不能阻止其他方对被投资方实施控制。如银行将款项贷给企业，并约定企业如果不能及时偿付本息可扣押其资产，扣押资产这项权利就是保护性权利。

（3）权力是为自己行使的，而非代其他方行使。当代理人代表其他方行使权力时，代表的是被代理人的利益，代理后果也由被代理人承担，因此代理人并不拥有控制权。

（4）权力通常表现为表决权，但有时也可能表现为其他合同安排。表决权是对被投资方生产经营、机构设置、人员聘任、制度修订等进行表决的权利，表决权比例通常情况下与持股比例保持一致。如投资方直接或间接拥有被投资方半数以上表决权，从而可以决定被投资方的重大决策。我国在确定间接持有表决权的比例时采用的是加法而非乘法，如 A 公司持有 B 公司 60%的表决权、持有 C 公司 30%的表决权，B 公司持有 C 公司 50%的表决权，则采用加法情况下 A 公司直接加间接持有 C 公司 80%（30%＋50%）的表决权，采用乘法情况下 A 公司直接加间接持有 C 公司 60%（30%＋60%×50%）的表决权。

### 3. 投资方控制了被投资方

投资方有能力运用权力影响其回报金额，只有权力和回报之间存在这种关系时才可称为投资方控制了被投资方。

### （二）母公司和子公司

母公司是指实质控制一个或一个以上主体（含企业、被投资单位中可分割的部分、企业所控制的结构化主体等）的主体，子公司是指被母公司控制的主体。通常情况下，子公司指的是被投资方整体，但某些情况下，子公司可能仅是被投资方中可分割的部分。如甲公司下设 A、B、C 三个独立的分部，A 分部的资产仅用于偿还 A 分部的负债，不用于偿还甲公司其他分部的负债，且除与 A 分部相关的投资者外，其他分部的投资者不享有 A 分部资产相关的权利，此时 A 分部是甲公司可分割的部分。如果投资方控制了可分割部分，编制合并财务报表时应将其进行合并，其他方在合并时应将此可分割部分排除在外。

## 五、合并财务报表的编制原则、前期准备、程序

### （一）合并财务报表的编制原则

合并财务报表的编制应首先根据母公司的会计政策和会计期间，统一集团内各成员企业的会计政策和会计期间。在此前提下，遵循以下编制原则。

（1）以个别报表为基础。合并财务报表并非根据集团个别企业账簿直接编制，而是在集团各企业提供的个别报表基础上采用特殊的方法进行编制。这也导致合并日后所编制的合并财务报表需要在其工作底稿中对"未分配利润（期初）"项目进行调整。

（2）一体性原则。合并财务报表将企业集团视为一个会计主体，因此企业集团内部母公司与子公司、不同子公司之间发生的业务等同于企业内部各核算单位（或部门）之间发生的业务。从集团整体角度，应对这些业务进行抵销。

（3）重要性原则。与个别企业的财务报表相比，集团往往涉及多个甚至跨度很大的行业，资产规模和业务交易量与个别企业相比要大得多。对个别企业而言是重要的项目，对于集团整体而言却不一定是重要的，因此编制合并财务报表时应从集团整体的视角考虑是否重要。如果集团内部之间发生的经济业务对集团整体财务状况和经营成果影响不大，可以不对其编制抵销分录而直接编制合并财务报表。

### （二）合并财务报表编制的前期准备

合并财务报表涉及多个公司，为了使合并财务报表的信息真实反映企业集团的财务情况，需要做好以下前期准备。

#### 1. 统一母子公司的会计政策

会计政策是企业采用的会计原则、程序和处理方法的总称，是企业编制财务报表的基础。会计政策一致，母子公司报表各项目所反映的内容才能一致。因此，在编制合并财务报表前，首先应要求子公司根据母公司的会计政策编制个别财务报表。当境外子公司由于税法、企业会计准则等原因无法统一会计政策时，可以要求子公司根据母公司的会计政策重新编制财务报表，或者由母公司按照其会计政策对子公司所提供的财务报表进行调整。

#### 2. 统一母子公司的资产负债表日和会计期间

财务报表反映的是某一日期的财务状况和某一期间的经营成果。当母子公司上述两项标准不一致时，财务报表合并所得出的是错误的信息，因此子公司应必须根据母公司的资产负债表日和会计期间进行调整。当存在境外子公司时，可以要求子公司根据母公司的资产负债表日和会计期间重新编制财务报表，或者由母公司对子公司所提供的财务报表进行调整。

#### 3. 对子公司以外币表示的财务报表进行调整

子公司在以下两种情况下可以外币进行核算：一是外币业务比较多、业务收支以外币为主的子公司，二是境外经营的子公司。在合并上述企业的财务报表时，应先按照《企业会计准则第 19 号——外币折算》的要求将子公司的报表折算为以母公司记账本位币表示的财务报表。

#### 4. 收集编制合并财务报表的相关资料

编制合并财务报表除了需要收集子公司相应期间的财务报表外，还需要收集：①集团内各企业间发生的内部购销、债权债务、投资筹资产生的现金流量和未实现内部损益的期初、期末及其变动情况；②子公司所有者权益变动及利润分配资料；③需要的其他资料，如企业合并日资产、负债的公允价值等。

### （三）合并财务报表的编制程序

合并财务报表大致需要按如图 3-1 所示程序进行编制。

#### 1. 设置合并财务报表工作底稿

合并财务报表工作底稿是编制合并财务报表的基础，其基本格式见表 3-1。

#### 2. 录入并加总母、子公司个别报表的数据

将母、子公司个别报表的数据录入合并财务报表工作底稿，对其进行加总，计算出合计数。

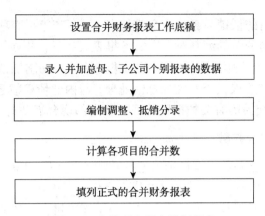

图 3-1 合并财务报表编制程序

表 3-1 合并财务报表工作底稿

| 项目 | 个别报表 | | 合计数 | 调整分录 | | 抵销分录 | | 少数股东权益 | 合并数 |
|---|---|---|---|---|---|---|---|---|---|
| | 母公司 | 子公司 | | 借方 | 贷方 | 借方 | 贷方 | | |
| 资产负债表项目 | | | | | | | | | |
| ...... | | | | | | | | | |
| 利润表项目 | | | | | | | | | |
| ...... | | | | | | | | | |
| 所有者权益变动表中有关利润分配的项目 | | | | | | | | | |
| ...... | | | | | | | | | |

### 3. 编制调整分录、抵销分录

调整分录、抵销分录是合并财务报表正确编制的关键。编制调整分录、抵销分录的目的是调整因会计政策等不同带来的影响，抵销个别报表中重复加总的因素。

（1）编制调整分录。编制调整分录的目的是统一会计政策、会计期间，统一记账本位币。除此之外，对于非同一控制下的企业合并，还需对子公司可辨认净资产按照合并日公允价值为基础进行调整。根据实体理论，非同一控制下企业合并中，子公司各项可辨认净资产在合并报表中应按照合并日公允价值为基础进行报告。但在控股合并的情况下，子公司仍然存续，在合并日后的每一个资产负债表日，子公司个别财务报表仍然按照其账面价值进行报告。为保持合并报表中子公司净资产报告价值的连续性和一致性，需要对其进行调整。

（2）编制抵销分录。从集团整体角度看，母子公司之间、不同子公司之间发生的业务在其个别财务报表中会存在重复核算的问题。如母公司对子公司赊销的顺流交易，在内部购买未实现对外销售的情况下，母公司个别报表确认了债权、销售收入、利润，子公司个别报表确认了采购存货、债务，但从集团整体看，这种销售只不过是资产在不同部门的转移。个别报表数据的简单汇总必然会导致债权、债务、存货等的重复计算，应对此进行抵销处理。需要注意的是，抵销分录只是抵销报表项目，而非会计科目。上述处理可以解释以下两个问题：一是为什么合并财务报表工作底稿中没有包括合并现金流量表，现金流量表项目的抵销只影响现金流量表，而资产等报表项目的抵销可能影响其他报表项目；二是抵销分录的编制对个别财务报表没有任何影响，后期编制合并财务报表时仍然需要对"未分配利润（期初）"项目进行调整。编制抵销分录的内部交易业务类别主要包括：与内部股权投资有关的抵销处理，与内部债权债务有关的抵销处理；与内部存货、固定资产交易等有关的抵销处理，与内部现金流动有关的抵销处理。

### 4. 计算各项目的合并数

（1）资产类项目的合并数根据该项目合计数加上该项目调整分录和抵销分录的借方金额，减去该项目调整分录和抵销分录的贷方金额计算确定。

（2）负债类和所有者权益类项目的合并数根据该项目合计数减去该项目调整分录和抵销分录的借方金额，加上该项目调整分录和抵销分录的贷方金额计算确定。

（3）收益类项目的合并数根据该项目合计数减去该项目调整分录和抵销分录的借方金额，加上该项目调整、抵销分录的贷方金额计算确定。

（4）成本费用类项目的合并数根据该项目合计数加上该项目调整分录和抵销分录的借方金额，减去该项目调整分录和抵销分录的贷方金额计算确定。

### 5. 填列正式的合并财务报表

根据合并财务报表工作底稿中的合并数抄写填列正式的合并财务报表。

## 第二节  长期股权投资与所有者权益的合并处理

### 一、基本原理

企业通过控股合并方式取得子公司，与股权投资相关的业务主要包括两方面，即投资方对被投资方进行股权投资、被投资方向投资方发放股利。当投资方对被投资方进行股权投资时，一方面会增加投资方的长期股权投资，另一方面会增加被投资方的股本；当被投资方向投资方发放股利时，被投资方需支付股利，投资方确认应收股利。但从企业集团整体角度来看，上述行为属于内部股权投资业务，集团整体的资产、所有者权益等并未发生改变，因此应对上述交易带来的个别报表财务数据影响予以抵销。

### （一）合并日的合并处理

合并日的合并处理包括两方面：一是需要对某些项目进行调整，如根据实体理论，非同一控制下的企业合并应采用公允价值列示，但子公司个别报表却是按照账面价值列示的，因此需要将其可辨认净资产调整至公允价值；二是合并日的长期股权投资与所有者权益的抵销处理。由于合并日母公司刚刚控制子公司，一般不会涉及股权投资收益的抵销。

### （二）合并日后的合并处理

除了仍然需要对某些项目进行调整处理外，合并日后的抵销处理包括以下两方面：一是将母公司对子公司的长期股权投资与归属于母公司的股东权益相互抵销；二是对母公司来自子公司的投资收益与子公司对母公司的股利分配进行相互抵销。

## 二、同一控制下企业合并财务报表的编制

### （一）合并日合并财务报表的编制

当母公司不是全资入股子公司时，子公司的股东就包括母公司和其他股东。少数股东权益是子公司股东权益中，除母公司外其他股东所拥有的股权。与之相对应，少数股东损益是子公司当年实现的净损益中，少数股东所享有的份额。

同一控制下的企业合并采用权益结合法，合并各方在其个别报表中按其原来的账面价值核算。母公司取得的长期股权投资应按照应享有子公司所有者权益账面价值的份额在其个别报表中入账，因此母公司的长期股权投资与其应享有的子公司所有者权益账面价值的份额在金额上是完全一致的。合并日母公司长期股权投资与所有者权益的抵销处理如下。

借：股本  
　　资本公积  
　　其他综合收益　　　　　　　　[子公司所有者权益报告价值]  
　　盈余公积  
　　未分配利润  
　贷：长期股权投资　　　　　　[母公司对子公司长期股权投资报告价值]  
　　　少数股东权益　　　　　　[子公司所有者权益与少数股东持股比例的乘积]

【例 3-1】 全资控股合并的情况。A 公司和 B 公司为 C 公司的两个子公司，合并前 A、B 公司的个别资产负债表见例 2-5 中的表 2-5 和表 2-6。20×2 年 1 月 1 日，A 公司以银行存款 150 万元和账面价值 80 万元、公允价值 100 万元的库存商品取得 B 公司 100% 的股权。合并日 A 公司合并账务处理见例 2-8。要求编制 A 公司合并日的抵销分录。

【分析】

在合并日编制合并资产负债表时，A 公司应将其对 B 公司的长期股权投资与 B 公司的所有者权益相互抵销，抵销分录如下。

借：股本　　　　　　　　　　　　　　　　　　　　　1 500 000  
　　资本公积　　　　　　　　　　　　　　　　　　　　 300 000  
　　盈余公积　　　　　　　　　　　　　　　　　　　　　20 000  
　　未分配利润　　　　　　　　　　　　　　　　　　　　80 000  
　贷：长期股权投资　　　　　　　　　　　　　　　　1 900 000  

合并日合并财务报表工作底稿见表 3-2。

表 3-2　合并日合并财务报表工作底稿（例 3-1）　　　　　　　　万元

| 项目 | 个别报表 | | 合计数 | 抵销分录 | | 少数股东权益 | 合并数 |
|------|------|------|------|------|------|------|------|
| | 母公司 | 子公司 | | 借方 | 贷方 | | |
| 流动资产 | 180* | 110 | 290 | | | | 290 |
| 固定资产 | 300 | 190 | 490 | | | | 490 |

续表

| 项目 | 个别报表 | | 合计数 | 抵销分录 | | 少数股东权益 | 合并数 |
| --- | --- | --- | --- | --- | --- | --- | --- |
| | 母公司 | 子公司 | | 借方 | 贷方 | | |
| 长期股权投资 | 190 | 0 | 190 | | 190 | | 0 |
| 无形资产 | 20 | 10 | 30 | | | | 30 |
| 负债 | 260 | 120 | 380 | | | | 380 |
| 股本 | 400 | 150 | 550 | 150 | | | 400 |
| 资本公积 | 10 | 30 | 40 | 30 | | | 10 |
| 盈余公积 | 5 | 2 | 7 | 2 | | | 5 |
| 未分配利润 | 15 | 8 | 23 | 8 | | | 15 |

注：母公司个别报表中的数据为合并后母公司个别财务报表的数据。流动资产 180*万元 =（200 + 60 + 150 − 150 − 80）万元。

【例 3-2】 非全资控股合并的情况。资料见例 2-9。20×2 年 1 月 1 日，A 公司通过发行每股面值为 10 元、市价为 11 元的普通股 12 万股取得 B 公司 80% 的股权，发行股票的手续费 1 万元。要求编制 A 公司合并日的抵销分录。

【分析】

合并日合并资产负债表的抵销处理如下。

| | | |
| --- | --- | --- |
| 借：股本 | | 1 500 000 |
| 资本公积 | | 300 000 |
| 盈余公积 | | 20 000 |
| 未分配利润 | | 80 000 |
| 贷：长期股权投资 | | 1 520 000 |
| 少数股东权益 | | 380 000 |

合并日合并财务报表工作底稿见表 3-3。

表 3-3 合并日合并财务报表工作底稿（例 3-2） 万元

| 项目 | 个别报表 | | 合计数 | 抵销分录 | | 少数股东权益 | 合并数 |
| --- | --- | --- | --- | --- | --- | --- | --- |
| | 母公司 | 子公司 | | 借方 | 贷方 | | |
| 流动资产 | 409 | 110 | 519 | | | | 519 |
| 固定资产 | 300 | 190 | 490 | | | | 490 |
| 长期股权投资 | 152 | 0 | 152 | | 152 | | 0 |
| 无形资产 | 20 | 10 | 30 | | | | 30 |
| 负债 | 260 | 120 | 380 | | | | 380 |
| 股本 | 520 | 150 | 670 | 150 | | | 520 |
| 资本公积 | 81 | 30 | 111 | 30 | | | 81 |
| 盈余公积 | 5 | 2 | 7 | 2 | | | 5 |
| 未分配利润 | 15 | 8 | 23 | 8 | | | 15 |
| 少数股东权益 | | | | | | 38* | 38 |

注：少数股东权益 38*为合并日少数股东享有的子公司 20% 股权（190 × 20%）。

### （二）合并日后合并财务报表的编制

合并日后合并财务报表的编制涉及母公司长期股权投资与所享有子公司所有者权益份额的抵销、母公司对子公司投资收益与子公司利润分配的抵销。

#### 1. 母公司长期股权投资与享有子公司所有者权益份额的抵销

两者的抵销可以采用以下两种方法：一是先将母公司对子公司的长期股权投资由成本法调整到权益法，然后再抵销；二是长期股权投资不调整，而是直接按照个别报表的报告价值进行抵销。两者的抵销结果是一样的。在采用第一种方法的情况下，母公司调整后的长期股权投资金额正好反映了其所拥有子公司所有者权益账面价值的份额。

1）长期股权投资的核算结果由成本法调整为权益法

将成本法调整为权益法时，应当自取得对子公司长期股权投资的年度算起（不是取得控制权的年度），逐年按照子公司当年实现的净利润中母公司应享有的份额，调增（调减）长期股权投资和投资收益。同时对于子公司当年分派（或宣告分派）的股利中母公司应享有的份额，应冲减长期股权投资的账面价值和投资收益。第二步处理的原因在于，采用成本法的情况下，母公司已经按照子公司当年分派（或宣告分派）的股利确认投资收益。

在取得控制权的第二年，将成本法调整为权益法时，母公司只需在上年年末长期股权投资采用权益法核算结果的基础上，按第二年子公司实现净利润中母公司应享有的份额，调增（调减）长期股权投资和投资收益。对于子公司当年分派（或宣告分派）的股利中母公司应享有的份额，冲减长期股权投资的账面价值和投资收益。以后年度的调整处理类同。

除净损益外，资产评估增值等原因也会导致所有者权益变动，子公司应将该变动计入资本公积或其他综合收益。当母公司由成本法调整为权益法时，应按照其所享有的份额调整长期股权投资。

2）长期股权投资与享有子公司所有者权益份额的抵销分录

按照权益法调整后，母公司长期股权投资的金额与其所拥有的子公司所有者权益份额完全一致，抵销处理时需编制如下抵销分录。

借：股本 ⎫
　　资本公积 ⎪
　　其他综合收益 ⎬ ［子公司期末所有者权益报告价值］
　　盈余公积 ⎪
　　未分配利润 ⎭
　　贷：长期股权投资 ［母公司对子公司长期股权投资调整后价值］
　　　　少数股东权益 ［子公司期末所有者权益与少数股东持股比例的乘积］

上述项目均为合并资产负债表里面的项目，因此该抵销处理影响合并资产负债表。

#### 2. 母公司对子公司投资收益与子公司利润分配的抵销

利润分配的主要活动包括利润的来源和利润的去向。对子公司而言，其利润的来源包括当年实现的净利润和以前年度剩余的未分配利润。子公司当年实现的净利润归母公司和少数股东所有，归母公司所有的部分形成母公司的投资收益，归子公司所有的部分形成少数股东损益。子公司利润的去向包括提取盈余公积、利润分配、留待以后年度分配的未分配利润。因此，投资收益与子公司当年利润分配抵销分录如下。

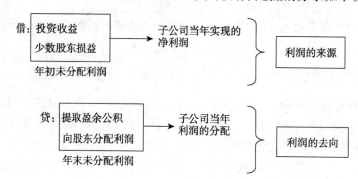

其中，投资收益、少数股东损益为合并利润表里面的项目，年初未分配利润、提取盈余公积、向股东分配利润、年末未分配利润为合并股东权益变动表里面的项目。

【例3-3】 全资控股合并的情况。20×1年年末，A公司以2 000万元银行存款成立B子公司。20×2年B公司取得净利润500万元，发放现金股利300万元。要求作出合并抵销处理。

【分析】

对于上述业务，A、B公司在其个别报表中的处理见表3-4。

表3-4　A、B公司在其个别报表中的处理　　　　　　　　　　　　万元

| A公司 | | B公司 | |
| --- | --- | --- | --- |
| 20×1年年末成立子公司的处理 | | 20×1年年末接受投资的处理 | |
| 借：长期股权投资 | 2 000 | 借：银行存款 | 2 000 |
| 　　贷：银行存款 | 2 000 | 　　贷：股本 | 2 000 |
| 20×2年确认应收股利的处理 | | 20×2年宣告发放股利的处理 | |
| 借：应收股利 | 300 | 借：利润分配——应付普通股股利 | 300 |
| 　　贷：投资收益 | 300 | 　　贷：应付股利 | 300 |

（1）A公司长期股权投资由成本法变为权益法核算。

成本法调整为权益法。在权益法核算的情况下，A公司的账务处理为如下。

借：长期股权投资　　　　　　　　　　　　　　　　　　　　　　　5 000 000

　　贷：投资收益　　　　　　　　　　　　　　　　　　　　　　　　　5 000 000

借：应收股利　　　　　　　　　　　　　　　　　　　　　　　　　3 000 000

　　贷：长期股权投资　　　　　　　　　　　　　　　　　　　　　　　3 000 000

在成本法核算的情况下，A公司的账务处理如下。

借：应收股利　　　　　　　　　　　　　　　　　　　　　　　　　3 000 000

　　贷：投资收益　　　　　　　　　　　　　　　　　　　　　　　　　3 000 000

将成本法调整为权益法，需要在原成本法核算的基础上增加调整分录。

借：长期股权投资　　　　　　　　　　　　　　　　　　　　　　　2 000 000

　　贷：投资收益　　　　　　　　　　　　　　　　　　　　　　　　　2 000 000

该分录反映了应由A公司享有但还未发放的B公司净利润。经过调整后，A公司长期股权投资的金额变为2 200（2 000＋200）万元，与B公司所有者权益金额

2 200（2 000＋500－300）万元一致。

（2）A 公司长期股权投资与 B 公司所有者权益抵销。

| | |
|---|---|
| 借：股本 | 20 000 000 |
| 　　未分配利润 | 2 000 000 |
| 　　贷：长期股权投资 | 22 000 000 |

（3）投资收益与子公司当年利润分配的抵销。

子公司获得的利润为 500 万元，子公司的利润分配情况为分配 300 万元，剩余未分配 200 万元。

| | |
|---|---|
| 借：投资收益 | 5 000 000 |
| 　　贷：向股东分配利润 | 3 000 000 |
| 　　　　年末未分配利润 | 2 000 000 |

如果将（2）和（3）合并，则其合并抵销分录为：

| | |
|---|---|
| 借：股本 | 20 000 000 |
| 　　投资收益 | 5 000 000 |
| 　　贷：长期股权投资 | 22 000 000 |
| 　　　　向股东分配利润 | 3 000 000 |

这是因为（2）分录里面的"未分配利润"其实就是"年末未分配利润"，只是一个是合并资产负债表里的项目，另一个则是合并股东权益变动表里面的项目。

【例 3-4】　非全资控股合并的情况。20×1 年年末，A 公司以 2 000 万元银行存款购买 B 公司原股东的股票，从而获得 B 公司 80% 的股权。20×2 年，B 公司取得净利润 500 万元，发放现金股利 300 万元。要求编制 20×2 年合并报表的调整分录和抵销分录。

【分析】

（1）A 公司长期股权投资由成本法变为权益法核算。

| | |
|---|---|
| 借：长期股权投资[（500 万－300 万）×80%] | 1 600 000 |
| 　　贷：投资收益 | 1 600 000 |

（2）A 公司长期股权投资与 B 公司所有者权益抵销。

| | |
|---|---|
| 借：股本（2 000 万÷80%） | 25 000 000 |
| 　　未分配利润 | 2 000 000 |
| 　　贷：长期股权投资（2 000 万＋160 万） | 21 600 000 |
| 　　　　少数股东权益[（2 500 万＋500 万－300 万）×20%] | 5 400 000 |

（3）投资收益与子公司当年利润分配的抵销。

| | |
|---|---|
| 借：投资收益（500 万×80%） | 4 000 000 |
| 　　少数股东损益（500 万×20%） | 1 000 000 |
| 　　贷：向股东分配利润 | 3 000 000 |
| 　　　　年末未分配利润 | 2 000 000 |

【例 3-5】　非全资控股合并、连续编制合并报表的情况。接例 3-4，假定 20×3 年 B 公司取得净利润 400 万元，发放现金股利 300 万元。要求编制 20×3 年合并报表的调整分录和抵销分录。

【分析】

（1）A 公司长期股权投资由成本法变为权益法核算。

借：长期股权投资 2 400 000

　　贷：投资收益[（400 万 - 300 万）×80%] 800 000

　　　　年初未分配利润[①]（[500 万 - 300 万）×80%] 1 600 000

（2）A 公司长期股权投资与 B 公司所有者权益抵销。

借：股本（2 000 万 ÷ 80%） 25 000 000

　　未分配利润（200 万 + 100 万） 3 000 000

　　贷：长期股权投资（2 000 万 + 160 万 + 80 万） 22 400 000

　　　　少数股东权益[(2 500 万 + 500 万 - 300 万 + 400 万 - 300 万)×20%]

5 600 000

（3）投资收益与子公司当年利润分配的抵销。

借：投资收益（400 万 × 80%） 3 200 000

　　少数股东损益（400 万 × 20%） 800 000

　　年初未分配利润 2 000 000

　　贷：向股东分配利润 3 000 000

　　　　年末未分配利润 3 000 000

20×3 年 A 公司编制的简化合并财务报表工作底稿见表 3-5。

**表 3-5 例 3-5 合并财务报表工作底稿[②]**

20×3 年 12 月 31 日 万元

| 项目 | A 公司 | B 公司 | 调整分录与抵销分录 | | 合并数 |
| --- | --- | --- | --- | --- | --- |
| | | | 借 | 贷 | |
| 资产负债表： | — | — | | | — |
| 流动资产各项目 | 1 000 | 700 | | | 1 700 |
| 长期股权投资 | 2 000 | 0 | 调 240 | 抵 2 240 | 0 |
| 其他非流动资产各项目 | 5 000 | 2 800 | | | 7 800 |
| 负债各项目 | 2 260 | 700 | | | 2 960 |
| 股本 | 4 500 | 2 500 | 抵 2 500 | | 4 500 |
| 未分配利润 | 1 240 | 300 | 600** | 540 | 1 480 |
| 少数股东权益 | — | | | 抵 560 | 560 |
| 利润表： | — | — | | | — |
| 营业收入等 | 0 | 400 | | | 400 |
| 投资收益 | 240 | 0 | 抵 320 | 调 80 | 0 |
| 净利润 | 240 | 400 | 320 | 80 | 400 |
| 其中：归属于母公司股东损益 | — | — | | | 320 |
| 少数股东损益 | — | | | 抵 80 | 80 |
| 股东权益变动表： | — | — | | | — |
| 年初未分配利润 | 1 000 | 200 | 抵 200 | 调 160 | 1 160 |
| 对股东的分配 | 0 | 300 | | 抵 300 | 0 |
| 年末未分配利润 | 1 240 | 300 | 600* | 540 | 1 480 |

注：600*万元 =（归属于母公司的投资收益 320 + 归属于子公司的投资收益 80 + 年初未分配利润 200）万元。

　　600** 取自年末未分配利润的数值。

---

① 年初未分配利润为合并股东权益变动表的项目。

② 假定双方合并后没有其他业务。

需要注意的是上述调整分录、抵销分录只是用来确定当年合并报表的合并数，并没有在个别报表中据以登记入账，也就不会对下一年度个别报表中的年初未分配利润数据产生影响，因此在下一年编制合并财务报表时仍会涉及调整、抵销年初未分配利润的处理，而不能直接根据个别财务报表数据汇总填列。

## 三、非同一控制下企业合并财务报表的编制

### （一）合并日合并财务报表的编制

#### 1. 按公允价值对子公司的财务报表进行调整

非同一控制下的企业合并，母公司要对子公司的资产和负债进行估值，以公允价值进行计量。但控股合并的情况下，子公司一直存续，一般不将该估值与原账面价值之间的差额登记入账，即子公司不会根据公允价值调整入账，其所提供的个别财务报表仍然是以其原账面价值为基础编制的。在这种情况下，购买日合并财务报表需按购买日子公司资产、负债的公允价值对其财务报表进行调整。需要注意的是，该调整是在合并财务报表工作底稿中进行的，只是相当于模拟入账，个别报表本身并没有调整。

#### 2. 长期股权投资与享有子公司所有者权益份额的抵销

母公司按购买日子公司资产、负债的公允价值确定其应享有的子公司所有者权益份额，当母公司长期股权投资合并成本大于该份额时，这一差额形成合并商誉；当合并成本小于该份额时，这一差额形成投资利得，调整留存收益。抵销处理时需要注意以下三点：①合并商誉只是包括母公司的合并商誉，少数股东的商誉并没有包括进去。这是由于长期股权投资合并成本是母公司的，所有者权益份额也是母公司的，因此合并商誉也只反映母公司的；②投资利得形成的是营业外收入，但由于这是非同一控制下的企业合并，在购买日并不需要编制合并利润表，只需要编制合并资产负债表，而营业外收入会影响资产负债表中的留存收益，因此该投资利得直接调整留存收益；③母公司所拥有的所有者权益份额是以公允价值为基础计算和抵销的，少数股东所拥有的所有者权益份额也是以公允价值为基础计算和抵销的。调整分录、抵销分录如下。

首先，将子公司可辨认净资产由账面价值调整至公允价值。

借：有关资产　　　　　　　　[子公司资产公允价值大于账面价值的差额]
　　贷：资本公积
当子公司资产公允价值小于账面价值则做相反处理。

借：资本公积
　　贷：有关负债　　　　　　[子公司负债公允价值大于账面价值的差额]
当子公司负债公允价值小于账面价值则做相反处理。

然后，将母公司长期股权投资与享有子公司所有者权益份额抵销。

借：股本
    资本公积
    其他综合收益                     [子公司调整后所有者权益]A
    盈余公积
    未分配利润
    商誉                    [B 大于 A×母公司持股比例的差额]
   贷：长期股权投资      [母公司对子公司长期股权投资的报告价值]B
      少数股东权益        [A×少数股东持股比例]
      未分配利润         [B 小于 A×母公司持股比例的差额]

上述项目均为合并资产负债表里面的项目，因此该抵销处理影响合并资产负债表。

【例 3-6】 合并成本大于取得的可辨认净资产公允价值份额、全资控股的情况。A、B 公司为非同一控制下的两个企业。20×2 年年末，A 公司用账面价值 550 万元、公允价值 600 万元的库存商品和 200 万元的银行存款换取 B 公司原股东 100% 的股权，不考虑相关税费。双方合并前资产负债表情况见表 3-6。要求编制调整分录和抵销分录并填制合并日合并财务报表。

表 3-6　双方合并前资产负债表情况　　　　　　　万元

| 资产 | | | | 权益 | | | |
|---|---|---|---|---|---|---|---|
| 项目 | A公司<br>账面价值 | B公司 | | 项目 | A公司<br>账面价值 | B公司 | |
| | | 账面价值 | 公允价值 | | | 账面价值 | 公允价值 |
| 流动资产 | 1 000 | 200 | 200 | 负债 | 700 | 100 | 100 |
| 长期股权投资 | 0 | 100 | 100 | 股本 | 1 000 | 300 | |
| 固定资产 | 1 100 | 300 | 400 | 资本公积 | 200 | 100 | |
| 无形资产 | 300 | 100 | 100 | 盈余公积 | 150 | 50 | |
| | | | | 未分配利润 | 350 | 150 | |

【分析】

（1）按公允价值调整子公司资产的报告价值。

借：固定资产                             1 000 000
   贷：资本公积                          1 000 000

（2）抵销母公司的长期股权投资和子公司的所有者权益。

借：股本                                 3 000 000
    资本公积                         2 000 000
    盈余公积                          500 000
    未分配利润                     1 500 000
    商誉                               1 000 000
   贷：长期股权投资                  8 000 000

合并财务报表工作底稿见表 3-7。

表 3-7　合并财务报表工作底稿（例 3-6）

20×2 年 12 月 31 日　　　　　　　　　　万元

| 项目 | A 公司① | B 公司 | 调整分录与抵销分录 | | 合并数 |
| --- | --- | --- | --- | --- | --- |
| | | | 借 | 贷 | |
| 流动资产各项目 | 250 | 200 | | | 450 |
| 长期股权投资 | 800 | 100 | | (2)800 | 100 |
| 固定资产 | 1 100 | 300 | (1)100 | | 1 500 |
| 无形资产 | 300 | 100 | | | 400 |
| 商誉 | | | (2)100 | | 100 |
| 负债各项目 | 700 | 100 | | | 800 |
| 股本 | 1 000 | 300 | (2)300 | | 1 000 |
| 资本公积 | 200 | 100 | (2)200 | (1)100 | 200 |
| 盈余公积 | 150 | 50 | (2)50 | | 150 |
| 未分配利润 | 400 | 150 | (2)150 | | 400 |

【例 3-7】　合并成本大于取得的可辨认净资产公允价值份额、非全资控股的情况。假定 A 公司取得 80%的股权，其他资料同例 3-6。要求编制调整分录和抵销分录并填制合并日合并财务报表。

【分析】

（1）按公允价值调整子公司资产的报告价值。

借：固定资产　　　　　　　　　　　　　　　　　　　　　　1 000 000

　　贷：资本公积　　　　　　　　　　　　　　　　　　　　　1 000 000

（2）抵销母公司的长期股权投资和子公司的所有者权益。

借：股本　　　　　　　　　　　　　　　　　　　　　　　　3 000 000

　　资本公积　　　　　　　　　　　　　　　　　　　　　　2 000 000

　　盈余公积　　　　　　　　　　　　　　　　　　　　　　　500 000

　　未分配利润　　　　　　　　　　　　　　　　　　　　　1 500 000

　　商誉　　　　　　　　　　　　　　　　　　　　　　　　2 400 000②

　　贷：长期股权投资　　　　　　　　　　　　　　　　　　　8 000 000

　　　　少数股东权益　　　　　　　　　　　　　　　　　　　1 400 000

合并财务报表工作底稿见表 3-8。

表 3-8　合并财务报表工作底稿（例 3-7）

20×2 年 12 月 31 日　　　　　　　　　　万元

| 项目 | A 公司 | B 公司 | 调整分录与抵销分录 | | 合并数 |
| --- | --- | --- | --- | --- | --- |
| | | | 借 | 贷 | |
| 流动资产各项目 | 250 | 200 | | | 450 |
| 长期股权投资 | 800 | 100 | | (2)800 | 100 |
| 固定资产 | 1 100 | 300 | (1)100 | | 1 500 |

① A 公司和 B 公司个别报表的数据为合并后个别报表的数据。B 公司资产负债表未发生变化是因为该合并是 A 公司和 B 公司原股东之间的交易，不会给 B 公司本身带来影响。

② 此处的商誉采用的是"部分商誉法"，即只体现母公司的商誉，240（万元）= 800 −（300 + 200 + 50 + 150）× 80%；不包括属于少数股东的商誉[800 ÷ 80% −（300 + 200 + 50 + 150）]× 20% = 60（万元）。

续表

| 项目 | A 公司 | B 公司 | 调整分录与抵销分录 借 | 调整分录与抵销分录 贷 | 合并数 |
|---|---|---|---|---|---|
| 无形资产 | 300 | 100 | | | 400 |
| 商誉 | | | (2)240 | | 240 |
| 负债各项目 | 700 | 100 | | | 800 |
| 股本 | 1 000 | 300 | (2)300 | | 1 000 |
| 资本公积 | 200 | 100 | (2)200 | (1)100 | 200 |
| 盈余公积 | 150 | 50 | (2)50 | | 150 |
| 未分配利润 | 400 | 150 | (2)150 | | 400 |
| 少数股东权益 | — | — | | (2)140 | 140 |

【例 3-8】 合并成本小于取得的可辨认净资产公允价值份额、全资控股的情况。假定 A 公司仅用账面价值 550 万元、公允价值 600 万元的库存商品换取 B 公司原股东 100% 的股权，其他资料同例 3-6。要求编制调整分录和抵销分录并填制合并日合并财务报表。

【分析】

（1）按公允价值调整子公司资产的报告价值。

借：固定资产　　　　　　　　　　　　　　　　　　 1 000 000
　　贷：资本公积　　　　　　　　　　　　　　　　　 1 000 000

（2）抵销母公司的长期股权投资和子公司的所有者权益。

借：股本　　　　　　　　　　　　　　　　　　　　 3 000 000
　　资本公积　　　　　　　　　　　　　　　　　　　 2 000 000
　　盈余公积　　　　　　　　　　　　　　　　　　　　 500 000
　　未分配利润　　　　　　　　　　　　　　　　　　 1 500 000
　　贷：长期股权投资　　　　　　　　　　　　　　　 6 000 000
　　　　未分配利润　　　　　　　　　　　　　　　　 1 000 000

合并财务报表工作底稿见表 3-9。

表 3-9　合并财务报表工作底稿（例 3-8）

20×2 年 12 月 31 日

万元

| 项目 | A 公司 | B 公司 | 调整分录与抵销分录 借 | 调整分录与抵销分录 贷 | 合并数 |
|---|---|---|---|---|---|
| 流动资产各项目 | 450 | 200 | | | 650 |
| 长期股权投资 | 600 | 100 | | (2)600 | 100 |
| 固定资产 | 1 100 | 300 | (1)100 | | 1 500 |
| 无形资产 | 300 | 100 | | | 400 |
| 负债各项目 | 700 | 100 | | | 800 |
| 股本 | 1 000 | 300 | (2)300 | | 1 000 |
| 资本公积 | 200 | 100 | (2)200 | (1)100 | 200 |
| 盈余公积 | 150 | 50 | (2)50 | | 150 |
| 未分配利润 | 400 | 150 | (2)150 | (2)100 | 500 |

【例 3-9】　合并成本小于取得的可辨认净资产公允价值份额、非全资控股的情况。假定 A 公司仅用账面价值 550 万元、公允价值 600 万元的库存商品换取 B 公司原股东 90% 的股权，其他资料同例 3-6。要求编制调整分录和抵销分录并填制合并日合并财务报表。

【分析】

（1）按公允价值调整子公司资产的报告价值。

借：固定资产　　　　　　　　　　　　　　　　　　　　　　　　1 000 000

　　贷：资本公积　　　　　　　　　　　　　　　　　　　　　　　　1 000 000

（2）抵销母公司的长期股权投资和子公司的所有者权益。

借：股本　　　　　　　　　　　　　　　　　　　　　　　　　　3 000 000

　　资本公积　　　　　　　　　　　　　　　　　　　　　　　　2 000 000

　　盈余公积　　　　　　　　　　　　　　　　　　　　　　　　　500 000

　　未分配利润　　　　　　　　　　　　　　　　　　　　　　　1 500 000

　　贷：长期股权投资　　　　　　　　　　　　　　　　　　　　　6 000 000

　　　　少数股东权益　　　　　　　　　　　　　　　　　　　　　　700 000

　　　　未分配利润　　　　　　　　　　　　　　　　　　　　　　　300 000

合并财务报表工作底稿见表 3-10。

表 3-10　合并财务报表工作底稿（例 3-9）

20×2 年 12 月 31 日　　　　　　　　　　　　　　　万元

| 项目 | A公司 | B公司 | 调整分录与抵销分录 | | 合并数 |
|---|---|---|---|---|---|
| | | | 借 | 贷 | |
| 流动资产各项目 | 450 | 200 | | | 650 |
| 长期股权投资 | 600 | 100 | | (2)600 | 100 |
| 固定资产 | 1 100 | 300 | (1)100 | | 1 500 |
| 无形资产 | 300 | 100 | | | 400 |
| 负债各项目 | 700 | 100 | | | 800 |
| 股本 | 1 000 | 300 | (2)300 | | 1 000 |
| 资本公积 | 200 | 100 | (2)200 | (1)100 | 200 |
| 盈余公积 | 150 | 50 | (2)50 | | 150 |
| 未分配利润 | 400 | 150 | (2)150 | (2)30 | 430 |
| 少数股东权益 | | | | (2)70 | 70 |

并不是所有的控股合并都是一次投资实现的，当合并方通过多次投资实现控股合并时，其合并成本由合并日之前已经持有的股权投资成本和合并日新增的股权投资成本构成。合并日新增的股权投资成本为合并日支付对价的公允价值。

控股合并成本大于合并日应享有被合并方可辨认净资产公允价值份额的部分为合并商誉，小于的部分为合并负商誉。

【例 3-10】　多次投资实现控股合并的情况。A、B 公司为非同一控制下的两个公司。20×2 年 7 月 1 日，A 公司用 250 万元取得 B 公司 30% 的股权。当日，B 公司可辨认净资产账面价值和公允价值均为 700 万元。由于 A 公司能够参与 B 公司的生产经营决策，可对其施加重大影响，因此对该笔投资采用权益法进行核算。20×2 年下半年 B 公司获得净利润 100 万元，A 公司确认投资收益 30 万元。20×3 年 1 月 1 日，A 公司又支付 490 万元取得 B 公司 40%的股权，从而能够对 B 公司施加控制。合并日 B 公司可辨认净资产的账面价值为 800 万元，公允价值为 1 000 万元，其差额为固定资产的评估增值。要求编制合并日的调整分录和抵销分录。

【分析】

（1）A 公司个别报表与股权投资有关的处理。

| | | |
|---|---|---|
| 借：长期股权投资 | | 2 500 000 |
| 贷：银行存款 | | 2 500 000 |
| 借：长期股权投资 | | 300 000 |
| 贷：投资收益 | | 300 000 |
| 借：长期股权投资 | | 4 900 000 |
| 贷：银行存款 | | 4 900 000 |

（2）合并日的调整分录。

① 合并日 B 公司资产评估增值，由账面价值调整至公允价值。

| | | |
|---|---|---|
| 借：固定资产 | | 2 000 000 |
| 贷：资本公积 | | 2 000 000 |

② 合并日 A 公司原 30%股权投资的公允价值为 300 万元，超过其账面价值 280（250＋30）万元。

| | | |
|---|---|---|
| 借：长期股权投资 | | 200 000 |
| 贷：投资收益 | | 200 000 |

③ 将母公司长期股权投资与子公司所有者权益抵销。

A 公司合并成本 = 300 + 490 = 790（万元）

合并商誉 = 790 − 1 000 × 70% = 90（万元）

少数股东权益 = 1 000 × 30% = 300（万元）

| | | |
|---|---|---|
| 借：股本、资本公积等股东权益 | | 10 000 000 |
| 商誉 | | 900 000 |
| 贷：长期股权投资 | | 7 900 000 |
| 少数股东权益 | | 3 000 000 |

### （二）合并日后合并财务报表的编制

母公司在合并日后编制合并财务报表时，应按顺序进行如下四步处理：①以购买日确定的各项可辨认资产、负债公允价值为基础对子公司财务报表进行调整；②将母公司长期股权投资的核算结果由成本法调整为权益法；③将母公司长期股权投资与其享有的子公司所有者权益份额抵销；④将母公司投资收益与子公司当年利润分配相互抵销。其中，第 1 步和第 2 步与之前处理类似，此处不再赘述。

### 1. 长期股权投资与享有子公司所有者权益份额的抵销

借：股本

　　资本公积

　　其他综合收益　　　　　　　[子公司调整后所有者权益]A①

　　盈余公积

　　未分配利润

　　商誉　　　　　　　　　　　[B 大于 A×母公司持股比例的差额]

　　贷：长期股权投资　　　　　[母公司对子公司长期股权投资调整后的金额]B②

　　　　少数股东权益　　　　　[A×少数股东持股比例]

　　　　年初未分配利润　　　　[B 小于 A×母公司持股比例的差额]

上述抵销处理主要影响合并资产负债表。

### 2. 投资收益与子公司利润分配的抵销

借：投资收益　　　　　　　　　[子公司调整后当年净利润×

　　　　　　　　　　　　　　　母公司持股比例]

　　少数股东损益　　　　　　　[子公司调整后当年净利润×　　　　　利润的来源

　　　　　　　　　　　　　　　少数股东持股比例]

　　年初未分配利润　　　　　　[子公司调整后期初未分配利润]

　　贷：提取盈余公积　　　　　[子公司当年提取的盈余公积]

　　　　向股东分配利润　　　　[子公司当年分配的股利]　　　　　　利润的去向

　　　　年末未分配利润　　　　[子公司调整后期末未分配利润]

注意：该分录里面的调整均指按合并日可辨认净资产公允价值进行的调整。

【例 3-11】20×1 年年末，A 公司以 2 000 万元银行存款购买 B 公司原股东的股票，从而获得 B 公司 80%的股权。投资当日 B 公司股东权益为 2 200 万元（假设均为股本），某项管理用固定资产的公允价值比账面价值高出 100 万元，该资产按照直线法计提折旧，折旧年限为 10 年。20×2 年 B 公司取得净利润 500 万元，发放现金股利 300 万元；20×3 年 B 公司取得净利润 200 万元，发放现金股利 100 万元。要求编制 20×2 年、20×3 年合并报表的调整分录和抵销分录。

【分析】

（1）20×2 年应编制的调整分录和抵销分录如下。

①以公允价值为基础对 B 公司财务报表进行调整。

固定资产公允价值高出账面价值 100 万元的调整分录。

借：固定资产　　　　　　　　　　　　　　　　　　　　　　　　　1 000 000

　　贷：资本公积　　　　　　　　　　　　　　　　　　　　　　　　　1 000 000

高出账面价值 100 万元的固定资产要计提折旧，折旧金额 10 万元。

借：管理费用　　　　　　　　　　　　　　　　　　　　　　　　　100 000

---

① 此处的调整是指子公司按照合并日可辨认净资产公允价值进行调整。

② 此处的调整是指母公司对长期股权投资的核算由成本法变为权益法。

贷：固定资产——累计折旧　　　　　　　　　　　　　　　　100 000

两个分录合并则变成：

借：固定资产　　　　　　　　　　　　　　　　　　　　　　900 000

　　管理费用　　　　　　　　　　　　　　　　　　　　　　100 000

　　　贷：资本公积　　　　　　　　　　　　　　　　　　1 000 000

② 长期股权投资由成本法调整为权益法。

权益法下 B 公司采用合并日公允价值调整后的净利润为 490 万元，即 500 万元的净利润减去补计提折旧带来的 10 万元管理费用。

借：长期股权投资[（490 万 – 300 万）×80%]　　　　　1 520 000

　　　贷：投资收益　　　　　　　　　　　　　　　　　1 520 000

③ A 公司长期股权投资与其享有的 B 公司所有者权益份额抵销。

借：股本　　　　　　　　　　　　　　　　　　　　　22 000 000

　　资本公积　　　　　　　　　　　　　　　　　　　　1 000 000

　　未分配利润（490 万 – 300 万）　　　　　　　　　　1 900 000

　　商誉　　　　　　　　　　　　　　　　　　　　　　1 600 000

　　　贷：长期股权投资（2 000 万 + 152 万）　　　　21 520 000

　　　　　少数股东权益[（2 200 万 + 100 万 + 190 万）×20%]　4 980 000

④ A 公司投资收益与 B 公司当年利润分配相互抵销。

借：投资收益[（500 万 – 10 万）×80%]　　　　　　　3 920 000

　　少数股东损益[（500 万 – 10 万）×20%]　　　　　　980 000

　　　贷：向股东分配利润　　　　　　　　　　　　　3 000 000

　　　　　年末未分配利润　　　　　　　　　　　　　1 900 000

可以发现，上述抵销处理均是在子公司由账面价值调整为公允价值基础上进行抵销处理的。

合并财务报表工作底稿见表 3-11。

表 3-11　合并财务报表工作底稿（例 3-11）（1）

20×2 年 12 月 31 日　　　　　　　　　　　　　　　　　　万元

| 项目 | A 公司 | B 公司 | 调整分录与抵销分录 | | 合并数 |
| | | | 借 | 贷 | |
| **资产负债表：** | — | — | | | — |
| 流动资产各项目 | 3 100 | 700 | | | 3 800 |
| 长期股权投资 | 2 000 | 0 | ②调 152 | ③抵 2 152 | 0 |
| 固定资产 | 1 000 | 2 000 | ①调 90 | | 3 090 |
| 商誉 | 0 | 0 | ③抵 160 | | 160 |
| 其他非流动资产各项目 | 2 000 | 800 | | | 2 800 |
| 负债各项目 | 2 460 | 900 | | | 3 360 |
| 股本 | 4 500 | 2 200 | ③抵 2 200 | | 4 500 |
| 资本公积 | 0 | 0 | ③抵 100 | ①调 100 | 0 |
| 未分配利润 | 1 140 | 400 | 500* | 452 | 1 492 |
| 少数股东权益 | — | — | | ③抵 498 | 498 |

续表

| 项目 | A公司 | B公司 | 调整分录与抵销分录 | | 合并数 |
| | | | 借 | 贷 | |
|---|---|---|---|---|---|
| **利润表：** | — | | | | — |
| 营业收入等 | 1 000 | 500 | | | 1 500 |
| 管理费用 | 0 | 0 | ①调10 | | 10 |
| 投资收益 | 240 | 0 | ④抵392 | ②调152 | 0 |
| 净利润 | 1 240 | 500 | 402 | 152 | 1 740 |
| 其中：归属于母公司股东损益 | — | | | | 1 642 |
| 少数股东损益 | — | | ④抵98 | | 98 |
| **股东权益变动表：** | — | | | | — |
| 年初未分配利润 | 1 000 | 200 | | | 1 200 |
| 对股东的分配 | 1 100 | 300 | | ④抵300 | 1 100 |
| 年末未分配利润 | 1 140 | 400 | 500 | 452 | 1 492 |

注：未分配利润 500*取自年末未分配利润。

（2）20×3 年应编制的调整分录和抵销分录如下。

① 以公允价值为基础对 B 公司财务报表进行调整。

固定资产公允价值高出账面价值 100 万的调整分录。

借：固定资产　　　　　　　　　　　　　　　　　　　　　　　1 000 000

　　贷：资本公积　　　　　　　　　　　　　　　　　　　　　　　　1 000 000

高出账面价值 100 万元的固定资产要计提折旧，20×2 年折旧金额 10 万元，20×3 年折旧金额 10 万元。

借：管理费用　　　　　　　　　　　　　　　　　　　　　　　　100 000

　　年初未分配利润　　　　　　　　　　　　　　　　　　　　　　100 000

　　贷：固定资产——累计折旧　　　　　　　　　　　　　　　　　200 000

两个分录合并则变成：

借：固定资产　　　　　　　　　　　　　　　　　　　　　　　　800 000

　　管理费用　　　　　　　　　　　　　　　　　　　　　　　　100 000

　　年初未分配利润　　　　　　　　　　　　　　　　　　　　　　100 000

　　贷：资本公积　　　　　　　　　　　　　　　　　　　　　　　1 000 000

② 长期股权投资由成本法调整为权益法。

权益法下 B 公司 20×2 年采用合并日公允价值调整后的净利润为 490 万元，即 500 万元的净利润减去补计提折旧带来的 10 万元管理费用；20×3 年采用合并日公允价值调整后的净利润为 190 万元，即 200 万元的净利润减去补计提折旧带来的 10 万元管理费用。

借：长期股权投资[(490 万 – 300 万)×80% + (190 万 – 100 万)×80%]　　2 240 000

　　贷：投资收益　　　　　　　　　　　　　　　　　　　　　　　720 000

　　　年初未分配利润　　　　　　　　　　　　　　　　　　　　　1 520 000

③ A 公司长期股权投资与其享有的 B 公司所有者权益份额抵销。

借：股本　　　　　　　　　　　　　　　　　　　　　　　　　22 000 000

资本公积　　　　　　　　　　　　　　　　　　　　　　　1 000 000

未分配利润[（490 万 - 300 万）+（190 万 - 100 万）]　　　2 800 000

商誉　　　　　　　　　　　　　　　　　　　　　　　　　1 600 000

　贷：长期股权投资（2 000 万 + 152 万 + 72 万）　　　　 22 240 000

　　　少数股东权益[（2 200 万 + 100 万 + 280 万）× 20%]　 5 160 000

④ A 公司投资收益与 B 公司当年利润分配相互抵销。

借：投资收益[（200 万 - 10 万）× 80%]　　　　　　　　　1 520 000

　　少数股东损益[（200 万 - 10 万）× 20%]　　　　　　　　 380 000

　　年初未分配利润[500 万 - 10 万 - 300 万]　　　　　　　1 900 000

　　贷：向股东分配利润　　　　　　　　　　　　　　　　　1 000 000

　　　　年末未分配利润　　　　　　　　　　　　　　　　　2 800 000

合并财务报表工作底稿见表 3-12。

**表 3-12　合并财务报表工作底稿（例 3-11）（2）**

20×3 年 12 月 31 日　　　　　　　　　　　　　　　　　　万元

| 项目 | A 公司 | B 公司 | 调整分录与抵销分录 | | 合并数 |
| --- | --- | --- | --- | --- | --- |
| | | | 借 | 贷 | |
| **资产负债表：** | — | — | | | — |
| 流动资产各项目 | 3 180 | 1 000 | | | 4 180 |
| 长期股权投资 | 2 000 | 0 | ②调 224 | ③抵 2 224 | 0 |
| 固定资产 | 1 000 | 1 800 | ①调 80 | | 2 880 |
| 商誉 | 0 | 0 | ③抵 160 | | 160 |
| 其他非流动资产各项目 | 2 000 | 800 | | | 2 800 |
| 负债各项目 | 2 460 | 900 | | | 3 360 |
| 股本 | 4 500 | 2 200 | ③抵 2 200 | | 4 500 |
| 资本公积 | 0 | | ③抵 100 | ①调 100 | 0 |
| 未分配利润 | 1 220 | 500 | 400* | 324 | 1 644 |
| 少数股东权益 | — | — | | ③抵 516 | 516 |
| **利润表：** | — | — | | | — |
| 营业收入等 | 0 | 400 | | | 400 |
| 管理费用 | 0 | 200 | ①调 10 | | 190 |
| 投资收益 | 80 | 0 | ④抵 152 | ②调 72 | 0 |
| 净利润 | 80 | 200 | 162 | 72 | 190 |
| 其中：归属于母公司股东损益 | — | — | | | 152 |
| 少数股东损益 | — | — | ④抵 38 | | 38 |
| **股东权益变动表：** | — | — | | | — |
| 年初未分配利润 | 1 140 | 400 | ①调 10<br>④抵 190 | ②调 152 | 1 492 |
| 对股东的分配 | 0 | 100 | | ④抵 100 | 0 |
| 年末未分配利润 | 1 220 | 500 | 400 | 324 | 1 644 |

注：未分配利润 400*取自年末未分配利润。

【例 3-12】　合并日后子公司其他资本公积发生变动的情形。20×1 年年末，A 公司以 2 000 万元银行存款购买 B 公司原股东的股票，从而获得 B 公司 80%的股权。投资当日 B 公司股东权益为 2 200 万元（假设均为股本），可辨认净资产的公允价值与账面价值相同。20×2 年，B 公司取得净利润 500 万元，发放现金股利 300 万元；以公允价值计量且其变动计入其他综合收益的非交易性权益工具投资公允价值比账面价值增加 100 万元。要求编制 20×2 年的调整分录和抵销分录。

【分析】

（1）合并日子公司公允价值与账面价值相同，不用调整。

（2）长期股权投资由成本法调整为权益法。

借：长期股权投资 　　　　　　　　　　　　　　　　　2 400 000

　　贷：投资收益[（500 万 – 300 万）×80%] 　　　　　　　1 600 000

　　　　其他综合收益（100 万×80%） 　　　　　　　　　800 000

（3）A 公司长期股权投资与其享有的 B 公司所有者权益份额抵销。

借：股本 　　　　　　　　　　　　　　　　　　　　22 000 000

　　其他综合收益 　　　　　　　　　　　　　　　　　1 000 000

　　未分配利润（500 万 – 300 万） 　　　　　　　　　2 000 000

　　商誉 　　　　　　　　　　　　　　　　　　　　　2 400 000

　　贷：长期股权投资（2 000 万 + 240 万） 　　　　　　22 400 000

　　　　少数股东权益[（2 200 万 + 100 万 + 200 万）×20%] 　5 000 000

（4）A 公司投资收益与 B 公司当年利润分配相互抵销。

借：投资收益（500 万×80%） 　　　　　　　　　　　4 000 000

　　少数股东损益（500 万×20%） 　　　　　　　　　1 000 000

　　贷：向股东分配利润 　　　　　　　　　　　　　　3 000 000

　　　　年末未分配利润 　　　　　　　　　　　　　　2 000 000

# 第三节　内部商品交易的合并处理

## 一、当期内部商品交易的抵销

企业集团发生内部商品购销时，销售方作为销售处理确认销售收入，购买方作为购买处理确认采购成本。从总体上来看，这种内部购销行为实际上属于内部资产的转移，应进行抵销。根据所购买的商品是否实现对外销售，内部购销可以分为购买当期全部实现对外销售、购买当期全部未实现对外销售、购买当期部分实现对外销售三种情形。

### （一）购买当期全部实现对外销售的抵销处理

对于销售方而言，其个别报表要确认销售、结转成本、计算损益；对于购买方而言，其个别报表也要确认销售、结转成本、计算损益。但从总体上看，企业集团只实现了一次对外销售，其销售收入为购买方的对外销售收入，其销售成本为销售方记录的该商品的成本。对其内部的销售和购买应抵销。抵销分录如下。

借：营业收入　　　　　　　[内部交易销售方的收入]

贷：营业成本　　　　　　　[内部交易购买方的购买价格]

【例 3-13】　A 公司拥有 B 公司 80%的股权。A 公司 20×2 年个别报表的营业收入中有 100 万元为对 B 公司的 S 商品销售收入，其成本为 80 万元。20×2 年 B 公司将 S 商品全部销售，不含税售价为 110 万元，销售成本为 100 万元。请作出 S 商品内部购销的抵销分录，不考虑相关税费。

【分析】

（1）A 公司个别报表中的财务处理如下。

① 借：银行存款　　　　　　　　　　　　　　　　　　　　　　　　　　1 000 000

　　　贷：主营业务收入　　　　　　　　　　　　　　　　　　　　　　　　　　1 000 000

② 借：主营业务成本　　　　　　　　　　　　　　　　　　　　　　　　800 000

　　　贷：库存商品　　　　　　　　　　　　　　　　　　　　　　　　　　　800 000

（2）B 公司个别报表中的财务处理如下。

① 借：库存商品　　　　　　　　　　　　　　　　　　　　　　　　　　1 000 000

　　　贷：银行存款　　　　　　　　　　　　　　　　　　　　　　　　　　　1 000 000

② 借：银行存款　　　　　　　　　　　　　　　　　　　　　　　　　　1 100 000

　　　贷：主营业务收入　　　　　　　　　　　　　　　　　　　　　　　　　1 100 000

③ 借：主营业务成本　　　　　　　　　　　　　　　　　　　　　　　　1 000 000

　　　贷：库存商品　　　　　　　　　　　　　　　　　　　　　　　　　　　1 000 000

（3）从集团整体来看，其对外销售分录应为 B 公司个别报表的②，其真实销售成本应为 A 公司个别报表的②，其余均为内部购销带来的业务处理，应抵销作相反处理，即应作抵销处理。

借：营业收入　　　　　　　　　　　　　　　　　　　　　　　　　　1 000 000

　贷：营业成本　　　　　　　　　　　　　　　　　　　　　　　　　　　1 000 000

### （二）购买当期全部未实现对外销售的抵销处理

对于销售方而言，其个别报表要确认销售、结转成本、计算损益；对购买方而言，其个别报表要确认商品采购，形成期末存货。期末存货价值中既包含真正的存货成本（销售方该商品的成本），也包含销售方的销售毛利。从集团整体来看，该购销行为只是带来存货存放地点的变化，其存货价值中包含的未实现内部销售损益应予以抵销。抵销分录如下。

借：营业收入　　　　　　　　　[内部交易销售方的收入]A

　贷：营业成本　　　　A–B

　　　存货　　　　　　[内部交易未实现的利润]B

【例 3-14】　A 公司拥有 B 公司 80%的股权。A 公司 20×2 年个别报表的营业收入中有 100 万元为对 B 公司的 S 商品销售收入，其成本为 80 万元。20×2 年 B 公司 S 商品全部未实现对外销售。请作出 S 商品内部购销的抵销分录，不考虑相关税费。

【分析】

（1）A 公司个别报表中的财务处理如下。

① 借：银行存款　　　　　　　　　　　　　　　　　　　　　　　　　　1 000 000

|     | 贷：主营业务收入 | 1 000 000 |
| --- | --- | --- |
| ② 借：主营业务成本 | | 800 000 |
|     | 贷：库存商品 | 800 000 |

（2）B公司个别报表中的财务处理如下。

| 借：库存商品 | 1 000 000 |
| --- | --- |
| 贷：银行存款 | 1 000 000 |

（3）从集团整体来看，上述分录均为内部购销带来的业务处理，应抵销做相反处理。B公司库存商品的价值包括存货真正的价值80万元和未实现内部销售损益20万元，应作抵销处理。

| 借：营业收入 | 1 000 000 |
| --- | --- |
| 贷：营业成本 | 800 000 |
| 存货 | 200 000 |

### （三）购买当期部分实现对外销售的抵销处理

购买当期部分实现对外销售时，可以将该销售拆分为两部分，即一部分为全部实现对外销售，一部分为全部未实现对外销售。其抵销分录如下。

| 借：营业收入 | [内部交易销售方的收入]A |
| --- | --- |
| 贷：营业成本 | A–B |
| 存货 | [内部交易未实现的利润]B |

【例3-15】　A公司拥有B公司80%的股权。A公司20×2年个别报表的营业收入中有100万元为对B公司的S商品销售收入，其成本为80万元。20×2年B公司将S商品的40%销售，不含税售价为50万元，销售成本为40万元，剩余60%未销售。请作出S商品内部购销的抵销分录，不考虑相关税费。

【分析】

（1）A公司个别报表中的财务处理如下。

| ① 借：银行存款 | | 1 000 000 |
| --- | --- | --- |
|     | 贷：主营业务收入 | 1 000 000 |
| ② 借：主营业务成本 | | 800 000 |
|     | 贷：库存商品 | 800 000 |

（2）B公司个别报表中的财务处理如下。

| ① 借：库存商品 | | 1 000 000 |
| --- | --- | --- |
|     | 贷：银行存款 | 1 000 000 |
| ② 借：银行存款 | | 500 000 |
|     | 贷：主营业务收入 | 500 000 |
| ③ 借：主营业务成本 | | 400 000 |
|     | 贷：库存商品 | 400 000 |

（3）可将S商品拆分为40%（实现对外销售部分）和60%（未实现对外销售部分）。

① 实现对外销售部分的抵销处理。

| 借：营业收入 | 400 000 |
| --- | --- |

　　　　贷：营业成本　　　　　　　　　　　　　　　　　　　　　400 000
　　② 未实现对外销售部分的抵销处理。
　　借：营业收入（100万×60%）　　　　　　　　　　　　　　600 000
　　　　贷：营业成本（80万×60%）　　　　　　　　　　　　　　480 000
　　　　　　存货[（100万－80万）×60%]　　　　　　　　　　　120 000
　　上述分录合并后变为：
　　借：营业收入　　　　　　　　　　　　　　　　　　　　　1 000 000
　　　　贷：营业成本　　　　　　　　　　　　　　　　　　　　880 000
　　　　　　存货[（100万－80万）×60%]　　　　　　　　　　　120 000
　　综上所述，当期内部销售收入和销售成本的抵销可总结如下。
　　借：营业收入　　　　　　[内部交易销售方的收入]A
　　　　贷：营业成本　　　　　A－B
　　　　　　存货　　　　　　　[内部交易未实现的利润]B
　　上述抵销分录也可分两部分进行抵销处理。
　　（1）假定内部销售全部实现，按照内部销售收入的数额。
　　借：营业收入　　　　　　[内部交易销售方的收入]
　　　　贷：营业成本　　　　　[内部交易购买方的购买价格]
　　（2）按照期末存货价值中包含未实现内部销售损益。
　　借：营业成本　　　　　　[内部交易未实现的利润]
　　　　贷：存货　　　　　　　[内部交易未实现的利润]
　　【例3-16】　A公司和B公司内部购销资料见例3-15，可编制抵销分录如下。
　　借：营业收入　　　　　　　　　　　　　　　　　　　　　1 000 000
　　　　贷：营业成本　　　　　　　　　　　　　　　　　　　1 000 000
　　借：营业成本[（100万－80万）×60%]　　　　　　　　　120 000
　　　　贷：存货　　　　　　　　　　　　　　　　　　　　　120 000

### （四）购买的存货当作固定资产使用的抵销处理

　　对于销售方而言，其个别报表要确认存货销售、结转成本、计算损益；对购买方而言，其个别报表应以购买价格作为固定资产原值入账。固定资产原值中既包含销售方的存货成本，也包含销售方的销售利润。从集团整体来看，上述业务只是导致资产的确认发生了变化，由存货变成了固定资产。因此，合并报表中固定资产原价只能以存货成本作为反映，包含的未实现内部销售损益应予以抵销。抵销分录如下。
　　借：营业收入　　　　　　[内部交易销售方的收入]A
　　　　贷：营业成本　　　　　A－B
　　　　　　固定资产　　　　　[内部交易未实现的利润]B
　　【例3-17】　A公司拥有B公司80%的股权。A公司20×2年个别报表的营业收入中有100万元为对B公司销售其生产的S设备销售收入，其成本为80万元。B公司将购入的S设备作为固定资产使用，本期未计提折旧。请作出S设备内部购销的抵销分录，不考虑相关税费。

**【分析】**

（1）A公司个别报表中的财务处理如下。

① 借：银行存款 　　　　　　　　　　　　　　　　　　　　1 000 000

　　贷：主营业务收入 　　　　　　　　　　　　　　　　　　　　　1 000 000

② 借：主营业务成本 　　　　　　　　　　　　　　　　　　　800 000

　　贷：库存商品 　　　　　　　　　　　　　　　　　　　　　　800 000

（2）B公司个别报表中的财务处理如下。

借：固定资产 　　　　　　　　　　　　　　　　　　　　　1 000 000

　　贷：银行存款 　　　　　　　　　　　　　　　　　　　　　1 000 000

（3）从集团整体来看，上述业务为S设备由确认为存货变确认为固定资产。B公司固定资产的原值包括真正的价值80万元和未实现内部销售损益20万元,应做抵销处理。

借：营业收入 　　　　　　　　　　　　　　　　　　　　　1 000 000

　　贷：营业成本 　　　　　　　　　　　　　　　　　　　　　　800 000

　　　　固定资产 　　　　　　　　　　　　　　　　　　　　　200 000

## 二、连续编制合并财务报表时内部商品交易的抵销

连续编制合并财务报表时，未实现内部销售损益的来源既包括以前期间的交易，也包括本期的交易。因此，抵销时既要抵销以前期间未实现内部销售损益对本期期初未分配利润的影响，又要抵销本期内部商品购销带来的未实现内部销售损益。其处理思路和流程为：①假定前期内部交易带来的未实现内部销售损益在本期全部实现；②假定本期内部交易带来的未实现内部销售损益在本期也全部实现；③期末将存货价值中所含的所有未实现内部销售损益（包括前期和本期）一起抵销。

（1）抵销前期交易形成存货所包含的未实现内部销售损益对本期期初未分配利润的影响。假定前期未实现内部销售损益在本期已经实现，冲减当期的合并销售成本，转为本期实现利润。而对于前期已经实现的内部商品销售损益则不用再做抵销处理，因为从集团整体看，需要抵销的是内部未实现销售损益。

借：期初未分配利润

　　贷：营业成本

（2）抵销本期内部商品交易。假定购买方内部购买的商品本期全部实现对外销售，抵销内部商品销售收入和内部商品销售成本。

借：营业收入

　　贷：营业成本

（3）将期末存货价值中所含的未实现内部销售损益抵销。

借：营业成本

　　贷：存货

**【例3-18】** A公司拥有B公司80%的股权。A公司20×2年个别报表的营业收入中有100万元为对B公司的S商品销售收入,其成本为80万元,销售毛利率为20%。20×2年,B公司将S商品的40%销售,不含税售价为50万元,销售成本为40万元,剩余

60%未销售。20×3 年，A 公司又对 B 公司销售 S 商品 200 万元，销售成本为 160 万元，销售毛利率为 20%。该年 B 公司对外销售其 20×3 年购入 S 商品的 30%，售价为 70 万元，销售成本为 60 万元，剩余 70%未销售。请做出 S 商品内部购销 20×3 年的抵销分录，不考虑相关税费。

**【分析】**

（1）A 公司 20×2 年个别报表中确认对 B 公司的商品销售利润 20（100－80）万元，形成 20×3 年的期初未分配利润。从集团整体角度，其中 40%已经实现外销，60%仍未实现外销，形成未实现内部销售损益 12（20×60%）万元。20×3 年个别报表中确认对 B 公司的商品销售利润 40（200－160）万元。从集团整体角度，其中 30%已经实现外销，70%仍未实现外销，形成未实现内部销售损益 28（40×70%）万元。

（2）B 公司 20×2 年个别报表中确认 S 商品销售成本 40 万元和 S 商品存货 60 万元。60 万元存货中，48（60×80%）万元从集团整体角度为存货的真正成本，12（60×20%）万元为 20×3 年期初未实现内部销售损益，应予以抵销。

20×3 年个别报表中确认 S 商品销售成本 60 万元和 S 商品存货 140 万元。140 万元存货中，112（140×80%）万元从集团整体角度为存货的真正成本，28（140×20%）万元为 20×3 年未实现内部销售损益，应予以抵销。

（3）上述内部交易可先假定 20×2 年形成的存货已经实现外销，20×3 年形成的存货也实现外销，然后再抵销内部交易未对外实现的损益。

① 假定 20×2 年结存的存货已经实现外销，20×3 年期初未实现的内部交易损益在本期已经实现。

借：期初未分配利润（20×60%）                     120 000
　　贷：营业成本                                          120 000

② 假定 20×3 年形成的存货已经全部实现外销。

借：营业收入                                     2 000 000
　　贷：营业成本                                        2 000 000

③ 抵销内部交易未对外实现的损益。

借：营业成本[（20 万×60%）+（40 万×70%）]          400 000
　　贷：存货[（60 万×20%）+（140 万×20%）]                400 000

## 三、存货计提跌价准备的抵销

### （一）初次编制合并财务报表时存货跌价准备的抵销

根据企业会计准则的规定，企业至少应在每年年度终了时对存货进行全面清查。这里的存货既包括从企业集团外部购入的存货，也包括企业集团之间交易所形成的存货。当存货的可变现净值低于其成本时，存货发生减值，应计提存货跌价准备。存货的成本可以区分为购买方个别报表的取得成本和集团整体的取得成本，它们的金额可能存在差异，因此就会形成表 3-13 的几种情形。

表 3-13　存货跌价的几种情形

| 情形 | 购买方个别报表 | 集团整体 |
|------|----------------|----------|
| 情形一 | 可变现净值>个别报表存货成本 | 可变现净值>集团整体存货成本 |
| 情形二 | 可变现净值>个别报表存货成本 | 可变现净值<集团整体存货成本 |
| 情形三 | 可变现净值<个别报表存货成本 | 可变现净值>集团整体存货成本 |
| 情形四 | 可变现净值<个别报表存货成本 | 可变现净值<集团整体存货成本 |

第一种情形，可变现净值高于购买方个别报表存货成本，也高于集团整体角度的存货成本。购买方个别报表没有计提存货跌价准备，不用做抵销处理。

第二种情形，可变现净值高于购买方个别报表存货成本，但低于集团整体角度的存货成本。购买方个别报表没有计提存货跌价准备，但从整体来看，应该计提。这时不仅不用抵销，而且还需根据可变现净值与集团整体存货成本的差额补计提存货跌价准备。

第三种情形，可变现净值低于购买方个别报表存货成本，但高于集团整体角度的存货成本。购买方个别报表按可变现净值与其存货成本的差额计提存货跌价准备，并在利润表中确认了资产减值损失。但从整体来看，随着内部交易未实现损益的抵销，存货在合并报表中列示的成本为抵减未实现损益后的金额。当可变现净值高于集团整体存货成本（即合并报表中该存货成本）时，存货并未发生减值，应将购买方个别财务报表列示的资产减值损失予以抵销。

借：存货　　　　　[购买方个别财务报表列示的资产减值损失]

　　贷：资产减值损失　　　[购买方个别财务报表列示的资产减值损失]

第四种情形，可变现净值低于购买方个别报表存货成本，也低于集团整体角度的存货成本。购买方个别报表按可变现净值与其存货成本的差额计提了存货跌价准备，并在利润表中确认了资产减值损失。从集团整体来看，可变现净值低于集团整体存货成本（合并报表中该存货成本），存货已经发生减值，两者差额为存货真正的跌价损失，必须在合并财务报表中反映。而购买方个别报表计提的跌价准备超出集团整体存货跌价准备的差额（也即购买方存货内部购进成本高于销售方取得成本的数额）应予以抵销。

借：存货　　　　　　　　　[购买方计提的跌价准备超出集团整体存货跌价准备的差额]

　　贷：资产减值损失　[购买方计提的跌价准备超出集团整体存货跌价准备的差额]

【例 3-19】　A 公司拥有 B 公司 80%的股权，其 20×2 年个别报表的营业收入中有 100 万元为对 B 公司的 S 商品销售收入，其成本为 80 万元，销售毛利率 20%。20×2 年 B 公司全部未将 S 商品对外销售。20×2 年末，S 商品已经部分减值，其可变现净值变为 95 万元，为此 B 公司对 S 商品计提存货跌价准备 5 万元，并在其个别报表中列示。请作出相关的抵销分录。

【分析】

合并报表编制时应做如下抵销处理。

（1）将内部销售收入与销售成本抵销。

借：营业收入　　　　　　　　　　　　　　　　　　　　1 000 000

　　贷：营业成本　　　　　　　　　　　　　　　　　　　　　1 000 000

（2）将存货价值中包含的未实现内部销售损益抵销。

借：营业成本　　　　　　　　　　　　　　　　　　　　200 000

$\qquad$ 贷：存货 $\qquad$ 200 000

此时，S 商品在合并财务报表中的价值为 80 万元。可变现净值 95 万元高于 S 商品价值 80 万元，应将 B 公司计提的存货跌价准备 5 万元抵销。

（3）抵销 B 公司计提的存货跌价准备。

$\qquad$ 借：存货 $\qquad$ 50 000
$\qquad$$\qquad$ 贷：资产减值损失 $\qquad$ 50 000

**【例 3-20】** A 公司拥有 B 公司 80%的股权，其 20×2 年个别报表的营业收入中有 100 万元为对 B 公司的 S 商品销售收入，其成本为 80 万元，销售毛利率 20%。20×2 年 B 公司全部未将 S 商品对外销售。20×2 年年末，S 商品已经部分减值，其可变现净值变为 75 万元，为此 B 公司对 S 商品计提存货跌价准备 25 万元，并在其个别报表中列示。请作出相关的抵销分录。

**【分析】**

合并报表编制时应做如下抵销处理。

（1）将内部销售收入与销售成本抵销。

$\qquad$ 借：营业收入 $\qquad$ 1 000 000
$\qquad$$\qquad$ 贷：营业成本 $\qquad$ 1 000 000

（2）将存货价值中包含的未实现内部销售损益抵销。

$\qquad$ 借：营业成本 $\qquad$ 200 000
$\qquad$$\qquad$ 贷：存货 $\qquad$ 200 000

此时，S 商品在合并财务报表中的价值为 80 万元。B 公司个别报表中计提存货跌价准备 25（100－75）万元中，20（100－80）万元是相对于 B 公司存货取得成本高于 A 公司存货销售成本计提的，从集团整体角度看，这部分并没有减值；5（80－75）万元是存货可变现净值低于 A 公司存货销售成本部分，是企业集团必须计提的存货跌价准备。因此，应将 B 公司计提跌价准备与集团整体跌价的差额 20（25－5）万元，即 B 公司存货内部购进成本高于 A 公司取得成本的数额 20（100－80）万元予以抵销。

（3）抵销 B 公司计提的存货跌价准备。

$\qquad$ 借：存货 $\qquad$ 200 000
$\qquad$$\qquad$ 贷：资产减值损失 $\qquad$ 200 000

### （二）连续编制合并财务报表时存货跌价准备的抵销

首先，需要抵销前期存货跌价对本期期初未分配利润的影响，也就是按上期抵销存货跌价准备的金额再编制一遍。

$\qquad$ 借：存货——存货跌价准备 $\quad$ [前期存货跌价准备对本期期初未分配利润的影响]
$\qquad$$\qquad$ 贷：年初未分配利润 $\qquad$ [前期存货跌价准备对本期期初未分配利润的影响]

这是由于前期合并财务报表编制的抵销分录不需要登记入账，不会对个别报表产生影响，个别报表仍然多计提了跌价准备，导致上期个别报表的利润虚减，因此仍需将前期多计提的跌价准备予以抵销。但由于前期的"资产减值损失"在本期变为"年初未分配利润"，因此贷记"年初未分配利润"。

其次，在本期将前期计提跌价准备的存货销售出去的情况下，应将所售存货结转的

存货跌价准备予以抵销。购买方计提存货跌价准备时，借记"资产减值损失"，贷记"存货跌价准备"；购买方销售存货时，转出所售存货计提的存货跌价准备，借记"主营业务成本""存货跌价准备"，贷记"库存商品"（该分录可拆分为借记"主营业务成本"，贷记"库存商品"；借记"存货跌价准备"，贷记"主营业务成本"）。合并财务报表时，计提的存货跌价准备已在上一步骤中全部抵销，则转出的存货跌价准备也应全部抵销，其抵销分录如下。

借：营业成本　　　　　　　　　　[所售存货计提的存货跌价准备]
　　贷：存货——存货跌价准备　　[所售存货计提的存货跌价准备]

最后，抵销购买方个别报表存货跌价准备期末数与上述余额的差额（该差额实际为本期新增的存货跌价准备），但存货跌价准备的抵销以存货中未实现内部销售利润为限。

借：存货——存货跌价准备
　　贷：资产减值损失

**【例3-21】** A公司拥有B公司80%的股权，其20×2年个别报表的营业收入中有100万元为对B公司的S商品销售收入，其成本为80万元，销售毛利率20%。20×2年B公司全部未将S商品对外销售。20×2年年末，S商品已经部分减值，其可变现净值变为95万元，为此B公司对S商品计提存货跌价准备5万元，并在其个别报表中列示。20×3年，B公司仍然全部未将S商品对外销售，S商品可变现净值已变为55万元，为此B公司又计提了存货跌价准备40万元（表3-14）。要求编制合并财务报表的抵销分录。

表3-14　存货跌价准备计提情况　　　　　　　　　　万元

| 年份 | A公司 | | B公司 | | | |
|------|------|------|------|------|------|------|
| | 销售收入 | 销售成本 | 购买成本 | 结余成本 | 可变现净值 | 存货跌价准备计提 |
| 20×2 | 100 | 80 | 100 | 100 | 95 | 5 |
| 20×3 | | | | 结余成本 | 可变现净值 | 存货跌价准备计提 |
| | | | | 100 | 55 | 40 |

**【分析】**

本例中B公司累计计提存货跌价准备45万元，其中5万元为20×2年计提跌价准备，40万元为20×3年计提跌价准备。40万元中15（95-80）万元是相对上期计提存货跌价准备后存货净额95万元与A公司该内部销售商品成本80万元之间的差额计提的，25（80-55）万元是集团整体真正发生的减值。从集团整体看，15万元部分应抵销，而25万元部分是应当计提的。

合并报表编制时应做如下存货跌价准备抵销处理。

（1）抵销前期存货跌价对本期期初未分配利润的影响。

借：存货——存货跌价准备　　　　　　　　　　　　　　50 000
　　贷：年初未分配利润　　　　　　　　　　　　　　　　　　50 000

（2）本期计提跌价准备的存货全部未销售出去，存货跌价准备没有结转，也就不需要抵销。

（3）抵销存货跌价准备期末数与上述余额的差额。存货跌价准备期末数为45万元，减去上述抵销的5万元的跌价准备后还有40万元。但由于未实现内部销售利润，总共只有 20（100－80）万元，前已抵销 5 万元，因此再抵销差额 15 万元。

借：存货——存货跌价准备　　　　　　　　　　　　　　150 000

　　贷：资产减值损失　　　　　　　　　　　　　　　　　　150 000

同时，应做如下未实现内部销售损益的抵销处理。

（1）借：期初未分配利润（100 万－80 万）　　　　　　200 000

　　　　贷：营业成本　　　　　　　　　　　　　　　　　　200 000

（2）借：营业成本　　　　　　　　　　　　　　　　　　200 000

　　　　贷：存货　　　　　　　　　　　　　　　　　　　　200 000

【例 3-22】　A 公司拥有 B 公司 80%的股权，其 20×2 年个别报表的营业收入中有 100 万元为对 B 公司的 S 商品销售收入，其成本为 80 万元，销售毛利率 20%。20×2 年 B 公司全部未将 S 商品对外销售。20×2 年年末，S 商品已经部分减值，其可变现净值变为 95 万元，为此 B 公司对 S 商品计提存货跌价准备 5 万元，并在其个别报表中列示。20×3 年，A 公司又向 B 公司销售 S 商品 200 万元，成本为 160 万元，销售毛利率 20%。20×3 年 B 公司对外销售 S 商品 190 万元，销售成本为 160 万元，其中上期从 A 公司购入的 S 商品本期全部售出，销售收入为 120 万元，销售成本为 100 万元；本期从 A 公司购入的商品销售其中的 30%，销售收入为 70 万元，销售成本为 60 万元。本期购入 S 商品的 70%形成期末存货 140 万元，可变现净值为 130 万元，B 公司对其计提跌价准备 10 万元（表 3-15）。要求编制合并财务报表的抵销分录。

表 3-15　存货跌价准备计提情况　　　　　　　　　　　万元

| 年份 | A 公司 | | | B 公司 | | |
|---|---|---|---|---|---|---|
| | | | | | 购买成本 | 结余成本 | 可变现净值 |
| 20×2 | | | | | 100 | 100 | 95 |
| | 销售收入 | 销售成本 | | | | | |
| | 100 | 80 | | | | | |
| 20×3 | | | | | 购买成本 | | |
| | | | | | 200 | | |
| | 销售收入 | 销售成本 | 销售收入 | 销售成本 | 结余成本 | 可变现净值 |
| | 200 | 160 | 120 70 | 100（上期购入）60（本期购入） | 140 | 130 |

【分析】

本例中抵销分录可分为两部分：一部分为内部购销未实现损益的抵销；另一部分为存货跌价准备计提的抵销。为突出重点，先分析存货跌价准备计提的抵销分录。

（1）存货跌价准备计提的抵销。

① 抵销前期存货跌价对本期期初未分配利润的影响。

借：存货——存货跌价准备　　　　　　　　　　　　　　50 000

　　贷：年初未分配利润　　　　　　　　　　　　　　　　　50 000

② 将所售存货结转的存货跌价准备予以抵销。本期因上期结存的内部购销存货全部销售出去，因此计提的存货跌价准备在个别报表中已转出，需编制其抵销分录，抵销该分录对合并报表带来的影响。

借：营业成本                                                  50 000

    贷：存货——存货跌价准备                         50 000

③ 抵销存货跌价准备期末数与上述余额的差额。存货跌价准备期末数为 10（5 – 5 + 10）万元，从集团整体角度结余存货未跌价。两者差额 10 万元小于未实现内部销售利润 28[（200 – 160）× 70%]万元，需抵销 10 万元。

借：存货                                                100 000

    贷：资产减值损失                                  100 000

（2）未实现内部销售损益的抵销处理。

① 借：期初未分配利润（100 万 – 80 万）                  200 000

    贷：营业成本                                   200 000

② 借：营业收入                                    2 000 000

    贷：营业成本                                   2 000 000

③ 借：营业成本[140 万 ×（200 万 – 160 万）÷200 万]   280 000

    贷：存货                                       280 000

# 第四节　内部债权债务的合并处理

母、子公司之间可能因为内部交易而产生债权和债务。对于债权方而言，在其个别报表中记录为资产；对于债务方而言，在其个别报表中一方面记录为负债，另一方面也会形成资产。从集团整体看，这种交易实质上只是集团内部资产的流转，资产从一方流入另一方。资产流出方记录债权，资产流入方记录负债和资产。但资产流转并没有增加债权，也没有增加债务，因此在编制合并报表时，应将此债权和债务，以及随债权和债务而产生的利息收益与费用、计提的坏账准备抵销。

## 一、当期内部债权、债务的抵销

编制合并财务报表时，需要抵销的内部债权和债务主要包括：①应收账款与应付账款；②应收票据与应付票据；③预付账款与预收账款；④债权投资与应付债券；⑤应收股利与应付股利；⑥其他应收款与其他应付款。

由于合并报表是要抵销虚增的资产和虚增的负债，而资产的减少是贷记，负债的减少是借记，因此上述抵销业务应编制的分录如下。

（1）应收账款与应付账款的抵销。

借：应付账款

    贷：应收账款

（2）应收票据与应付票据的抵销。

借：应付票据

    贷：应收票据

（3）预付账款与预收账款的抵销。

借：预收款项

    贷：预付款项

（4）长期债权投资与应付债券账面余额（含已计提但未支付利息）的抵销。

借：应付债券
　　贷：债权投资

如果债券为分期付息，则已计提但还未支付利息的抵销分录如下。

借：应付利息
　　贷：应收利息

（5）应收股利与应付股利的抵销。

借：应付股利
　　贷：应收股利

（6）其他应收款与其他应付款的抵销。

借：其他应付款
　　贷：其他应收款

【例 3-23】 A 公司拥有 B 公司 80%的股权，其 20×2 年个别报表中有 100 万元应收 B 公司的应收账款、50 万元应收 B 公司的应收票据，债权投资中有 200 万元 B 公司发行的债券。要求编制合并财务报表的抵销分录。

【分析】

（1）内部应收账款与应付账款的抵销。

借：应付账款　　　　　　　　　　　　　　　　　　　　　　1 000 000
　　贷：应收账款　　　　　　　　　　　　　　　　　　　　　　1 000 000

（2）内部应收票据与应付票据的抵销。

借：应付票据　　　　　　　　　　　　　　　　　　　　　　500 000
　　贷：应收票据　　　　　　　　　　　　　　　　　　　　　　500 000

（3）债权投资与应付债券的抵销。

借：应付债券　　　　　　　　　　　　　　　　　　　　　　2 000 000
　　贷：债权投资　　　　　　　　　　　　　　　　　　　　　　2 000 000

## 二、当期与内部债权债务相关的利息收益和利息费用的抵销

利息收益和利息费用依附于内部债权债务，当内部债权债务相互抵销时，利息收益和利息费用也应相互抵销。债权方计提的利息收益和债务方计提的利息费用可能金额相同，也可能不相同。

（1）当金额相同时，其抵销分录如下。

借：应付债券
　　贷：债权投资
借：投资收益
　　贷：财务费用

（2）当金额不相同时，其抵销分录如下。

借：应付债券　　　　　　　A
　　财务费用　　　　　　　[A<B 的差额]
　　贷：债权投资　　　　　　　B

投资收益　　　[A＞B 的差额]

借：投资收益

　　贷：财务费用

债券发行方的利息费用与债券投资方利息收益之间的金额不相等，两者之差为债券推定赎回损益。虽然发行方未作为损益入账，投资方也未作为损益入账，但从集团整体看，这部分损益为集团整体已经实现的损益。到底该差额是调整"财务费用"，还是调整"投资收益"，涉及集团内部债券投资和融资相关损益是计入"投资收益"还是"财务费用"。一个简化的处理是借方的差额计入"财务费用"，贷方的差额计入"投资收益"，这种处理同时也意味着后续投资收益和财务费用的抵销应该以孰低为原则进行抵销。

**【例 3-24】** 债券发行和投资金额不存在差额的情形。A 公司拥有 B 公司 80%的股权。20×2 年年初，B 公司因为日常经营需要发行面值 100 万元、票面利率 4.5%、实际利率 5.64%的债券。债券 3 年期，每年年末付息一次，到期一次还本。20×2 年年初，A 公司以 96.94 万元的价格购入 B 公司发行的面值 100 万元的债券，作为以摊余成本计量的金融资产。20×2 年年末 A 公司收到当年利息。要求编制发行方、购买方 20×2 年个别报表的业务分录以及合并报表的抵销分录。

**【分析】**

发行方 B 公司的摊余成本计算及账务处理见表 3-16。

**表 3-16　B 公司摊余成本计算表（例 3-24）**　　　　　万元

| 日期 | 期初摊余成本（A） | 实际利息支出（B＝A×5.64%） | 现金流出（C） | 期末摊余成本（D＝A＋B－C） |
|---|---|---|---|---|
| 20×2 | 96.94 | 5.47 | 4.5 | 97.91 |
| 20×3 | 97.91 | 5.52 | 4.5 | 98.93 |
| 20×4 | 98.93 | 5.57* | 104.5 | 0 |

注：*尾数调整 100＋4.5－98.93＝5.57（万元）。

借：银行存款　　　　　　　　　　　　　　　　969 400

　　应付债券——利息调整　　　　　　　　　　 30 600

　　贷：应付债券——面值　　　　　　　　　　　　　1 000 000

借：财务费用　　　　　　　　　　　　　　　　 54 700

　　贷：应付利息　　　　　　　　　　　　　　　　　　 45 000

　　　　应付债券——利息调整　　　　　　　　　　　　 9 700

借：应付利息　　　　　　　　　　　　　　　　 45 000

　　贷：银行存款　　　　　　　　　　　　　　　　　　 45 000

购买方 A 公司的摊余成本计算及账务处理见表 3-17。

**表 3-17　A 公司摊余成本计算表（例 3-24）**　　　　　万元

| 日期 | 期初摊余成本（A） | 实际利息收入（B＝A×5.64%） | 现金流入（C） | 期末摊余成本（D＝A＋B－C） |
|---|---|---|---|---|
| 20×2 | 96.94 | 5.47 | 4.5 | 97.91 |
| 20×3 | 97.91 | 5.52 | 4.5 | 98.93 |
| 20×4 | 98.93 | 5.57* | 104.5 | 0 |

注：*尾数调整 100＋4.5－98.93＝5.57（万元）。

借：债权投资——成本　　　　　　　　　　　　　　　　　　　1 000 000
　　贷：银行存款　　　　　　　　　　　　　　　　　　　　　　969 400
　　　　债权投资——利息调整　　　　　　　　　　　　　　　　　30 600
借：应收利息　　　　　　　　　　　　　　　　　　　　　　　　45 000
　　债权投资——利息调整　　　　　　　　　　　　　　　　　　　9 700
　　贷：投资收益　　　　　　　　　　　　　　　　　　　　　　54 700
借：银行存款　　　　　　　　　　　　　　　　　　　　　　　　45 000
　　贷：应收利息　　　　　　　　　　　　　　　　　　　　　　45 000
（1）抵销内部债权、债务。
借：应付债券　　　　　　　　　　　　　　　　　　　　　　　979 100
　　贷：债权投资　　　　　　　　　　　　　　　　　　　　　979 100
（2）抵销内部债权债务相关的利息收益和利息费用。
借：投资收益　　　　　　　　　　　　　　　　　　　　　　　　54 700
　　贷：财务费用　　　　　　　　　　　　　　　　　　　　　　54 700

**【例 3-25】** 债券发行和投资金额存在差额的情形。A 公司拥有 B 公司 80%的股权。20×2 年年初，B 公司因为日常经营需要发行面值 100 万元、票面利率 4.5%、实际利率 5.64%、发行价格 96.94 万元的债券。债券 3 年期，每年年末付息一次，到期一次还本。20×3 年年初，A 公司以 97 万元的价格从其他方处购入 B 公司发行的面值 100 万元的债券，作为以摊余成本计量的金融资产。20×3 年年末，A 公司收到当年利息。要求编制发行方、购买方个别报表 20×3 年的业务分录以及合并报表的抵销分录。

**【分析】**

发行方 B 公司的摊余成本计算及账务处理见表 3-18。

表 3-18　B 公司摊余成本计算表（例 3-25）　　　　　　　　　　　万元

| 日期 | 期初摊余成本（A） | 实际利息支出（B＝A×5.64%） | 现金流出（C） | 期末摊余成本（D＝A＋B－C） |
|---|---|---|---|---|
| 20×2 | 96.94 | 5.47 | 4.5 | 97.91 |
| 20×3 | 97.91 | 5.52 | 4.5 | 98.93 |
| 20×4 | 98.93 | 5.57* | 104.5 | 0 |

注：*尾数调整 100 + 4.5 − 98.93 = 5.57（万元）。

借：银行存款　　　　　　　　　　　　　　　　　　　　　　　969 400
　　应付债券——利息调整　　　　　　　　　　　　　　　　　　30 600
　　贷：应付债券——面值　　　　　　　　　　　　　　　　　1 000 000
20×3 年利息计提和支付的账务处理：
借：财务费用　　　　　　　　　　　　　　　　　　　　　　　　55 200
　　贷：应付利息　　　　　　　　　　　　　　　　　　　　　　45 000
　　　　应付债券——利息调整　　　　　　　　　　　　　　　　10 200
借：应付利息　　　　　　　　　　　　　　　　　　　　　　　　45 000
　　贷：银行存款　　　　　　　　　　　　　　　　　　　　　　45 000
购买方 A 公司 20×3 年的摊余成本计算及账务处理见表 3-19。

表 3-19　A 公司摊余成本计算表（例 3-25）　　　　　　　　　万元

| 日期 | 期初摊余成本（A） | 实际利息收入（B＝A×6.14%*） | 现金流入（C） | 期末摊余成本（D＝A＋B－C） |
|---|---|---|---|---|
| 20×2 | | | | |
| 20×3 | 97*** | 5.96 | 4.5 | 98.46 |
| 20×4 | 98.46 | 6.04** | 104.5 | 0 |

注：*经过插值法计算，实际利率为 6.14%。**尾数调整 100＋4.5－98.46＝6.04 万元。***债券购买的利得 0.91（97.91－97）万元＝抵销分录中应付债券和债权投资的差额 0.47 万元＋A、B 公司 20×3 年摊销额的差额 0.44[（5.96－4.5）－（5.52－4.5）]万元。

```
借：债权投资——成本                              1 000 000
    贷：银行存款                                       970 000
        债权投资——利息调整                            30 000
借：应收利息                                       45 000
    债权投资——利息调整                             14 600
    贷：投资收益                                       59 600
借：银行存款                                       45 000
    贷：应收利息                                       45 000
```

（1）抵销内部债权、债务。

```
借：应付债券                                      989 300
    贷：债权投资                                      984 600
        投资收益                                        4 700
```

（2）抵销内部债权债务相关的利息收益和利息费用。

```
借：投资收益                                       55 200
    贷：财务费用                                       55 200
```

### 三、当期内部债权计提坏账准备的抵销

根据企业会计准则要求，债权方应根据债权预计可收回金额确定债权是否减值。如果存在减值，应计提坏账准备。由于内部债权债务需要相互抵销，因此依附于债权产生的坏账准备也应予以抵销。抵销时一方面冲减债权债务；另一方面冲减已计提的坏账准备，其抵销分录为：

```
借：应收账款——坏账准备
    应收票据——坏账准备等
    贷：信用减值损失
```

【例 3-26】　A 公司拥有 B 公司 80%的股权，其 20×2 年个别报表中有 100 万元应收 B 公司的应收账款（账面余额为 110 万元，计提坏账准备 10 万元）、50 万元应收 B 公司的应收票据（账面余额为 55 万元，计提坏账准备 5 万元）。B 公司 20×2 年个别报表中有应付 A 公司应付账款 110 万元、应付票据 55 万元。要求编制合并财务报表的抵销分录。

【分析】

（1）抵销应收账款与应付账款、应收票据与应付票据。

借：应付账款                1 100 000
  贷：应收账款              1 100 000
借：应付票据                 550 000
  贷：应收票据              550 000

（2）抵销本期计提的坏账准备和信用减值损失。

借：应收账款——坏账准备          100 000
  应收票据——坏账准备          50 000
  贷：信用减值损失            150 000

## 四、连续编制合并财务报表情况下内部债权债务及坏账准备的抵销

可将内部债权债务的抵销和坏账准备的抵销拆分，先抵销内部债权债务，然后再抵销坏账准备和资产减值损失。

### （一）连续编制合并财务报表情况下内部债权债务的抵销

根据集团内部各企业期末债权、债务的账面余额进行抵销，借记"应付账款""应付票据"等，贷记"应收账款""应收票据"等。

### （二）连续编制合并财务报表情况下内部坏账准备的抵销

首先，将前期信用减值损失（计提坏账准备带来的）对本期期初未分配利润的影响抵销。这是因为前期合并财务报表编制的抵销分录只影响合并财务报表却不入集团成员账簿，导致本期期初个别报表未分配利润虚减，因此应对前期坏账准备的影响予以抵销，抵销分录如下。

借：应收账款——坏账准备
  应收票据——坏账准备等
  贷：年初未分配利润

其次，对于本期在个别报表中补提或冲销的坏账准备数额进行抵销，该数额等于坏账准备的期末数减去期初数。补提的抵销分录如下。

借：应收账款——坏账准备  [应收账款坏账准备的期末数减去期初数]
  应收票据——坏账准备等  [应收票据等坏账准备的期末数减去期初数]
  贷：信用减值损失    [坏账准备的期末数减去期初数]

冲销坏账准备的会计分录则相反。

内部应收款项坏账准备的期末数与期初数之间可能存在以下三种情况。

#### 1. 内部应收款项坏账准备的期末数与期初数相等

这种情况表明本期没有新计提坏账准备，因此其处理包括抵销期末债权债务、抵销上期坏账准备计提给本期带来的影响。

【例 3-27】 A 公司拥有 B 公司 80% 的股权，其 20×2 年个别报表中有 100 万元应收 B 公司的应收账款，该应收账款账面余额为 110 万元，计提坏账准备 10 万元。A 公司 20×3 年年末对该应收账款计提坏账准备。B 公司 20×3 年个别报表中有应付 A 公司

应付账款 110 万元。要求编制 20×3 年合并财务报表的抵销分录。

【分析】

（1）将内部债权债务相互抵销。

| 借：应付账款 | 1 100 000 |
| 贷：应收账款 | 1 100 000 |

（2）将前期坏账准备计提对本期期初未分配利润的影响抵销。

| 借：应收账款 | 100 000 |
| 贷：年初未分配利润 | 100 000 |

### 2. 内部应收款项坏账准备的期末数大于期初数

这种情况表明本期新计提了坏账准备，因此其处理包括抵销期末债权债务、抵销上期坏账准备计提给本期带来的影响、抵销本期计提的坏账准备。

【例 3-28】 A 公司拥有 B 公司 80% 的股权，其 20×2 年个别报表中有 100 万元应收 B 公司的应收账款，该应收账款账面余额为 110 万元，计提坏账准备 10 万元；经过评估预计可收回金额，A 公司 20×3 年又对该应收账款计提坏账准备 20 万元。B 公司 20×3 年个别报表中有应付 A 公司应付账款 110 万元。要求编制 20×3 年合并财务报表的抵销分录。

【分析】

（1）将内部债权债务相互抵销。

| 借：应付账款 | 1 100 000 |
| 贷：应收账款 | 1 100 000 |

（2）将前期坏账准备计提对本期期初未分配利润的影响抵销。

| 借：应收账款 | 100 000 |
| 贷：年初未分配利润 | 100 000 |

（3）抵销本期补提的坏账准备。

| 借：应收账款 | 200 000 |
| 贷：信用减值损失 | 200 000 |

### 3. 内部应收款项坏账准备的期末数小于期初数

这种情况表明本期冲减了坏账准备，因此其处理包括抵销期末债权债务、抵销上期坏账准备计提给本期带来的影响、抵销本期冲减的坏账准备。

【例 3-29】 A 公司拥有 B 公司 80% 的股权，其 20×2 年个别报表中有 100 万元应收 B 公司的应收账款，该应收账款账面余额为 110 万元，计提坏账准备 10 万元；经过评估预计可收回金额，A 公司 20×3 年冲减了该应收账款计提坏账准备 3 万元，坏账准备的余额变为 7 万元。B 公司 20×3 年个别报表中有应付 A 公司应付账款 110 万元。要求编制 20×3 年合并财务报表的抵销分录。

【分析】

（1）将内部债权债务期末余额相互抵销。

| 借：应付账款 | 1 100 000 |
| 贷：应收账款 | 1 100 000 |

（2）将前期坏账准备计提对本期期初未分配利润的影响抵销。

借：应收账款　　　　　　　　　　　　　　　　　　　　　　100 000

　　贷：年初未分配利润　　　　　　　　　　　　　　　　　　　　　100 000

（3）抵销本期冲减的坏账准备。

借：信用减值损失　　　　　　　　　　　　　　　　　　　　30 000

　　贷：应收账款　　　　　　　　　　　　　　　　　　　　　　　30 000

# 第五节　内部固定资产交易的合并处理

内部固定资产交易是集团内部与固定资产有关的购销业务。内部固定资产交易主要包括以下几种情形：一是销售方销售固定资产，购买方作为固定资产入账；二是销售方销售存货，购买方作为固定资产入账；三是销售方销售固定资产，购买方作为存货入账并销售。第三种情形属于固定资产的内部处置，极为罕见，通常所指的内部固定资产交易是前两种。

根据内部固定资产交易抵销的时间点差异，可以将内部固定资产交易的抵销分为交易当期的抵销处理、取得后至处置前的抵销处理、清理期间的抵销处理。

## 一、内部固定资产交易当期的抵销处理

### （一）销售方销售固定资产，购买方作为固定资产入账

#### 1. 内部交易差额抵销固定资产原价

内部交易差额抵销固定资产原价处理有如表 3-20 所示的两种情形。

表 3-20　抵销处理情形

| | 情形 | 抵销处理 |
|---|---|---|
| 情形一 | 固定资产转让价格>固定资产原账面价值 | 借：资产处置收益<br>　　贷：固定资产原价 |
| 情形二 | 固定资产转让价格<固定资产原账面价值 | 借：固定资产原价<br>　　贷：资产处置收益 |

在情形一下，固定资产转让价格大于原账面价值，该差额一方面形成销售方资产处置收益；另一方面使得购买方固定资产原价虚增，因此需要对其进行抵销。反之则形成资产处置损失和虚减固定资产原价。

#### 2. 抵销内部交易差额折旧的计提

内部固定资产交易在交易当期有可能会涉及折旧计提的问题。购买方按照取得成本计提折旧，而该取得成本包含内部交易未实现损益，导致购买方计提的折旧既包括从集团整体角度看应计提的折旧，也包括了内部未实现损益的金额，因此应对后者进行抵销。折旧的计提一方面会增加折旧费用；另一方面会增加累计折旧。当固定资产多计提了折旧时，其抵销处理分录如下。

借：固定资产——累计折旧
　　贷：管理费用等
如果固定资产少计提了折旧，则抵销处理相反。

根据以前的企业会计准则，固定资产清理净损益应通过"营业外收入"或"营业外支出"科目核算。但根据最新的企业会计准则，固定资产清理净损失应区分是否属于正常出售、转让。如果属于正常出售、转让所产生的利得或损失，应通过"资产处置损益"科目核算；如果属于已丧失使用功能、正常报废所产生的利得或损失，通过营业外收支核算；如果属于自然灾害等非正常原因造成的，也通过营业外收支核算。

**【例 3-30】** A 公司拥有 B 公司 80% 的股权。20×2 年 6 月 30 日，A 公司将原值为 150 万元、累计折旧为 60 万元的某厂房以 100 万元的价格销售给 B 公司作为固定资产使用。该厂房用于公司的行政管理，不需要安装，当日投入使用，还可以使用 5 年，预计净残值为零。要求编制相应的抵销分录。

**【分析】**

（1）内部交易差额抵销固定资产原价。

销售方固定资产净值为 90（150－60）万元，作价 100 万元销售给 B 公司，A 公司实现资产处置收益 10 万元。B 公司固定资产原值 100 万元中包含集团内部交易未实现损益 10 万元，应予抵销。

借：资产处置收益　　　　　　　　　　　　　　　　　　　　100 000
　　贷：固定资产原价　　　　　　　　　　　　　　　　　　　　100 000

（2）抵销内部交易差额折旧的计提。

该固定资产按照 5 年的使用年限计提折旧，B 公司当年计提折旧 10（100÷5÷2）万元，从集团整体角度应计提折旧 9（90÷5÷2）万元，多计提的折旧 1 万元为未实现内部销售损益的摊销额[（100－90）÷5÷2]，对此应进行抵销。

借：固定资产——累计折旧　　　　　　　　　　　　　　　　10 000
　　贷：管理费用　　　　　　　　　　　　　　　　　　　　　　10 000

**（二）销售方销售存货，购买方作为固定资产入账**

**1. 内部交易差额抵销固定资产原价**

内部交易差额抵销固定资产原价处理有如表 3-21 所示的两种情形。

表 3-21　抵销处理情形

| 情形 | 抵销处理 |
| --- | --- |
| 存货转让价格>存货原账面价值 | 借：营业收入<br>　　贷：营业成本<br>　　　　固定资产原价 |
| 存货转让价格<存货原账面价值 | 借：营业收入<br>　　　　固定资产原价<br>　　贷：营业成本 |

在情形一下，存货转让价格大于存货的原账面价值，该差额形成了营业收入和营业成本的差额，也即销售方的毛利润。其中，营业收入为销售方该存货的销售收入，营业成本为销售方该存货结转的销售成本，两者的差额为未实现内部销售损益。固定资产原价中包含了该未实现内部销售损益，应对其进行抵销，即冲减固定资产原价。情形二则虚减了固定资产原价，应转回增加固定资产原价。

### 2. 抵销内部交易差额折旧的计提

由于需要抵销的是对内部交易差额计提的折旧，与销售方销售固定资产、购买方作为固定资产入账时的抵销目的一致，因此其抵销处理与后者一致。当固定资产多计提了折旧时，其抵销处理如下。

借：固定资产——累计折旧

　　贷：管理费用等

如果固定资产少计提了折旧，则抵销处理相反。

【例 3-31】 接例 3-30，假设 A 公司销售的为其生产的办公设备，B 公司作为管理用固定资产。该设备销售收入为 100 万元，销售成本为 90 万元。B 公司以 100 万元的购买价格作为固定资产原值入账。设备不需要安装，当日投入使用，还可以使用 5 年，预计净残值为 0。要求编制当年相应的抵销分录。

【分析】

（1）内部交易差额抵销固定资产原价。

销售方存货账面价值为 90 万元，作价 100 万元销售给 B 公司，A 公司实现毛利润 10 万元。B 公司固定资产原值 100 万元中包含集团内部交易未实现损益 10 万元，应予抵销。

借：营业收入　　　　　　　　　　　　　　　　　　　　　1 000 000

　　贷：营业成本　　　　　　　　　　　　　　　　　　　　900 000

　　　　固定资产原价　　　　　　　　　　　　　　　　　　100 000

（2）抵销内部交易差额折旧的计提。

企业资产确认发生变化，由存货变成固定资产。确认为固定资产后，企业应按照预计使用年限 5 年计提折旧。B 公司当年实际计提折旧 10（100÷5÷2）万元，但从集团整体角度应计提的折旧仅为 9（90÷5÷2）万元，多计提的 1 万元为未实现内部销售损益的摊销额[（100－90）÷5÷2]，对此应进行抵销。

借：固定资产——累计折旧　　　　　　　　　　　　　　　10 000

　　贷：管理费用　　　　　　　　　　　　　　　　　　　　10 000

## 二、内部交易固定资产取得后至处置前的抵销处理

内部交易固定资产取得后至处置前的抵销处理包括以下三步：一是抵销因前期交易导致固定资产原价中包含的未实现内部销售损益；二是抵销前期固定资产多计提（或少计提）的折旧；三是抵销本期固定资产多计提（或少计提）的折旧。

### 1. 抵销固定资产原价中包含的未实现内部销售损益

固定资产原价中虚增（或虚减）的价值使得交易当期销售方个别报表的损益发生变

化，同时前期的合并抵销分录只是影响合并财务报表，并不影响个别报表，因此在本期仍需抵销固定资产原价中虚增（或虚减）的价值和销售方个别报表的损益。前期销售方个别报表的损益在本期已经变为年初未分配利润，因此当销售方存在销售利得时，其抵销分录如下。

借：年初未分配利润

　　贷：固定资产原价

反之，则抵销分录处理相反。

### 2. 抵销前期固定资产多计提（或少计提）的折旧

固定资产折旧计提一方面要增加累计折旧；另一方面也要增加管理费用等成本费用项目。成本费用项目经过结转最终会转入未分配利润，因此应根据前期多计提的折旧金额，编制如下抵销分录。

借：固定资产——累计折旧

　　贷：年初未分配利润

少计提折旧的抵销处理则相反。

### 3. 抵销本期固定资产多计提（或少计提）的折旧

根据本期多计提的折旧金额，编制如下抵销分录。

借：固定资产——累计折旧

　　贷：管理费用等

少计提折旧的抵销处理则相反。

【例3-32】　接例3-31，要求编制20×3年相应的抵销分录。

【分析】

（1）内部交易差额抵销固定资产原价。

销售方存货销售实现毛利润10万元，B公司固定资产原值100万元中也包含集团内部交易未实现损益10万元，应予抵销。

借：年初未分配利润　　　　　　　　　　　　　　　　　　　　　100 000

　　贷：固定资产原价　　　　　　　　　　　　　　　　　　　　　　　100 000

（2）抵销前期固定资产多计提的折旧。

对前期多计提的1万元折旧进行抵销。

借：固定资产——累计折旧　　　　　　　　　　　　　　　　　　 10 000

　　贷：年初未分配利润　　　　　　　　　　　　　　　　　　　　　　 10 000

（3）抵销本期固定资产多计提的折旧。

借：固定资产——累计折旧　　　　　　　　　　　　　　　　　　 20 000

　　贷：管理费用　　　　　　　　　　　　　　　　　　　　　　　　　 20 000

## 三、内部交易固定资产清理期间的抵销处理

内部交易固定资产可能因报废、毁损或出售等转入清理，清理后固定资产退出企业，自然地，原内部交易未实现的损益随之实现。未实现内部交易损益实现时的会计处理与

未实现时的会计处理存在差异，导致清理时的抵销处理与清理之前的抵销处理也存在差异。根据固定资产清理所处的阶段可以将固定资产清理划分为三种情况：期满清理、超期清理、提前清理。

### （一）内部交易固定资产清理期间抵销处理的基本思路

清理后实物形态的固定资产不复存在，包括未实现内部销售损益在内的固定资产整体价值已经全部转移到各会计期间实现的损益当中，未实现内部销售损益也变为已经实现的损益，因此清理后内部交易固定资产不需要进行抵销处理。清理当期的抵销处理如下。

#### 1. 抵销固定资产原价中包含的未实现内部销售损益

当销售方存在销售利得时，其抵销分录如下。

借：年初未分配利润
　　贷：资产处置收益

反之，则抵销分录相反。

上述抵销分录与清理期之前抵销分录的差别在于，用"资产处置收益"项目代替"固定资产原价"项目和"固定资产——累计折旧"项目。这是因为，购买方清理固定资产时个别报表的会计处理大体如下。

借：固定资产清理
　　累计折旧
　　贷：固定资产
借：银行存款等
　　贷：固定资产清理
借：固定资产清理
　　贷：资产处置损益

清理期末，固定资产原价、累计折旧和净值在购买方个别报表中均无列示，未实现内部销售损益已经实现，只剩下当期的"资产处置损益"，而"资产处置损益"在利润表中的"资产处置收益"项目中反映，因此用"资产处置收益"项目对其进行代替。

#### 2. 抵销前期固定资产多计提（或少计提）的折旧

应根据前期多计提的折旧金额，编制如下抵销分录。

借：资产处置收益
　　贷：年初未分配利润

少计提折旧的抵销处理则相反。

#### 3. 抵销本期固定资产多计提（或少计提）的折旧

根据本期多计提的折旧金额，编制如下抵销分录。

借：资产处置收益
　　贷：管理费用等

少计提折旧的抵销处理则相反。

## （二）内部交易固定资产期满清理期间的抵销处理

**【例 3-33】** A 公司和 B 公司同为 K 公司的两个子公司。20×2 年 12 月 15 日，A 公司将其生产的办公设备销售给 B 公司作为管理用固定资产。该设备销售收入为 100 万元，销售成本为 90 万元。B 公司以 100 万元的购买价格作为固定资产原值入账。设备不需要安装，当日投入使用，还可以使用 5 年，预计净残值为零。20×7 年该固定资产到期清理，B 公司实现清理净收益 4 万元，在其个别报表中以资产处置收益项目列示。要求编制 20×7 年相应的抵销分录。

**【分析】**

（1）内部交易差额抵销固定资产原价。

借：年初未分配利润 100 000

　　贷：资产处置收益 100 000

（2）抵销前期固定资产多计提的折旧。

对前期多计提的 8 万元折旧进行抵销。

借：资产处置收益 80 000

　　贷：年初未分配利润 80 000

（3）抵销本期固定资产多计提的折旧。

借：资产处置收益 20 000

　　贷：管理费用 20 000

## （三）内部交易固定资产超期清理期间的抵销处理

固定资产超期使用抵销处理的情形包括以下几种：一是当年已经到期，但没有报废，仍在使用；二是前期已经到期，本期仍然没有报废，还在使用；三是前期已经到期，本期报废，固定资产从账面转销。

**【例 3-34】** 当年已经到期、仍在使用的情形。接例 3-33，假设 5 年到期后 B 公司仍在使用该固定资产。要求编制 20×7 年相应的抵销分录。

**【分析】**

（1）内部交易差额抵销固定资产原价。

借：年初未分配利润 100 000

　　贷：固定资产原价 100 000

由于固定资产并没有从 B 公司账面转销，仍在其个别资产负债表上列示，需要将其未实现的内部销售损益抵销，因此抵销的项目仍为"固定资产原价"。

（2）抵销前期固定资产多计提的折旧。

对前期多计提的 8 万元折旧进行抵销。

借：固定资产——累计折旧 80 000

　　贷：年初未分配利润 80 000

（3）抵销本期固定资产多计提的折旧。

借：固定资产——累计折旧 20 000

　　贷：管理费用 20 000

【例 3-35】 前期已经到期、本期仍在使用的情形。接例 3-33，假设 5 年到期后 B 公司仍在使用该固定资产。要求编制 20×8 年相应的抵销分录。

【分析】

（1）内部交易差额抵销固定资产原价。

借：年初未分配利润               100 000

  贷：固定资产原价             100 000

（2）抵销前期固定资产多计提的折旧。

对前期多计提的 10 万元折旧进行抵销。

借：固定资产——累计折旧            100 000

  贷：年初未分配利润            100 000

（3）抵销本期固定资产多计提的折旧。

固定资产超期使用不用计提折旧，因此不存在多提折旧问题，自然也就不需要作多提折旧的抵销处理。

上述抵销分录合并后，可以发现其借贷方抵销项目相同、金额相等，因此也可以不对其编制抵销分录。

【例 3-36】 前期已经到期、本期报废的情形。接例 3-33，假设第 7 年 B 公司报废该固定资产。要求编制 20×9 年相应的抵销分录。

清理当期固定资产实物已经不存在，包含未实现内部销售损益的固定资产原价、累计折旧科目在账面也已经转销，即包含的未实现内部销售损益已经实现，不用编制抵销分录。

## （四）内部交易固定资产提前清理的抵销处理

由于固定资产提前报废，固定资产原价中包含的未实现内部销售损益已经实现，转入资产处置收益。

【例 3-37】 接例 3-33，假设第 4 年年底 B 公司对该固定资产进行清理，实现清理净收益 4 万元，在其个别报表中以资产处置收益项目列示。要求编制 20×6 年相应的抵销分录。

【分析】

（1）内部交易差额抵销固定资产原价。

借：年初未分配利润               100 000

  贷：资产处置收益             100 000

（2）抵销前期固定资产多计提的折旧。

对前期多计提的 6 万元折旧进行抵销。

借：资产处置收益               60 000

  贷：年初未分配利润             60 000

（3）抵销本期固定资产多计提的折旧。

借：资产处置收益               20 000

  贷：管理费用               20 000

## 第六节　内部无形资产交易的合并处理

内部无形资产交易是指集团内部发生的涉及无形资产的交易。无形资产取得之后在使用过程中需要对其进行摊销,因此内部无形资产交易的合并处理包括以下两部分:一是对无形资产价值中包含的未实现内部销售损益予以抵销;二是对无形资产摊销金额中包括的未实现内部销售损益进行抵销。

与固定资产抵销处理类似,内部无形资产抵销处理也分为交易当期的抵销处理、持有期间的抵销处理、摊销完毕期间的抵销处理三个阶段。

### 一、内部无形资产交易当期的抵销处理

内部无形资产交易当期的抵销处理包括抵销本期购入无形资产原价中包含的未实现内部销售损益、抵销本期多计提(或少计提)的无形资产摊销金额。

#### 1. 抵销本期购入无形资产原价中包含的未实现内部销售损益

借:资产处置收益　　　[无形资产原价中包含的未实现内部销售损益]
　　贷:无形资产　　　　[无形资产原价中包含的未实现内部销售损益]

如果销售方的销售价格低于其原账面价值,则借记"无形资产",贷记"资产处置收益"。使用资产处置收益这个项目的原因是,购买方购买的是无形资产,那么一般情况下,销售方销售处置时其账面上记录的也为无形资产。无形资产处置的收益或损失应转入资产处置损益,而资产处置损益科目在利润表上通过"资产处置收益"项目反映。

#### 2. 抵销本期多计提(或少计提)的无形资产摊销金额

借:累计摊销　　　　　[购买方本期多计提的摊销金额]
　　贷:管理费用　　　　[购买方本期多计提的摊销金额]

如果销售方的销售价格低于其原账面价值,则作相反财务处理。

【例 3-38】　A 公司为 B 公司的母公司。20×2 年 1 月 5 日,A 公司向 B 公司转让其持有的无形资产一项。无形资产在 A 公司账面成本为 500 万元,转让价格为 600 万元。B 公司购入该无形资产后立即投入使用,预计使用年限为 5 年。要求编制 20×2 年企业集团的合并抵销分录。

【分析】

A 公司无形资产转让计入资产处置损益科目金额为 100(600 – 500)万元,该转让收益体现在 B 公司无形资产的入账价值中;20×2 年 B 公司计提摊销 120(600÷5)万元,如果从企业集团整体的角度,应摊销的金额为 100(500÷5)万元,多计提摊销 20 万元。

(1)抵销本期购入无形资产原价中包含的未实现内部销售损益。

借:资产处置收益　　　　　　　　　　　　　　　　　　　　　1 000 000
　　贷:无形资产　　　　　　　　　　　　　　　　　　　　　　1 000 000

(2)抵销本期多计提的无形资产摊销金额。

借:累计摊销　　　　　　　　　　　　　　　　　　　　　　　 200 000

贷：管理费用                                                                  200 000

## 二、内部交易无形资产持有期间的抵销处理

内部交易无形资产持有期间的抵销处理包括三部分：一是抵销购买方无形资产原价中包含的未实现内部销售损益；二是抵销前期多计提（或少计提）的无形资产摊销金额；三是抵销本期多计提（或少计提）的无形资产摊销金额。

### 1. 抵销购买方无形资产原价中包含的未实现内部销售损益

借：年初未分配利润        [无形资产原价中包含的未实现内部销售损益]
　　贷：无形资产          [无形资产原价中包含的未实现内部销售损益]

由于内部无形资产交易是以前年度的交易，因此"资产处置损益"转入了"年初未分配利润"。如果销售方的销售价格低于其原账面价值，则借记"无形资产"，贷记"年初未分配利润"。

### 2. 抵销前期多计提（或少计提）的无形资产摊销金额

借：累计摊销            [购买方前期多计提的摊销金额]
　　贷：年初未分配利润   [购买方前期多计提的摊销金额]

如果销售方的销售价格低于其原账面价值，则做相反处理。

### 3. 抵销本期多计提（或少计提）的无形资产摊销金额

借：累计摊销            [购买方本期多计提的摊销金额]
　　贷：管理费用         [购买方本期多计提的摊销金额]

如果销售方的销售价格低于其原账面价值，则做相反处理。

【例 3-39】 A 公司为 B 公司的母公司。20×2 年 1 月 5 日，A 公司向 B 公司转让其持有的无形资产一项。无形资产在 A 公司账面成本为 500 万元，转让价格为 600 万元。B 公司购入该无形资产后立即投入使用，预计使用年限为 5 年。要求编制 20×3 年企业集团的合并抵销分录。

【分析】

（1）抵销购买方无形资产原价中包含的未实现内部销售损益。

借：年初未分配利润                                                      1 000 000
　　贷：无形资产                                                        1 000 000

（2）抵销前期多计提的无形资产摊销金额。

借：累计摊销                                                            200 000
　　贷：年初未分配利润                                                  200 000

（3）抵销本期多计提的无形资产摊销金额。

借：累计摊销                                                            200 000
　　贷：管理费用                                                        200 000

## 三、内部交易无形资产摊销完毕期间的抵销处理

无形资产到期时，账面价值已经摊销为零，那么其包含的内部未实现损益也已经摊

销完毕,即其包含的内部未实现销售损益已经转化为已实现损益。但在摊销完毕当期,购买方期初个别报表中包含了内部交易的无形资产,期初未分配利润包含了该内部未实现损益,所以仍然需要对此进行抵销;同时,前期和本期的无形资产摊销金额中也仍然包含了内部未实现损益的摊销额,因此也需要对此进行抵销。其抵销处理类似于持有期间的抵销处理。

【例3-40】 A公司为B公司的母公司。20×2年1月5日,A公司向B公司转让其持有的无形资产一项。无形资产在A公司账面成本为500万元,转让价格为600万元。B公司购入该无形资产后立即投入使用,预计使用年限为5年。要求编制20×6年无形资产摊销完毕期间企业集团的合并抵销分录。

【分析】

(1)抵销购买方无形资产原价中包含的未实现内部销售损益。

借:年初未分配利润 1 000 000

    贷:无形资产 1 000 000

(2)抵销前期多计提的无形资产摊销金额。

借:累计摊销 800 000

    贷:年初未分配利润 800 000

(3)抵销本期多计提的无形资产摊销金额。

借:累计摊销 200 000

    贷:管理费用 200 000

# 第七节 所得税会计相关的合并处理

## 一、所得税会计问题的产生

编制合并财务报表时对内部交易进行抵销处理后,资产、负债的账面价值调整为集团整体角度应有的账面价值。所得税是以独立的法人实体为对象计征的,资产、负债的计税基础并没有因为合并抵销处理而发生变化,仍然是个别报表上的计税基础,导致账面价值与计税基础不一致。这种情况下应进行所得税会计核算,确认相应的递延所得税资产或负债。

## 二、内部存货交易所得税会计的合并处理

内部存货交易抵销处理后,购买方期末存货价值中包含的未实现内部销售损益被抵销,其在合并资产负债表上的金额以销售方的销售成本列示。购买方是独立的法人,其个别报表中存货的计税基础为其购买时的取得成本。由于合并抵销处理本身并非真正发生的交易,税法并不认可,因此存货的计税基础没有产生任何改变,个别报表中存货的计税基础即为合并财务报表中该存货的计税基础。存货账面价值与计税基础之间的差异(即为内部未实现销售损益的金额)为暂时性差异,应确认递延所得税资产或递延所得税负债。

【例3-41】 A公司为B公司的母公司。20×2年1月5日,A公司向B公司销售S产品,售价1 000万元,销售成本为800万元。B公司当年对外销售该批存货的40%,

售价为 500 万元，销售成本为 400 万元。在 B 公司个别报表中，有该批存货期末余额 600 万元。A、B 公司所得税税率均为 25%。要求编制企业集团的合并抵销分录。

**【分析】**

（1）抵销内部销售收入、销售成本和期末存货余额中包含的未实现内部销售损益。

期末存货余额中包含的未实现内部销售损益 = 600 × [（1 000 - 800）/1 000] = 120（万元）

| | |
|---|---|
| 借：营业收入 | 10 000 000 |
| 贷：营业成本 | 8 800 000 |
| 存货 | 1 200 000 |

（2）期末 B 公司个别报表结存存货账面价值为 600 万元，其计税基础也为 600 万元。抵销处理后，合并财务报表中该批存货的账面价值为 480（600 - 120）万元，而合并财务报表中该批存货的计税基础仍然为 600 万元，账面价值低于计税基础 120 万元，暂时性差异形成递延所得税资产 30（120 × 25%）万元。

| | |
|---|---|
| 借：递延所得税资产 | 300 000 |
| 贷：所得税费用 | 300 000 |

## 三、内部债权相关所得税会计的合并处理

债权人在期末应根据其预计的债权可收回金额判断资产是否发生减值，一旦发生减值应计提坏账准备。坏账准备的计提使得债权人个别报表中债权的账面价值下降，而税法认为该债权并没有发生事实损失，计税基础不需要调整，使得账面价值和计税基础两者存在差异，债权人个别报表中确认递延所得税资产。但从集团整体看，集团内部的债权和债务应相互抵销。抵销后债权和债务不存在，那么随债权而产生的坏账准备、递延所得税资产也应进行抵销。

**【例 3-42】** A 公司为 B 公司的母公司。20×2 年 1 月 5 日，A 公司向 B 公司赊销 S 产品，售价 1 000 万元，销售成本为 800 万元。截至 20×2 年年末，B 公司未偿还。A 公司为该笔债权计提坏账准备 100 万元，B 公司个别报表中有应付 A 公司账款 1 000 万元。A、B 公司所得税税率均为 25%。要求编制企业集团的合并抵销分录。

**【分析】**

（1）抵销内部债权和债务。

| | |
|---|---|
| 借：应付账款 | 10 000 000 |
| 贷：应收账款 | 10 000 000 |

（2）抵销内部债权计提的坏账准备。

| | |
|---|---|
| 借：应收账款——坏账准备 | 1 000 000 |
| 贷：信用减值损失 | 1 000 000 |

（3）抵销 A 公司对内部债权计提坏账准备时确认的递延所得税资产。

A 公司个别报表中该笔债权的账面价值 = 1 000 - 100 = 900（万元）

A 公司个别报表中该笔债权的计税基础 = 1 000（万元）

A 公司个别报表确认的递延所得税资产 = （1 000 - 900）× 25% = 25（万元）

A 公司个别报表的账务处理如下。

| | |
|---|---|
| 借：递延所得税资产 | 250 000 |

　　　贷：所得税费用　　　　　　　　　　　　　　　　　　　　　250 000

抵销处理如下。

　　借：所得税费用　　　　　　　　　　　　　　　　　　　　　250 000

　　　贷：递延所得税资产　　　　　　　　　　　　　　　　　　　250 000

### 四、内部固定资产交易所得税会计的合并处理

　　内部固定资产交易所得税会计的合并处理与内部存货交易所得税会计的合并处理的原理类似,在编制抵销分录后,合并资产负债表中内部交易资产价值中就不再包含未实现内部销售损益,但内部交易固定资产的计税基础中仍然包含该未实现内部销售损益,两者所形成的暂时性差异应确认递延所得税资产或负债。

　　【例 3-43】　A 公司为 B 公司的母公司。20×2 年 12 月 15 日,A 公司向 B 公司赊销 S 产品,售价 1 000 万元,销售成本为 800 万元。B 公司将购入的 S 产品作为销售部门的固定资产,该固定资产不需要安装,当月投入使用,预计可使用 4 年。B 公司该固定资产的折旧年限、预计净残值与税法规定一致。A、B 公司所得税税率均为 25%。要求编制企业集团 20×3 年的合并抵销分录。

　　【分析】

　　(1)抵销内部销售收入、销售成本及固定资产原价中包含的未实现内部销售损益。

　　借：营业收入　　　　　　　　　　　　　　　　　　　　　10 000 000

　　　贷：营业成本　　　　　　　　　　　　　　　　　　　　　8 000 000

　　　　　固定资产原价　　　　　　　　　　　　　　　　　　　2 000 000

　　(2)抵销本期多计提的折旧。

　　B 公司个别报表计提折旧为 250(1 000÷4)万元,企业集团整体角度计提折旧 200(800÷4)万元,多计提折旧 50 万元。

　　借：固定资产——累计折旧　　　　　　　　　　　　　　　　500 000

　　　贷：销售费用　　　　　　　　　　　　　　　　　　　　　500 000

　　(3)确认递延所得税资产。

　　B 公司个别报表中该固定资产的账面价值为 750(1 000-250)万元,其计税基础也为 750 万元,从个别报表角度并不会产生暂时性差异。但编制合并财务报表后,集团中该固定资产的账面价值为 600(800-200)万元,而合并财务报表中该固定资产的计税基础仍然为 750 万元,从而形成 150 万元的暂时性差异,应确认递延所得税资产 37.5 万元。

　　借：递延所得税资产　　　　　　　　　　　　　　　　　　　375 000

　　　贷：所得税费用　　　　　　　　　　　　　　　　　　　　375 000

## 第八节　合并现金流量表的编制

### 一、合并现金流量表的编制原理

　　现金流量表按照收付实现制,反映企业一定会计期间经济活动导致的现金流入和流

出，是企业第三张主要的报表。现金流量表的编制方法有直接法和间接法两种。直接法是指以营业收入为起点，调节与经营活动有关的项目增减变动，然后计算出经营活动产生的现金流量；间接法是指将按照权责发生制原则确定的净利润调整为收付实现制下的现金净流入，同时剔除投资活动、筹资活动对现金流量的影响。

合并现金流量表是综合反映企业集团整体一定会计期间现金流入、流出及其增减变动情况的财务报表。它是在企业集团个别现金流量表的基础上，抵销集团内部交易对现金流量表的影响。其编制程序与一般合并财务报表的编制程序相同。

## 二、合并现金流量表编制的特点

（1）借贷方项目均为现金流量表项目，不涉及其他财务报表项目，因此合并现金流量表的工作底稿可以与合并资产负债表等工作底稿相互分开，独立开设。

（2）借方抵销付现项目，贷方抵销收现项目。合并现金流量表需要将内部现金收和付相互抵销，因此借方项目为付现项目，贷方项目为收现项目。

## 三、合并现金流量表需要抵销的项目

合并现金流量表需要抵销的项目主要有以下六类。

### 1. 集团成员企业之间现金投资或收购股权相关现金流量的抵销

现金投资或收购股权相关现金流量的抵销主要包括以下两类。

（1）母公司增加对子公司的投资。母公司个别现金流量表中增加"投资活动产生的现金流量——投资支付的现金"，而接受投资的子公司则增加"筹资活动产生的现金流量——吸收投资收到的现金"，应编制抵销分录如下。

借：投资活动产生的现金流量——投资支付的现金
　　贷：筹资活动产生的现金流量——吸收投资收到的现金

（2）母公司从子公司购买其持有的其他企业的股权。母公司个别现金流量表中增加"投资活动产生的现金流量——投资支付的现金"，而出售股权的子公司则增加"投资活动产生的现金流量——收回投资收到的现金"，应编制抵销分录如下。

借：投资活动产生的现金流量——投资支付的现金
　　贷：投资活动产生的现金流量——收回投资收到的现金

### 2. 集团成员企业之间取得的投资收益现金与支付股利、利息的抵销

支付股利、利息的企业在其个别现金流量表中增加"筹资活动产生的现金流量——分配股利、利润或偿付利息支付的现金"，而收到现金投资收益的企业则在其个别现金流量表中增加"投资活动产生的现金流量——取得投资收益收到的现金"，应编制抵销分录如下。

借：筹资活动产生的现金流量——分配股利、利润或偿付利息支付的现金
　　贷：投资活动产生的现金流量——取得投资收益收到的现金

### 3. 集团成员企业之间债权债务现金流量的抵销

企业集团内部债权债务现金结算，对于债权人来说会产生现金的流入，而对于债务

人来说会产生现金的流出。债权债务的形成包括两种情形：一是集团内部销售商品、提供劳务；二是集团内部资金往来，如借款、发行债券等。

1）集团内部销售商品、提供劳务

偿还债务时，债务人在其个别现金流量表中增加"经营活动产生的现金流量——购买商品、接受劳务支付的现金"，债权人在其个别现金流量表中增加"经营活动产生的现金流量——销售商品、提供劳务收到的现金"，应编制抵销分录如下。

借：经营活动产生的现金流量——购买商品、接受劳务支付的现金

　　贷：经营活动产生的现金流量——销售商品、提供劳务收到的现金

2）集团内部资金往来

偿还债务时，债务人在其个别现金流量表中增加"经营活动产生的现金流量——支付的其他与经营活动有关的现金"，债权人在其个别现金流量表中增加"经营活动产生的现金流量——收到的其他与经营活动有关的现金"，应编制抵销分录如下。

借：经营活动产生的现金流量——支付的其他与经营活动有关的现金

　　贷：经营活动产生的现金流量——收到的其他与经营活动有关的现金

**4. 集团成员企业之间当期销售商品现金流量的抵销**

集团内部商品销售，购买方可能将购买的商品作为存货，也可能将购买的商品作为固定资产、在建工程、无形资产等。[①]

1）购买方将购买的商品作为存货

现金结算时，销售方在其个别现金流量表中增加"经营活动产生的现金流量——销售商品、提供劳务收到的现金"，购买方在其个别现金流量表中增加"经营活动产生的现金流量——购买商品、接受劳务支付的现金"，应编制抵销分录如下。

借：经营活动产生的现金流量——购买商品、接受劳务支付的现金

　　贷：经营活动产生的现金流量——销售商品、提供劳务收到的现金

2）购买方将购买的商品作为固定资产、在建工程、无形资产等

现金结算时，销售方在其个别现金流量表中增加"经营活动产生的现金流量——销售商品、提供劳务收到的现金"，购买方在其个别现金流量表中增加"投资活动产生的现金流量——购建固定资产、无形资产和其他长期资产所支付的现金"，应编制抵销分录如下。

借：投资活动产生的现金流量——购建固定资产、无形资产和其他长期资产所支付的现金

　　贷：经营活动产生的现金流量——销售商品、提供劳务收到的现金

**5. 集团成员企业之间固定资产、无形资产和其他长期资产处置与购建现金流量的抵销**

购买方购买其他成员企业处置的固定资产、无形资产和其他长期资产时，在其个别现金流量表中增加"投资活动产生的现金流量——购建固定资产、无形资产和其他长期资产所支付的现金"，销售方处置固定资产、无形资产和其他长期资产收到现金时，在其个别现金流量表中增加"投资活动产生的现金流量——处置固定资产、无形资产和其

---

① 内部商品销售所涉及的增值税等税费不需要抵销。

他长期资产收回的现金"，应编制抵销分录如下。

借：投资活动产生的现金流量——购建固定资产、无形资产和其他长期资产所支付的现金

贷：投资活动产生的现金流量——处置固定资产、无形资产和其他长期资产收回的现金

#### 6. 集团成员企业之间其他内部交易现金流量的抵销

应根据集团成员企业之间内部交易的情况，按照借方抵销付现项目、贷方抵销收现项目的原则进行抵销。

**【例 3-44】** A 公司为 B 公司的母公司。20×2 年 12 月，A 公司向 B 公司现销 S 产品，售价 1 000 万元，销售成本为 800 万元。B 公司将购入的 S 产品作为销售部门的固定资产，该固定资产不需要安装，当月投入使用，预计可使用 4 年。20×2 年度，B 公司向 A 公司分配现金股利 200 万元，其他资料略。要求编制企业集团合并现金流量表的抵销分录。

**【分析】**

（1）集团成员企业之间当期销售商品现金流量的抵销。

借：投资活动产生的现金流量——购建固定资产、无形资产和其他长期资产所支付的现金　　　　　　　　　　　　10 000 000

　　贷：经营活动产生的现金流量——销售商品、提供劳务收到的现金 10 000 000

（2）集团成员企业之间取得的投资收益现金与支付股利的抵销。

借：筹资活动产生的现金流量——分配股利、利润或偿付利息支付的现金　　　　　　　　　　　　　　　　　　　　2 000 000

　　贷：投资活动产生的现金流量——取得投资收益收到的现金　　2 000 000

### 新城控股 22 家控股子公司亏损未并表

2019 年 4 月 2 日晚，新城控股收到上海证券交易所《关于对新城控股集团股份有限公司 2018 年年度报告的事后审核问询函》，对其发布的 2018 年年报进行问询。

新城控股 2018 年年报显示，公司将持股 49.51% 的青岛卓越新城置业有限公司、持股 50.50% 的义乌吾悦房地产发展有限公司、持股 32.38% 的许昌昱恒纳入合并财务报表范围。与此同时，公司却未将 22 家持股比例超过 50% 的亏损子公司纳入合并财务报表范围。面对上海证券交易所的质疑，公司答复"据公司章程约定，权力机构股东会作出所有决议需经全体股东一致通过，未纳入合并范围"。

事实上，新城控股有 43 家子公司的持股比例在 40%~60%，对这些子公司增加一点股份或者减少一点股份，即可在并表和不并表之间转换。新城控股通过收购许昌昱恒 1% 股权和进行协议约定的方式，将其纳入合并报表范围，合营企业转子公司为新城控股带来了 6.77 亿元的投资收益，占公司 2018 年归母净利润的 6.45%。未并表的持股超过 50% 的合营企业共 24 家，这 24 家公司总资产负债率达 88.26%，净利润 –8 255 万元，其中净利润为负的公司有 22 家，资产负债率超过 80% 的公司有 18 家。

　　营收规模和净利润是很重要的公司经营质量指标，"聪明"的公司就通过调节并表范围来控制营收和利润。这种操控不是房地产公司的专利，其他上市公司也存在这种情况，如爱尔眼科。爱尔眼科的高增长和扩张主要依赖收购，其成立了多个收购基金，在全国范围内广撒网收购眼科医院。公司对收购基金参股仅有5%~10%，如果收购的眼科医院效益不错，则增加持股比例纳入上市公司进行并表；但如果效益不佳，因为持股比例不高，就放任自流。这样做的好处是公司每并表一家眼科医院，都有不错的营收和净利润补充进来；但缺点也显而易见，非上市体系的运作成了一个资金黑洞。

　　资料来源：新城控股. 关于收到上海证券交易所对公司 2018 年年度报告的事后审核问询函的公告[EB/OL]. https://q.stock.sohu.com/cn,gg,601155,3653757544.shtml.

　　**思考**：新城控股对合并财务报表范围的选择是否符合会计准则的要求？合并范围舞弊可能导致什么后果？

答案提示　扫描此码

# 本章知识点小结

1. 合并日合并财务报表的编制。

| 原理 | 同一控制下的企业合并 | 非同一控制下的企业合并 |
| --- | --- | --- |
| | 按账面价值 | 按公允价值 |
| 按购买日子公司资产、负债的公允价值进行调整 | 不需要调整 | 借：某资产<br>　贷：资本公积等 |
| 长期股权投资由成本法调整为权益法 | 一般不涉及 | 一般不涉及 |
| 长期股权投资与子公司所有者权益的抵销 | 借：股本<br>　　资本公积<br>　　其他综合收益<br>　　盈余公积<br>　　未分配利润<br>　贷：长期股权投资<br>　　　少数股东权益 | 借：股本<br>　　资本公积<br>　　其他综合收益<br>　　盈余公积<br>　　未分配利润<br>　　商誉<br>　贷：长期股权投资<br>　　　少数股东权益<br>　　　未分配利润 |

2. 合并日后合并财务报表的编制。

| 原理 | 同一控制下的企业合并 | 非同一控制下的企业合并 |
| --- | --- | --- |
| | 按账面价值 | 按公允价值 |
| 按购买日子公司资产、负债的公允价值进行调整 | 不需要调整 | 借：某资产<br>　贷：资本公积等 |
| 长期股权投资由成本法调整为权益法 | 借：长期股权投资<br>　贷：投资收益等 | 借：长期股权投资<br>　贷：投资收益等 |
| 长期股权投资与子公司所有者权益的抵销 | 借：股本<br>　　资本公积<br>　　其他综合收益<br>　　盈余公积<br>　　未分配利润<br>　贷：长期股权投资<br>　　　少数股东权益 | 借：股本<br>　　资本公积<br>　　其他综合收益<br>　　盈余公积<br>　　未分配利润<br>　　商誉<br>　贷：长期股权投资<br>　　　少数股东权益<br>　　　年初未分配利润 |

续表

| 原理 | 同一控制下的企业合并 | 非同一控制下的企业合并 |
| --- | --- | --- |
| | 按账面价值 | 按公允价值 |
| 长期股权投资与子公司所有者权益的抵销 | 子公司所有者权益为其账面价值，长期股权投资为按权益法调整后的价值 | 子公司所有者权益为按公允价值调整后的所有者权益，长期股权投资为按权益法调整后的价值 |
| 母公司投资收益与子公司利润分配的抵销 | 借：投资收益<br>　　少数股东损益<br>　　年初未分配利润<br>　　贷：提取盈余公积<br>　　　　向股东分配利润<br>　　　　年末未分配利润<br>子公司净利润为其个别报表上的净利润，不用调整 | 借：投资收益<br>　　少数股东损益<br>　　年初未分配利润<br>　　贷：提取盈余公积<br>　　　　向股东分配利润<br>　　　　年末未分配利润<br>子公司净利润为按公允价值调整后的净利润 |

3. 未实现内部销售损益及存货跌价准备的抵销。

（1）交易当期内部商品购销的抵销处理。

① 假定内部销售全部实现，按照内部销售收入的数额。

借：营业收入

　　贷：营业成本

② 按照期末存货价值中包含的未实现内部销售损益。

借：营业成本

　　贷：存货

（2）连续编制合并财务报表时内部商品交易的抵销。

① 抵销前期交易形成存货所包含的未实现内部销售损益对本期期初未分配利润的影响。

借：期初未分配利润

　　贷：营业成本

② 抵销本期内部商品交易。

借：营业收入

　　贷：营业成本

③ 将期末存货价值中所含的未实现内部销售损益抵销。

借：营业成本

　　贷：存货

（3）初次编制合并财务报表时存货跌价准备的抵销。

| 情形 | 购买方个别报表 | 集团整体 |
| --- | --- | --- |
| 情形一 | 可变现净值>个别报表存货成本 | 可变现净值>集团整体存货成本 |
| 情形二 | 可变现净值>个别报表存货成本 | 可变现净值<集团整体存货成本 |
| 情形三 | 可变现净值<个别报表存货成本 | 可变现净值>集团整体存货成本 |
| 情形四 | 可变现净值<个别报表存货成本 | 可变现净值<集团整体存货成本 |

① 第三种情形时。

借：存货　　　　　　　　　　[购买方个别财务报表列示的资产减值损失]

　　贷：资产减值损失　　　　　[购买方个别财务报表列示的资产减值损失]

② 第四种情形时。

借：存货　　　　　　　　　　[购买方计提的跌价准备超出集团整体存货
　　　　　　　　　　　　　　　跌价准备的差额]

　　贷：资产减值损失　　　　　[购买方计提的跌价准备超出集团整体存货
　　　　　　　　　　　　　　　跌价准备的差额]

（4）连续编制合并财务报表时存货跌价准备的抵销。

① 抵销前期存货跌价对本期期初未分配利润的影响。

借：存货——存货跌价准备　　[前期存货跌价准备对本期期初未分配利润的影响]

　　贷：年初未分配利润　　　　[前期存货跌价准备对本期期初未分配利润的影响]

② 如果本期将前期计提跌价准备的存货销售出去，应将所售存货结转的存货跌价准备予以抵销。

借：营业成本　　　　　　　　[所售存货计提的存货跌价准备]

　　贷：存货——存货跌价准备　[所售存货计提的存货跌价准备]

③ 抵销购买方个别报表存货跌价准备期末数与上述余额的差额。

借：存货——存货跌价准备

　　贷：资产减值损失

4. 内部债权债务的抵销。

（1）内部债权债务、利息收益和利息费用的抵销。

① 当期内部债权债务、利息收益和利息费用的抵销。

借：债务类项目

　　贷：债权类项目

借：投资收益

　　贷：财务费用（在建工程）等

② 连续编制合并财务报表时内部债权债务的抵销。

借：债务类项目

　　贷：债权类项目

（2）内部债权计提坏账准备的抵销。

① 当期内部债权计提坏账准备的抵销。

借：应收账款——坏账准备

　　应收票据——坏账准备等

　　贷：资产减值损失

② 连续编制合并财务报表时计提坏账准备的抵销。

a. 将前期资产减值损失对本期期初未分配利润的影响抵销。

借：应收账款——坏账准备

　　应收票据——坏账准备等

　　贷：年初未分配利润

b. 将本期在个别报表中补提或冲销的坏账准备数额抵销。

补提的抵销分录如下。

借：应收账款——坏账准备　　　　[应收账款坏账准备的期末数减去期初数]

　　应收票据——坏账准备等　　　[应收票据等坏账准备的期末数减去期初数]

　　　贷：资产减值损失　　　　　　[坏账准备的期末数减去期初数]

冲销坏账准备的会计分录则相反。

5. 内部固定资产交易的合并处理。

（1）内部固定资产交易当期的抵销处理。

① 销售方销售固定资产，购买方作为固定资产入账。

a. 内部交易差额抵销固定资产原价。

借：资产处置收益

　　　贷：固定资产原价

b. 抵销内部交易差额折旧的计提。

借：固定资产——累计折旧

　　　贷：管理费用等

② 销售方销售存货，购买方作为固定资产入账。

a. 内部交易差额抵销固定资产原价。

借：营业收入

　　　贷：营业成本

　　　　　固定资产原价

b. 抵销内部交易差额折旧的计提。

借：固定资产——累计折旧

　　　贷：管理费用等

（2）内部交易固定资产取得后至处置前的抵销处理。

① 抵销固定资产原价中包含的未实现内部销售损益。

借：年初未分配利润

　　　贷：固定资产原价

② 抵销前期固定资产多计提（或少计提）的折旧。

借：固定资产——累计折旧

　　　贷：年初未分配利润

③ 抵销本期固定资产多计提（或少计提）的折旧。

借：固定资产——累计折旧

　　　贷：管理费用等

（3）内部交易固定资产清理期间的抵销处理。

① 抵销固定资产原价中包含的未实现内部销售损益。

借：年初未分配利润

　　　贷：资产处置收益

② 抵销前期固定资产多计提（或少计提）的折旧。

借：资产处置收益

       贷：年初未分配利润

③ 抵销本期固定资产多计提（或少计提）的折旧。

借：资产处置收益

       贷：管理费用等

6. 所得税会计相关的合并处理。

| 情形 | 内部存货交易所得税会计的合并处理 | 内部债权债务所得税会计的合并处理 | 内部固定资产交易所得税会计的合并处理 |
|---|---|---|---|
| 合并财务报表的账面价值 | 销售方存货成本与可变现净值孰低的金额 | 债权债务已经相互抵销 | 销售方期末固定资产账面价值 |
| 合并财务报表的计税基础 | 购买方期末结存存货的成本 | 债权债务已经相互抵销 | 购买方期末按税法规定确定的账面价值 |
| 合并处理原理 | 账面价值为合并后的集团整体的账面价值，而计税基础则为个别报表上的计税基础 | 合并后债权债务相互抵销，则原个别报表中计提的坏账准备、确认的递延所得税也应抵销 | 账面价值为合并后的集团整体的账面价值，而计税基础则为个别报表上的计税基础 |
| 合并处理分录 | 借：递延所得税资产<br>　　贷：所得税费用 | 借：所得税费用<br>　　贷：递延所得税资产 | 借：递延所得税资产<br>　　贷：所得税费用 |

7. 合并现金流量表的编制。

（1）合并现金流量表的编制特点。合并现金流量表的借贷方项目均为现金流量表项目，不涉及其他财务报表项目。抵销分录的借方抵销付现项目，贷方抵销收现项目。

（2）合并现金流量表需要抵销的项目有以下六类。

① 现金投资或收购股权相关现金流量的抵销。

② 取得的投资收益现金与支付股利、利息的抵销。

③ 债权债务现金流量的抵销。

④ 当期销售商品现金流量的抵销。

⑤ 固定资产、无形资产和其他长期资产处置与购建现金流量的抵销。

⑥ 其他内部交易现金流量的抵销。

# 思 考 题

1. 什么是合并财务报表？为什么要编制合并财务报表？

2. 合并财务报表编制时应遵循什么原则？为什么？

3. 同一控制下的企业合并中，合并日的合并财务报表有哪些？

4. 非同一控制下的企业合并中，合并日的合并财务报表有哪些？

5. 与长期股权投资和所有者权益抵销相关的分录有哪些？

6. 如何进行内部商品交易的抵销处理？

7. 如何进行内部债权债务的抵销处理？

8. 如何进行内部固定资产交易的抵销处理？

9. 如何进行内部无形资产交易的抵销处理？

10. 合并财务报表中，与所得税会计相关的合并处理主要有哪些？

# 练 习 题

1. A 公司与 B 公司为非同一控制下的两家公司。20×2 年 7 月 1 日，A 公司通过向 B 公司股东定向增发 1 亿股本公司普通股的方式对 B 公司进行合并，取得 B 公司 80% 的股权并实施控制。购买日 A 公司普通股的面值为 1 元/股，市价为 3 元/股。购买日 B 公司所有者权益账面价值为 25 000 万元，其中股本 12 000 万元、资本公积 4 000 万元、其他综合收益 1 000 万元、盈余公积 3 000 万元、未分配利润 5 000 万元。购买日，除存货、长期股权投资、固定资产和无形资产外，其他资产的账面价值与公允价值相同。购买日存货的账面价值 1 000 万元，公允价值 1 400 万元；长期股权投资账面价值 9 000 万元，公允价值 14 000 万元（满足递延所得税确认条件）；固定资产账面价值 15 000 万元，公允价值 18 000 万元；无形资产账面价值 3 000 万元，公允价值 5 000 万元。A 公司和 B 公司适用的所得税税率均为 25%。

要求：

（1）编制 A 公司取得 B 公司股权的会计分录。

（2）计算 A 公司购买日的商誉。

（3）编制 A 公司购买日合并财务报表的相关分录。

2. 20×2 年 1 月 1 日，A 公司以 1 000 万元购买了 B 公司 10%的股权，作为以公允价值计量且其变动计入当期损益的金融资产核算。20×2 年 B 公司取得净利润 800 万元，分派现金股利 200 万元。20×2 年 12 月 31 日，A 公司取得股权的公允价值为 1 100 万元。

20×3 年 1 月 1 日，A 公司进一步以 6 000 万元的价格购买了 B 公司 50%的股权，从而可以控制 B 公司。购买日 B 公司所有者权益账面价值总额 10 000 万元，其中股本 5 000 万元、资本公积 2 000 万元、其他综合收益 1 000 万元、盈余公积 500 万元、未分配利润 1 500 万元。除一项管理用固定资产外，B 公司其他可辨认资产、负债的账面价值与公允价值相同。该管理用固定资产的账面价值为 1 000 万元，公允价值 1 200 万元，预计可使用 10 年，采用年限平均法计提折旧，净残值为 0。A 公司取得 B 公司 10%的股权在 20×3 年 1 月 1 日的公允价值为 1 140 万元。A 公司和 B 公司适用的所得税税率均为 25%，合并前不存在关联方关系。

要求：

（1）编制 20×2 年 A 公司对 B 公司 10%股权投资相关的会计分录。

（2）编制 A 公司取得 B 公司控制权相关的会计分录。

（3）计算 A 公司投资形成的商誉。

（4）编制 A 公司编制合并财务报表时应编制的调整分录和抵销分录。

3. A 公司为 B 公司的母公司，两者适用的增值税税率为 16%，所得税税率为 25%。20×2 年 7 月 1 日，A 公司将 150 件甲产品销售给 B 公司，每件售价 2 万元，货款已经收到。A 公司每件甲产品的成本为 1.6 万元。B 公司 20×3 年外销 100 件甲产品，每件售价 2.3 万元。20×2 年年末，库存甲产品的可变现净值为 70 万元。

要求：编制上述业务的合并抵销分录，计算甲产品和递延所得税在合并财务报表中应列示的金额，并填列下表（单位：万元）。

| 项目 | 填列金额 | 在个别报表基础上的调整金额 |
|---|---|---|
| 存货 | | |
| 递延所得税 | | |

4. A 公司为 B 公司的母公司，两者适用的所得税税率为 25%。20×2 年 7 月 1 日，A 公司将自用的无形资产销售给 B 公司，售价 400 万元，货款尚未收到。A 公司个别报表中该无形资产的账面价值为 300 万元。无形资产预计可以使用 10 年，按照直线法摊销，没有残值。会计与税法在无形资产摊销的规定相同。A 公司计提了 50 万元的坏账准备。

要求：编制上述业务的合并抵销分录，计算无形资产和递延所得税在合并财务报表中应列示的金额，并填列下表（单位：万元）。

| 项目 | 填列金额 | 在个别报表基础上的调整金额 |
|---|---|---|
| 无形资产 | | |
| 递延所得税 | | |

5. A 公司和 B 公司为甲公司的两家子公司。20×2 年 6 月 10 日，A 公司将其生产的 S 产品销售给 B 公司。A 公司销售价格为 120 万元，销售成本为 80 万元。B 公司将购入的 S 产品作为管理用固定资产当月投入使用，预计剩余使用年限为 4 年，采用年限平均法计提折旧，预计净残值为 0。假设不考虑相关税费，在编制 20×3 年合并财务报表时，计算 B 公司个别报表、合并财务报表中"固定资产"项目的金额及合并财务报表应在个别报表基础上调减"固定资产"项目的金额。

6. A 公司和 B 公司为甲公司的两家子公司。20×2 年 6 月 10 日，A 公司将其生产的 M 设备销售给 B 公司。A 公司销售价格为 1 000 万元，销售成本为 900 万元。B 公司将购入的 M 设备作为管理用固定资产当月投入使用，预计使用年限为 10 年，采用年限平均法计提折旧，预计净残值为 0。A、B、甲公司适用的所得税税率为 25%。要求计算 20×2 年因设备销售未实现内部销售利润抵销对合并净利润的影响金额。

7. A 公司为 B 公司的母公司。20×2 年 8 月，A 公司将其生产的 K 产品销售给 B 公司，销售价格 800 万元，销售成本 600 万元，未计提存货跌价准备。B 公司 20×2 年对外销售其中的 60%，剩余 40% 的存货可变现净值为 250 万元。要求计算 20×2 年合并财务报表中应列示的存货项目金额。

答案解析　扫描此码

即测即练题

自学自测 扫描此码

# 第四章

# 外币业务会计

**【学习要点】**

- 记账本位币的确定
- 外币交易初始确认和期末调整或结算的会计处理
- 我国会计准则采用的外币财务报表折算方法

**【学习目标】**

通过本章的学习，理解记账本位币的概念及其确定时应考虑的因素；掌握外币交易的会计处理方法，包括外币交易的初始确认、外币交易期末调整或结算的处理；掌握我国会计准则采用的外币财务报表折算方法。

## 第一节　外币业务概述

### 一、记账本位币

#### （一）记账本位币的确定

记账本位币是企业经营所处的主要经济环境中的货币。在生产经营过程中，企业可能会使用多种货币进行交易，但为统一计量口径，同时也为了真实反映企业经营成果，企业应选定某种主要货币作为其记账本位币。如果企业在其产生和支出现金的环境中主要使用该货币，则使用该货币最能真实地反映企业主要交易的经济结果。如某企业大部分的交易都在国内，这时采用人民币作为记账本位币最能反映该企业交易的经济结果，应选择人民币作为记账本位币。

《企业会计准则第 19 号——外币折算》规定，企业通常应选择人民币作为记账本位币。业务收支以人民币以外的货币为主的企业，可以选择其中一种货币作为记账本位币。但是，在编制财务报表时，需将其折算为人民币。上述规定表明，财务报表列报只能是人民币，而记账本位币则可以根据实际情况进行选择，可以是人民币，也可以是美元、欧元等其他货币，但只能为其中一种货币。

企业在选择记账本位币时，应考虑以下因素。

（1）该货币主要影响商品和劳务的销售价格，通常以该货币进行商品和劳务的计价与结算。如国内 A 外贸公司 80%以上的销售收入以美元计价和结算，则美元是主要影响 A 外贸公司商品销售价格的货币。

（2）该货币主要影响商品和劳务所需人工、材料和其他费用，通常以该货币进行上述费用的计价和结算。如国内 B 公司 90%以上产品所需的设备、材料、人员均从国内以人民币采购或招聘，则人民币是主要影响 B 公司商品和劳务所需人工、材料和其他费用的货币。

上述两个因素分别为销售和采购，但销售和采购是企业的两个方面，不能人为分割，因此记账本位币判定时应综合起来考虑，而不能仅考虑其中某一因素。

（3）融资活动获得的货币以及保存从经营活动中收取款项所使用的货币。有时企业通过经营活动无法准确确定记账本位币，这时可借助融资活动或保存经营活动款项所使用的货币进行判断。

【例 4-1】 A 公司有进出口经营权，其所生产产品销售收入的 70%来自美国、欧洲和部分亚洲国家，并以美元计价和结算。A 公司生产产品所需的设备、材料的采购，人员的招聘等均来自中国，并以人民币计价和结算。受外汇管制影响，A 公司不能持有外汇，其出口产品所收到的美元需直接换成人民币。

A 公司产品销售价格主要以美元计价和结算，从这个标准判断 A 公司应采用美元作为记账本位币；A 公司生产产品所需人工、材料和其他费用均以人民币计价和结算，从这个标准判断 A 公司应采用人民币作为记账本位币。在上述两个标准存在冲突，无法准确确定记账本位币时，应考虑第三个标准。由于 A 公司出口所收到的美元应直接转换成人民币保存，综合考虑，A 公司应将人民币作为记账本位币。

## （二）记账本位币的变更

记账本位币一经确定，不得随意变更。但如果企业经营所处的主要经济环境发生了重大变化，仍然采用原来的记账本位币进行记账将导致账簿记录信息失真，这时应变更记账本位币。如 A 公司原来的产品主要出口美国，并以美元进行计价和结算。后来由于中美之间发生了贸易摩擦，美国大幅提高进口关税，迫使 A 公司转而寻求其他市场。之后，A 公司产品主要出口欧洲并以欧元进行结算。这时仍然采用美元作为记账本位币将使 A 公司的账簿信息失真。

企业确实需要变更记账本位币时，应当采用变更当日的即期汇率将所有项目折算为变更后的记账本位币。由于是将所有项目统一采用变更当日的即期汇率进行折算，所以不会出现汇兑差额问题。需要注意的是，企业采用了新的记账本位币进行反映，但其比较财务报表却应仍然采用原来的记账本位币，因此其比较财务报表也应当以可比当日的即期汇率折算所有报表项目。

## 二、外币业务及其种类

外币是记账本位币以外的货币。外币业务包括外币交易和外币财务报表折算。外币交易是以外币计价或结算的交易；外币财务报表折算则是为满足特定目的，将以某种货币表述的财务报表折算为以另外一种货币表述的财务报表。两者的本质差别在于，前者是一种交易，它最终会发生货币的等值交换；而后者则仅仅是表述形式发生变化，采用其他货币单位进行表述，实质上并没有发生任何交易。

### 1. 外币交易

企业需将发生的外币交易折算为记账本位币，外币交易包括以下几类。

（1）买入或卖出以外币计价的商品或劳务。如以人民币为记账本位币的 A 公司购买在香港上市的公司发行的 H 股股票、用美元从美国采购某设备、向美国出口其生产的产品等。

（2）借入或借出外币资金。如以人民币为记账本位币的 B 公司向中国建设银行借入欧元、购买国外公司发行的美元债券等。

（3）其他以外币计价或结算的交易。如中国 C 公司对"一带一路"沿线某国家进行的外币捐赠、接受外币投资等。

### 2. 外币财务报表折算业务

企业存在以下几种情况时，需要进行外币财务报表折算。

（1）企业有境外经营的子公司。在境内母公司编制合并财务报表前，需将境外子公司以外币表示的财务报表折算为以境内母公司记账本位币表示的财务报表。

（2）企业在境外发行股票或债券。为向境外股东或其他利益相关者提供财务报表，需将其财报报表折算为以境外利益相关者所在国货币表示的财务报表。

（3）申请境外发行股票或债券。为满足境外国家发行股票或债券的监管要求，需要将其以本国货币表示的财务报表折算为以境外国家货币表示的财务报表，如青岛海尔2018 年在中欧国际交易所 D 股市场首次公开发行股票并上市。

## 三、汇兑损益

### （一）汇率的标价

汇率是两种货币兑换的比例，即一种货币单位用另一种货币单位所表示的价格。汇率的标价方法包括直接标价法和间接标价法两种。

### 1. 直接标价法

直接标价法是指将一定单位的外币折算为一定数额的本国货币，其特点主要是外币数额固定不变，本国货币随着汇率的变化而变化，汇率越高，意味着本国货币的币值越低，如 1 美元 = 6.2 元人民币。目前，大多数国家均采用直接标价法，我国也采用此标价法。

### 2. 间接标价法

间接标价法是指将一定单位的本国货币折算为一定数额的外国货币。其特点主要是本国货币数额固定不变，外国货币随着汇率的变化而变化，汇率越高意味着本国货币的币值越高，如 1 元人民币 = 0.161 3 美元，间接标价法主要为美国、英国等较少国家所采用。

### （二）汇率的种类

常见的汇率有三种表示方法，分别为买入价、卖出价和中间价。上述三种方法均以银行视角命名，买入价是银行买入外币的价格，卖出价是银行卖出外币的价格，而中间价则是银行买入和卖出外币的平均值。银行的买入价低于卖出价，从而获取中间的差价。

### 1. 即期汇率

即期汇率是某货币在现货市场进行交易的结算价格，该称谓是相对于远期汇率而言的。只要是立即交付的结算价格，不管是买入价，还是卖出价，都是即期汇率。但为了核算方便，企业会计准则的应用指南规定，即期汇率通常指中国人民银行公布的当日人民币外汇牌价的中间价，因此企业记账通常所采用的汇率为中间价。同时，需要注意的是，企业发生的外币兑换业务或涉及外币兑换的交易或事项，应按照企业实际交易汇率（买入价或卖出价）进行核算，不采用中间价。

### 2. 即期汇率的近似汇率

即期汇率的近似汇率是指按照系统合理的方法确定的、与交易发生日即期汇率近似的汇率，通常指当期平均汇率或加权平均汇率。

企业在发生外币交易或外币财务报表折算时，应采用即期汇率进行折算。如果汇率变动不大，为简化核算工作，也可采用即期汇率的近似汇率进行折算。

## （三）汇兑损益的种类

汇兑损益是指企业在外币折算时，由于汇率变化导致折算成记账本位币的金额发生变化，或者不同货币兑换时，由于汇率不同而带来的折算差额。按不同的分类标准可以将汇总损益划分为不同种类。

### 1. 按照业务划分

（1）交易损益是收回（或偿付）外币债权（或债务）过程中产生的汇兑损益。如某企业因出口产品获得 10 000 美元债权，交易发生日的汇率为\$1 = ￥6.2，结算日的汇率为\$1 = ￥6.25，汇率变动导致企业获得了 500 元人民币的汇兑收益。

（2）兑换损益是企业在货币兑换时产生的汇兑损益，包括记账本位币与外币兑换的损益，也包括外币与另一种外币兑换的损益。如某企业因业务需要将 10 000 美元兑换成人民币，企业账面汇率为\$1 = ￥6.2，银行买入汇率为\$1 = ￥6.1，此项货币兑换使得企业产生了 1 000 元人民币的汇兑损失。

（3）调整损益是企业在期末将外币资产、负债按规定的汇率进行调整，由于外币账面汇率与期末调整汇率不同所产生的汇兑损益。如某企业账面有 10 000 美元的银行存款，账面汇率为\$1 = ￥6.2，期末汇率调整为\$1 = ￥6.15，该资产的汇率变动给企业带来了 500 元人民币的汇兑损失。调整损益并没有发生真正的交易，该企业的银行存款仍然是 10 000 美元，但其价值发生了变化。

（4）折算损益是将外币计量的金额折算为其他货币计量的金额而产生的汇兑损益。在折算过程中，因各报表项目没有完全采用统一的折算汇率，从而产生了折算差额形成汇兑损益。

### 2. 按本期是否实现划分

（1）已经实现的汇兑损益。已经实现的汇兑损益是交易结算完成所产生的汇兑损益，交易已经完成，因此该汇兑损益已经实现，不会再产生变化。如外币债权实际收回、外币债务实际偿还、不同外币相互兑换等。通常情况下，交易损益和兑换损益属于已经实现的汇兑损益。

（2）未实现的汇兑损益。未实现的汇兑损益是外币业务尚未完成，暂时形成的汇兑损益，该汇兑损益未来还可能产生变化。如应收的外币债权尚未收回、应付的外币债务尚未偿还等。通常情况下，调整损益和折算损益属于未实现的汇兑损益。

上述两种分类之间的关系如图 4-1 所示。

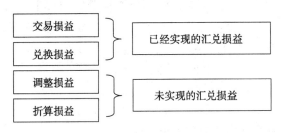

图 4-1　汇兑损益的种类及之间的关系

# 第二节　外币交易的会计处理

## 一、外币交易会计处理的两种观点

外币交易业务由销售（购买）和收款（付款）结算两部分组成。当交易和结算采用记账本位币以外的货币且不在同一日期时，受汇率波动影响，两者所采用的折算汇率可能不同，因此相同金额的外币折算为记账本位币的金额可能会出现差异。对于这种差异目前有两种处理观点：第一种观点是一项交易观，第二种观点是两项交易观。

### （一）一项交易观

一项交易观认为，销售（购买）和收款（付款）结算是同一项交易的两个不同阶段，应将交易发生至收款结算期间汇率变动的影响作为对原已入账的销售收入和购货成本的调整。根据这一观点，企业在销售交易日不能确定销售收入和购货成本的金额，而必须等到收款结算时才能确定。这一观点违背了销售收入条件满足时应立即确认收入的原则，造成会计信息不能及时、全面反映企业的经济业务，也导致会计信息不能反映外币风险的程度。

一项交易观的会计处理要点主要有：①在交易发生日，按照当日汇率折算为记账本位币入账；②在资产负债表日，如果交易尚未结算，则按规定的汇率对之前交易的收入、成本、资产、负债进行调整；③在交易结算日，按结算日的汇率对之前调整后的收入、成本、资产、负债进行再调整。

### （二）两项交易观

两项交易观认为，销售（购买）和收款（付款）结算是两项不同的交易，它们存在关联但相互独立。销售收入或购货成本应当根据交易日的汇率确定，销售交易至收款结算期间的汇率波动影响则由随交易而产生的应收款或应付款承担。销售交易至收款结算期间的汇率波动影响称为汇兑差额。在两项交易观下，对于汇兑差额也有两种处理方法：第一种方法是当期确认已实现的汇兑差额，但对于未实现的汇兑差额当期不确认，将其递延到交易结算的当期再确认；第二种方法是已实现的汇兑差额和未实现的汇兑差额均在当期确认。由于第二种方法能够分期反映汇率变动对企业经营的影响，所以我国目前采用了两项交易观，并采用了第二种汇兑差额处理方法。

【**例 4-2**】 国内 A 公司 20×1 年 12 月 10 日向美国出口 E 产品 10 万美元，当日汇率为 $1：￥6.15，12 月 31 日汇率为 $1：￥6.20。该批货物以美元结算，结算日 20×2 年 1 月 20 日汇率为 $1：￥6.25。A 公司的记账本位币为人民币。要求根据我国现行外币业务处理方法编制 A 公司相关业务的会计分录。

【**分析**】

（1）20×1 年 12 月 10 日出口 E 产品，国内出口销售环节免税。

借：应收账款——美元户（$100 000×6.15） 615 000

  贷：主营业务收入 615 000

（2）12 月 31 日按年末汇率调整应收债权。

借：应收账款——美元户[$100 000×（6.20 − 6.15）] 5 000

  贷：财务费用——汇兑损益 5 000

（3）结算日按照结算日汇率调整应收债权，并收取美元。

借：应收账款——美元户[$100 000×（6.25 − 6.20）] 5 000

  贷：财务费用——汇兑损益 5 000

借：银行存款——美元户（$100 000×6.25） 625 000

  贷：应收账款——美元户 625 000

## 二、外币交易的记账方法

外币交易有统账制和分账制两种记账方法，企业可根据实际需要进行选择。

### （一）统账制

统账制是指企业只以一种货币进行记账，发生的外币业务在业务发生时即折算为记账本位币入账。折算汇率可选择业务发生当天的汇率，也可选择期初汇率。这种方法在业务发生时就需要进行汇率折算，相对增加了日常会计核算的工作量，适用于外币业务不是很多的企业。

### （二）分账制

分账制是指企业在日常业务处理时分币种进行记账，记账时以原币种记账，多种货币并存。在资产负债表日折算为记账本位币时，应区分货币性项目和非货币性项目。货币性项目按照资产负债表日的即期汇率折算，非货币性项目按照交易日即期汇率折算，折算所产生的汇兑损益计入当期损益。这种方法减少了日常会计核算的工作量，可以及时准确地反映外币业务情况。

我国绝大多数企业采用统账制的外币记账方法，只有金融企业由于外币业务频繁而采用分账制。需要注意的是，统账制和分账制只是记账方法的差异，两种记账方法的结果是一样的。

## 三、外币交易的会计处理

### （一）外币交易的核算程序

#### 1. 账户设置

外币交易的账户设置主要涉及两类账户：一是外币交易时以外币计量的账户，二是汇兑损益核算账户。在外币统账制下，由于在交易时所有外币都需折算为记账本位币，因此在原有一级科目下面增设二级科目即可，如在"银行存款""应收账款"等科目下面增设"美元户""日元户"等二级科目。而汇兑损益的核算则需在"财务费用"科目下面增设一个二级科目"财务费用——汇兑损益"，借方表示汇兑损失的增加，贷方表示汇兑收益的增加。

#### 2. 会计核算程序

外币交易的核算包括两部分：一是外币交易日业务的核算，二是期末调整或结算业务的核算。

（1）外币交易日业务的核算。将外币金额按照交易日的即期汇率或即期汇率的近似汇率折算成记账本位币金额，并登记入账。在登记时，在"小九栏"格式账页"外币金额""汇率""记账本位币折合额"中相应填写数据。

（2）期末调整或结算业务的核算。期末将外币金额按照期末汇率折算为记账本位币金额，其与原账面记账本位币金额之间的差额计入"财务费用——汇兑损益"。外币结算业务则根据结算日的汇率将外币金额调整为记账本位币金额，其与原账面记账本位币金额之间的差额也是计入"财务费用——汇兑损益"。

### （二）外币交易日的会计处理

企业在外币交易日应按照交易发生日的即期汇率或即期汇率的近似汇率折算外币，并登记入账。在不与银行进行货币兑换的情况下，通常采用中间价作为记账的即期汇率。

#### 1. 买入或卖出以外币计价的商品或劳务

1）外币采购业务

【例4-3】 国内A公司向韩国H公司进口商品一批，货款总值10 000美元。交易发生日的即期汇率为$1＝￥6.2。为偿付货款，A公司向招商银行购入外汇，银行卖出价为$1＝￥6.4，偿付当天的即期汇率为$1＝￥6.25。该公司采用业务发生当天的汇率进行折算，假设进口环节免税。要求编制A公司采购和偿付货款的会计分录。

【分析】

（1）A公司买入商品的会计处理。

借：在途物资（$10 000×6.2）                                                62 000

  贷：应付账款——美元户              62 000

（2）A 公司购入外汇偿付货款的会计处理。

  借：应付账款——美元户（$10 000×6.25）       62 500

    财务费用——汇兑损益            1 500

    贷：银行存款——人民币户（$10 000×6.4）      64 000

（3）会计期末调整"应付账款——美元户"的差额。

  借：财务费用——汇兑损益              500

    贷：应付账款——美元户             500

2）外币销售业务

【例 4-4】 国内 A 公司向韩国 J 公司出口商品一批，货款总值 10 000 美元。交易发生日的即期汇率为$1 = ￥6.2。收到外汇并结售给银行当天的即期汇率为$1 = ￥6.3，银行买入价为$1 = ￥6.26。该公司采用业务发生当天的汇率进行折算。要求编制 A 公司销售和结算货款的会计分录。

【分析】

（1）A 公司出口的会计处理。

  借：应收账款——美元户（$10 000×6.2）        62 000

    贷：主营业务收入              62 000

（2）收到外汇并结售给银行的会计处理。

  借：银行存款——人民币户（$10 000×6.26）      62 600

    财务费用——汇兑损益            400

    贷：应收账款——美元户（$10 000×6.3）      63 000

（3）会计期末将调整"应收账款——美元户"的差额。

  借：应收账款——美元户             1 000

    贷：财务费用——汇兑损益           1 000

## 2. 借入或借出外币资金

借入或借出外币资金的本金和利息均为外币，因此其核算除了要按照即期汇率调整本金外，还要按照即期汇率调整利息金额。

【例 4-5】 国内 A 公司记账本位币为人民币。20×1 年 7 月 1 日向银行借入一年期短期借款 10 万美元，借款年利率为 6%，借入当天的即期汇率为$1 = ￥6.2。20×1 年 12 月 31 日的汇率为$1 = ￥6.3。20×2 年 7 月 1 日偿还借款本金和利息，当天的即期汇率为$1 = ￥6.4。要求编制 A 公司相关业务的会计分录。

【分析】

（1）20×1 年 7 月 1 日向银行借入 10 万美元。

  借：银行存款——美元户（$100 000×6.2）       620 000

    贷：短期借款               620 000

（2）20×1 年 12 月 31 日计提借款利息。

  借：财务费用——利息支出（$100 000×6%×6/12×6.3）   18 900

    贷：应付利息——美元户            18 900

（3）20×1 年 12 月 31 日汇率变动对本金的影响。

借：财务费用——汇兑损益[$100 000×（6.3－6.2）]　　　　　　　10 000

　　贷：短期借款　　　　　　　　　　　　　　　　　　　　　　　　10 000

（4）20×2 年 7 月 1 日借款利息计算。

一年期短期借款利息总额 = $100 000×6%×6.4 = 38 400（元），其中：

20×1 年下半年原已计提借款利息 = 18 900（元）

20×1 年下半年汇率变动影响 = $100 000×6%×6/12×（6.4－6.3）= 300（元）

20×2 年上半年应计提利息 = $100 000×6%×6/12×6.4 = 19 200（元）

借：应付利息——美元户　　　　　　　　　　　　　　　　　　　18 900

　　财务费用——汇兑损益　　　　　　　　　　　　　　　　　　　　300

　　财务费用——利息支出　　　　　　　　　　　　　　　　　　　19 200

　　贷：银行存款——美元户　　　　　　　　　　　　　　　　　　　38 400

（5）20×2 年 7 月 1 日汇率变动对本金的影响。

借：财务费用——汇兑损益[$100 000×（6.4－6.3）]　　　　　　　10 000

　　贷：短期借款　　　　　　　　　　　　　　　　　　　　　　　　10 000

（6）20×2 年 7 月 1 日归还本金。

借：短期借款　　　　　　　　　　　　　　　　　　　　　　　　640 000

　　贷：银行存款——美元户（$100 000×6.4）　　　　　　　　　640 000

### 3. 外币兑换业务

1）企业从银行买入外币

**【例 4-6】**　国内 A 公司从银行买入外币 10 000 美元，银行卖出价为$1 = ￥6.4，当日外汇中间价为$1 = ￥6.3。A 公司采用业务发生当天的即期汇率进行折算。要求编制 A 公司购汇的会计分录。

**【分析】**

借：银行存款——美元户（$10 000×6.3）　　　　　　　　　　　63 000

　　财务费用——汇兑损益　　　　　　　　　　　　　　　　　　　1 000

　　贷：银行存款——人民币户（$10 000×6.4）　　　　　　　　　64 000

2）企业将外币卖给银行

**【例 4-7】**　国内 A 公司将出口货物收回的 10 000 美元结售给银行，银行买入价为$1 = ￥6.2，当日外汇中间价为$1 = ￥6.3。A 公司采用业务发生当天的即期汇率进行折算。要求编制 A 公司结汇的会计分录。

**【分析】**

借：银行存款——人民币户（$10 000×6.2）　　　　　　　　　　62 000

　　财务费用——汇兑损益　　　　　　　　　　　　　　　　　　　1 000

　　贷：银行存款——美元户（$10 000×6.3）　　　　　　　　　　63 000

### 4. 其他以外币计价或结算的交易

**【例 4-8】**　国内 A 公司记账本位币为人民币。与 W 外资企业签订投资协议，协议约定 W 外资企业分两次向 A 公司投资，合同约定的汇率为$1 = ￥6.5，签约当天的即期汇率为$1 = ￥6.45。

2 个月后，A 公司收到 W 外资企业第一笔投资款 80 万美元，当天的即期汇率为$1 = ￥6.3。又过了 3 个月，A 公司收到 W 外资企业第二笔投资款 20 万美元，当天的即期汇率为$1 = ￥6.4。要求编制 A 公司接受外币投资的会计分录。

【分析】

我国企业会计准则规定，企业收到的外币资本，应当采用交易发生日的即期汇率折算，不得采用合同约定汇率或即期汇率的近似汇率折算。外币资本与折算成的记账本位币之间不产生折算差额。

（1）收到第一笔投资时。

借：银行存款——美元户（$800 000×6.3） 5 040 000
　　贷：实收资本——美元户 5 040 000

（2）收到第二笔投资时。

借：银行存款——美元户（$200 000×6.4） 1 280 000
　　贷：实收资本——美元户 1 280 000

## （三）期末调整或结算

在期末调整时，企业应当区分外币货币性项目和外币非货币性项目。

### 1. 货币性项目

货币性项目是指企业持有的货币或将以固定或可确定金额收取的资产或偿付的负债。货币性资产包括现金、银行存款、应收账款、其他应收款、长期应收款等，货币性负债包括应付账款、其他应付款、短期借款、应付债券、长期借款、长期应付款等。

对于货币性项目，在期末或结算时应当以当日即期汇率折算，因即期汇率与初始入账汇率或前一期末汇率差异形成的汇兑差额计入当期损益。但如果货币性项目是企业为购建符合资本化条件的资产而借入的外币专门借款，在借款费用资本化期间，因外币专门借款取得日、使用日、结算日汇率差异形成的汇兑差额应当资本化，计入固定资产成本。

【例 4-9】 国内 A 公司外币货币性资产、负债情况见表 4-1，要求编制汇兑损益的调整分录。

表 4-1　A 公司期末外币货币性资产、负债情况

| 外币账户 | 外币金额/美元 | 调整前人民币账面余额 | 期末即期汇率 | 调整后人民币余额 | 汇兑差额/人民币 |
|---|---|---|---|---|---|
| 银行存款 | 5 000 | 31 000 | 6.50 | 32 500 | 1 500 |
| 应收账款 | 20 000 | 126 000 | 6.50 | 130 000 | 4 000 |
| 短期借款 | 10 000 | 64 000 | 6.50 | 65 000 | 1 000 |
| 合计 | | | | | 4 500 |

【分析】

借：银行存款 1 500
　　应收账款 4 000

贷：短期借款　　　　　　　　　　　　　　　　　　　　　　　1 000
　　财务费用——汇兑损益　　　　　　　　　　　　　　　　　　4 500

【例 4-10】　国内 A 公司记账本位币为人民币。为建造某固定资产于 20×1 年 1 月 1 日向银行借入 3 年期专门借款 100 000 美元。借款年利率为 8%，每年年初支付利息，到期还本。20×1 年 1 月 1 日的即期汇率为$1 = ￥6.3；20×1 年 12 月 31 日的即期汇率为$1 = ￥6.4；20×2 年 1 月 1 日归还利息的即期汇率为$1 = ￥6.45。要求编制 A 公司相关业务的会计分录。

【分析】

（1）20×1 年 1 月 1 日取得专门借款。

　　借：银行存款——美元户（$100 000×6.3）　　　　　　　　630 000
　　　　贷：长期借款——美元户　　　　　　　　　　　　　　　630 000

（2）20×1 年 12 月 31 日计提借款利息。

　　借：在建工程（$100 000×8%×6.4）　　　　　　　　　　51 200
　　　　贷：应付利息——美元户　　　　　　　　　　　　　　　51 200

（3）20×1 年 12 月 31 日借款本金由于汇率变动产生汇兑差额，外币专门借款资本化期间的汇兑差额应当资本化。

　　借：在建工程[$100 000×（6.4−6.3）]　　　　　　　　　10 000
　　　　贷：长期借款——美元户　　　　　　　　　　　　　　　10 000

（4）20×2 年 1 月 1 日归还利息。

　　借：应付利息——美元户　　　　　　　　　　　　　　　　51 200
　　　　在建工程[$100 000×8%×（6.45−6.4）]　　　　　　400
　　　　贷：银行存款——美元户　　　　　　　　　　　　　　　51 600

### 2. 非货币性项目

非货币性项目是指货币性项目以外的项目，如预收账款、预付账款、存货、交易性金融资产、长期股权投资、固定资产等。

（1）对于以历史成本计量的外币非货币性项目，如固定资产等，在资产负债表日不改变其记账本位币金额，不产生汇兑差额，也不需要调整。这是因为如果按照资产负债表日的即期汇率进行调整，会导致这些项目的价值发生变动，进一步使得过去已对这些项目计提的折旧、摊销、减值不断变动。

【例 4-11】　国内 A 公司记账本位币为人民币。20×1 年 11 月 30 日从国外进口生产设备一台，价值 100 万美元，购买当天的即期汇率为$1 = ￥6.4，价款尚未支付。20×1 年 12 月 31 日，市场即期汇率变为$1 = ￥6.45。

【分析】

由于固定资产采用历史成本进行计量，在购买当天已经按照$1 = ￥6.4 的汇率折算为人民币 640 万元，之后的汇率变动不应调整固定资产的入账价值。但未支付的应付款项应按照汇率进行调整。

（2）对于存货，如果可变现净值以外币确定，则在期末将存货外币可变现净值折算为记账本位币金额，并与原账面存货成本进行比较，确认存货是否发生跌价。

【例 4-12】 国内 A 公司记账本位币为人民币。20×1 年 10 月从美国进口国内市场没有的 X 芯片 10 000 件，价格为 10 美元/件，当日即期汇率为$1 = ￥6.4。20×1 年 12 月 31 日，尚有 2 000 件 X 芯片没有销售出去，国内市场没有 X 芯片销售，国际市场 X 芯片销售价格下降为 9 美元/件，当日即期汇率为$1 = ￥6.45。要求编制 A 公司相关业务的会计分录，不考虑相关税费。

【分析】

① 购买 X 芯片。

借：库存商品——X 芯片（10 000 × 10 × 6.4）    640 000
　　贷：银行存款——美元户    640 000

②计提存货跌价准备。

国内没有 X 芯片，其可变现净值以外币表示，存货跌价准备应考虑外汇变动影响。

借：资产减值损失（2 000 × 10 × 6.4 − 2 000 × 9 × 6.45）    11 900
　　贷：存货跌价准备    11 900

（3）以公允价值计量的股票、基金等非货币性项目，如果期末公允价值以外币反映，则在期末将外币公允价值折算为记账本位币金额，并与原账面记账本位币金额进行比较，差额作为公允价值变动。

【例 4-13】 国内 A 公司记账本位币为人民币。20×1 年 11 月 20 日购买 W 公司 B 股 10 000 股作为交易性金融资产，每股购买价格为 2 美元，当日即期汇率为$1 = ￥6.4，款项已支付。20×1 年 12 月 31 日，W 公司股票价格跌至每股 1.8 美元，当日即期汇率为$1 = ￥6.3。20×2 年 1 月 10 日，A 公司将其所持有 W 公司股票全部出售，售价为每股 2.1 美元，当日即期汇率为$1 = ￥6.2。要求编制 A 公司上述业务的会计分录。

【分析】

① 20×1 年 11 月 20 日购买 W 公司 B 股 10 000 股。

借：交易性金融资产（10 000 × 2 × 6.4）    128 000
　　贷：银行存款——美元户    128 000

② 20×1 年 12 月 31 日公允价值变动。

W 公司股票以外币计价，公允价值变动不仅包括股票价格变动的影响，也包括汇率变动的影响。

公允价值变动 = 10 000 × 1.8 × 6.3 − 128 000 = −14 600（元）

借：公允价值变动损益    14 600
　　贷：交易性金融资产    14 600

③ 20×2 年 1 月 10 日出售股票。

出售股票的损益既包括股票价格变动造成的损益，也包括汇率变动造成的损益，均计入投资收益。

投资收益 = 10 000 × 2.1 × 6.2 − （128 000 − 14 600）= 16 800（元）

借：银行存款——美元户    130 200
　　贷：交易性金融资产    113 400
　　　　投资收益    16 800

（4）以公允价值计量且其变动计入其他综合收益的金融资产分为外币货币性金融资

产和外币非货币性金融资产。前者的汇兑差额计入当期损益，而后者的汇兑差额与公允价值变动一起计入其他综合收益。

【例4-14】A公司记账本位币为人民币。20×1年10月30日购买G公司H股10 000股，并将其作为以公允价值计量且其变动计入其他综合收益的金融资产。购买价格为每股10港元，当日即期汇率为HK$1 = ￥0.9，款项已经支付。20×1年12月31日，G公司股票变为每股12港元，当日即期汇率为HK$1 = ￥0.95。不考虑相关税费，要求编制A公司相关业务的会计分录。

【分析】

① 20×1年10月30日购买G公司H股10 000股。

借：其他权益工具投资（10 000×10×0.9） 90 000

　　贷：银行存款——港元户 90 000

② 20×1年12月31日汇率变动。

由于该金融资产以港币计价，其公允价值变动不仅包括市价变动，还包括汇率变动。

公允价值变动 = 10 000×12×0.95 − 10 000×10×0.9 = 24 000（元）

借：其他权益工具投资 24 000

　　贷：其他综合收益 24 000

# 第三节　外币财务报表折算

## 一、外币财务报表折算的基本原理

### （一）外币财务报表折算的含义和主要会计问题

#### 1. 外币财务报表折算的含义

外币财务报表折算是指将以某种货币表示的财务报表折算为以另一种货币表示的财务报表。需要注意的是，外币财务报表折算并没有发生实际货币的等值兑换，只是财务报表的计量货币发生变化。

#### 2. 外币财务报表折算的主要会计问题

（1）折算汇率的选择。外币财务报表折算时可供选择的汇率主要有现行汇率、历史汇率、即期汇率的近似汇率、平均汇率，选择不同的汇率会带来不一样的结果。

（2）折算差额的处理。折算差额的处理方法主要有计入当期损益和递延处理。

### （二）外币财务报表折算的四种方法

外币财务报表折算的方法包括流动和非流动法、货币性与非货币性法、时态法、现行汇率法。

#### 1. 流动和非流动法

流动和非流动法根据流动性差异对资产负债表中的项目进行划分。流动资产和流动负债按资产负债表日的汇率进行折算，而非流动资产和非流动负债以及所有者权益（留存收益除外）按照取得时的历史汇率折算，报表折算形成的汇兑差额计入留存收益。利润表项目中除折旧和摊销费用按照资产的历史汇率折算外，其他项目均按报告期的平均汇率折算。这种方法的理论依据是非流动资产和非流动负债不会在短期内变现与偿还，不会受现时汇率的影响，因此它们按照历史汇率折算；而流动资产和流动负债变现速度快，所以按照资产负债表日的现时汇率折算。它的优点在于不改变境外经营的流动性，但这种方法的理论依据并不充分，根据流动性进行划分也并不合理，如以历史成本计量的存货是流动资产，但存货和货币资金的流动性是存在很大差异的，汇率波动对存货的影响并没有那么明显。

### 2. 货币性与非货币性法

该方法将资产负债表项目划分为货币性项目和非货币性项目。在资产负债表日，货币性项目按照期末现时汇率折算，非货币性项目则按照历史汇率折算。这种划分方法的依据是货币性项目未来收取或支付的金额是固定或可确定的，它会随着汇率的变动而变动，因此其应按照期末现时汇率折算；非货币性项目不受汇率变动影响，则按历史汇率折算。但这种分类方法并不是会计计量方法，两者不统一导致有些项目的分类与汇率选择不一致。例如，存货属于非货币性项目，按这种分类方法应选择历史汇率折算，但存货是否跌价所采用的市价孰低法却按照期末即期汇率进行折算。

### 3. 时态法

时态法认为，外币财务报表折算只是改变了财务报表的计量单位，不能改变被计量项目的计量属性。根据时态法，资产负债表各项目中以过去价值计量的，采用历史汇率；以现在价值计量的，采用现时汇率，折算差额计入所有者权益。具体来讲，现金、应收款项和应付款项均按现时汇率折算；其他项目以历史成本计量的采用历史汇率，以现行成本计量的采用现时汇率。利润表的折算与流动和非流动法相同。时态法是国际上广泛采用的一种方法，但这种方法将境外子公司视为报告主体在境外的延伸，忽略了其是相对独立实体的事实，同时该方法也改变了资产负债之间的比例关系。

### 4. 现行汇率法

现行汇率法将资产和负债项目都按照现行汇率进行折算，实收资本项目按照历史汇率折算，利润表各项目按照报告期平均汇率折算，报表折算的差额计入所有者权益。现行汇率法将资产和负债各项目都按照现行汇率折算，计算方法简便，而且可以保持资产负债各项目的比例关系，但该方法与并非所有项目都受汇率变动影响的事实相违背。

外币财务报表折算方法各具优缺点，根据国际会计准则委员会的要求，各国可从时态法和现行汇率法中选择一种，我国基本采用了现行汇率法。

## 二、我国企业会计准则采用的外币财务报表折算方法

### （一）我国外币财务报表折算方法

在对境外经营财务报表进行折算前，首先应根据企业会计准则调整其会计期间和会

计政策，使之与境内企业财务报表保持一致。在此基础上，按照以下方法进行调整。

（1）资产负债表项目。资产项目和负债项目采用资产负债表日的即期汇率折算，所有者权益各项目除"未分配利润"项目外，按发生时的即期汇率折算。

（2）利润表项目。收入和费用项目采用交易发生日的即期汇率或即期汇率的近似汇率折算。

（3）外币财务报表折算差额。编制合并财务报表时，将折算差额在所有者权益项目中的"其他综合收益"项目列示。

 4-1

外币财务报表折算时，报表常见项目采用的折算汇率总结如下。

（1）应收账款、固定资产——按资产负债表日即期汇率折算。

（2）应付账款、短期借款——按资产负债表日即期汇率折算。

（3）盈余公积——按发生时的即期汇率折算。

（4）提取盈余公积——按交易发生日的即期汇率或交易发生日即期汇率的近似汇率折算。

（5）营业收入、所得税费用——按交易发生日的即期汇率或交易发生日即期汇率的近似汇率折算。

外币财务报表折算差额＝以记账本位币反映的净资产－以记账本位币反映的（实收资本＋资本公积＋累计盈余公积＋累计未分配利润）

## （二）举例

**【例 4-15】** 国内 A 公司的记账本位币为人民币。A 公司持有境外子公司 B 公司 80%的股权，能够控制 B 公司。B 公司的记账本位币为美元，A 公司采用当期平均汇率折算 B 公司利润表。B 公司 20×1 年折算前的利润表、所有者权益变动表、资产负债表见表 4-2、表 4-3 和表 4-4。20×1 年 12 月 31 日的汇率为$1 = ￥6.3，20×1 年的平均汇率为$1 = ￥6.2，股本发生时的汇率为$1 = ￥6.5，20×1 年年初盈余公积（$50 万）折算为人民币 320 万元，年初未分配利润（$140 万）折算为人民币 900 万元。B 公司当年提取盈余公积 50 万美元。要求将 B 公司财务报表折算为记账本位币人民币。

表 4-2　B 公司 20×1 年利润表　　　　　　　　　　　　　万元

| 项目 | 本期金额/美元 | 上期金额/美元 |
|---|---|---|
| 一、营业收入 | 1 000 | 800 |
| 减：营业成本 | 540 | 460 |
| 税金及附加 | 30 | 35 |
| 销售费用 | 60 | 50 |
| 管理费用 | 70 | 55 |
| 二、营业利润 | 300 | 200 |
| 减：所得税费用 | 90 | 60 |
| 三、净利润 | 210 | 140 |

表 4-3　B 公司 20×1 年所有者权益变动表　　　　　　　　　　万元

| 项目 | 本年金额/美元 | | | | | 上年金额/美元 | | | | |
|---|---|---|---|---|---|---|---|---|---|---|
| | 股本 | 盈余公积 | 未分配利润 | 其他综合收益 | 所有者权益合计 | 股本 | 盈余公积 | 未分配利润 | 其他综合收益 | 所有者权益合计 |
| 一、本年年初金额 | 500 | 50 | 140 | | 690 | 500 | 10 | 40 | | 550 |
| 二、本年增减变动 | | | | | | | | | | |
| （一）净利润 | | | 210 | | | | | 140 | | |
| （二）其他综合收益 | | | | | | | | | | |
| （三）利润分配 | | | | | | | | | | |
| 提取盈余公积 | | 50 | −50 | | | | 40 | −40 | | |
| 三、本年年末余额 | 500 | 100 | 300 | | 900 | 500 | 50 | 140 | | 690 |

表 4-4　B 公司 20×1 年资产负债表　　　　　　　　　　万元

| 项目 | 期末余额/美元 | 期初余额/美元 |
|---|---|---|
| 资产： | | |
| 　货币资金 | 200 | 170 |
| 　应收账款 | 150 | 100 |
| 　存货 | 300 | 240 |
| 　固定资产 | 400 | 350 |
| 　无形资产 | 170 | 120 |
| 　资产合计 | 1 220 | 980 |
| 负债及所有者权益： | | |
| 　短期借款 | 40 | 50 |
| 　应付账款 | 100 | 80 |
| 　应付债券 | 180 | 160 |
| 　股本 | 500 | 500 |
| 　盈余公积 | 100 | 50 |
| 　未分配利润 | 300 | 140 |
| 　负债和所有者权益合计 | 1 220 | 980 |

**【分析】**

根据我国企业会计准则折算外币财务报表，其折算程序如下。

（1）折算利润表见表 4-5。

表 4-5　B 公司 20×1 年利润表折算　　　　　　　　　　万元

| 项目 | 本期金额/美元 | 折算汇率 | 折算为人民币 |
|---|---|---|---|
| 一、营业收入 | 1 000 | 6.2 | 6 200 |
| 　减：营业成本 | 540 | 6.2 | 3 348 |
| 　　税金及附加 | 30 | 6.2 | 186 |
| 　　销售费用 | 60 | 6.2 | 372 |
| 　　管理费用 | 70 | 6.2 | 434 |
| 二、营业利润 | 300 | — | 1 860 |
| 　减：所得税费用 | 90 | 6.2 | 558 |
| 三、净利润 | 210 | — | 1 302 |

注：采用当期平均汇率折算 B 公司利润表。

（2）折算所有者权益变动表见表4-6。

**表4-6　B公司20×1年所有者权益变动表**　　万元

| 项目 | 股本 | | | 盈余公积 | | | 未分配利润 | | 其他综合收益 | 所有者权益合计 |
|---|---|---|---|---|---|---|---|---|---|---|
| | 美元 | 折算汇率 | 人民币 | 美元 | 折算汇率 | 人民币 | 美元 | 人民币 | | 人民币 |
| 一、本年年初金额 | 500 | 6.5 | 3 250 | 50 | | 320 | 140 | 900 | | 4 470 |
| 二、本年增减变动 | | | | | | | | | | |
| （一）净利润 | | | | | | | 210 | 1 302 | | 1 302 |
| （二）其他综合收益 | | | | | | | | | | −102 |
| 其中：外币报表折算差额 | | | | | | | | | −102 | −102 |
| （三）利润分配 | | | | | | | | | | |
| 提取盈余公积 | | | | 50 | 6.2 | 310 | −50 | −310 | | 0 |
| 三、本年年末余额 | 500 | 6.5 | 3 250 | 100 | | 630 | 300 | 1 892 | | 5 670 |

注：当期计提的盈余公积采用当期平均汇率，期初盈余公积为以前年度盈余公积按照相应年度平均汇率折算金额的累积，期初未分配利润为以前年度未分配利润折算金额的累积。外币报表折算差额取自资产负债表折算后其他综合收益中外币报表折算差额的数据。

（3）折算资产负债表见表4-7。

**表4-7　B公司资产负债表折算**　　万元

| 项目 | 期末余额/美元 | 折算汇率 | 折算为人民币 |
|---|---|---|---|
| 资产： | | | |
| 货币资金 | 200 | 6.3 | 1 260 |
| 应收账款 | 150 | 6.3 | 945 |
| 存货 | 300 | 6.3 | 1 890 |
| 固定资产 | 400 | 6.3 | 2 520 |
| 无形资产 | 170 | 6.3 | 1 071 |
| 资产合计 | 1 220 | | 7 686 |
| 负债及所有者权益： | | | |
| 短期借款 | 40 | 6.3 | 252 |
| 应付账款 | 100 | 6.3 | 630 |
| 应付债券 | 180 | 6.3 | 1 134 |
| 股本 | 500 | 6.5 | 3 250 |
| 盈余公积 | 100 | | 630 |
| 未分配利润 | 300 | | 1 892 |
| 外币报表折算差额 | | | −102 |
| 负债和所有者权益合计 | 1 220 | | 7 686 |

注：外币报表折算差额为折算后资产减去负债金额（即折算后净资产金额）再减去折算后股本、盈余公积、未分配利润金额计算而得。

## 中国外贸的变化及特点

　　根据商务部商务数据中心的统计数据，2010 年，中国货物进出口总额 29 740.01 亿美元，同比增长 34.7%；货物出口 15 777.54 亿美元，同比增长 31.3%；货物进口 13 962.47 亿美元，同比增长 38.8%。服务进出口总额 25 022 亿美元，同比增长 21.8%；服务出口 12 008 亿美元，同比增长 23.3%；服务进口 13 014 亿美元，同比增长 20.5%。

　　2021 年，中国货物进出口总额 60 502.95 亿美元，同比增长 29.9%；货物出口 33 635.02 亿美元，同比增长 29.9%；货物进口 26 867.93 亿美元，同比增长 30.1%。服务进出口总额 52 983 亿美元，同比增长 16.1%；服务出口 25 435 亿美元，同比增长 31.4%；服务进口 27 548 亿美元，同比增长 4.8%。

　　2021 年，中国货物进出口总额是 2010 年的 2.03 倍，服务进出口总额是 2010 年的 2.03 倍 2.12 倍。2021 年我国外贸呈现五大特点。

　　一是是规模和份额再上台阶。进出口规模接连迈上 5 万亿、6 万亿美元两大台阶，前三季度出口和进口国际市场份额分别为 15% 和 12.1%，均创历史新高。

　　二是主体活力持续增强。有进出口实绩企业数量 56.7 万家，增加 3.6 万家。民营企业进出口增长 26.7%，占比提升 2 个百分点，达到 48.6%。

　　三是对主要贸易伙伴进出口较快增长。对东盟、欧盟、美国进出口分别增长 19.7%、19.1% 和 20.2%。

　　四是商品结构更加优化。高技术、高附加值产品出口快速增长，机电产品出口增长 20.4%，新能源汽车出口量增长 3 倍。

　　五是服务贸易升级加快。1—11 月服务进出口 4.7 万亿元，增长 14.7%。个人文化和娱乐、知识产权使用费等知识密集型服务出口分别增长 36.2% 和 29.3%。

　　资料来源：中华人民共和国商务部. 货物进出口年度统计[EB/OL]. http://data.mofcom.gov.cn/ hwmy/imexyear.shtml

　　**思考：** 我国进出口贸易的蓬勃发展对会计带来了哪些影响？对个人又会带来什么影响？

答案提示 扫描此码

## 本章知识点小结

　　1. 记账本位币是企业经营所处的主要经济环境中的货币。不管哪种类型的企业，记账本位币只有一种。记账本位币的选择应结合商品和劳务的销售价格、商品和劳务所需成本、筹资所使用的货币等综合考虑。

　　2. 记账本位币一经确定，不得随意变更，除非企业经营所处的主要经济环境发生了重大变化。如果变更，应采用变更当日的即期汇率对所有项目进行折算，折算不产生汇兑差额。

　　3. 外币是记账本位币以外的货币，外币业务包括外币交易和外币财务报表折算。

　　4. 外币交易的核算包括两部分：一是外币交易日业务的核算，二是期末调整或结算业务的核算。

5. 借入或借出外币资金的本金和利息均为外币，因此核算时除了要按照即期汇率调整本金外，还要按照即期汇率调整利息金额。

6. 期末调整时，企业应当区分外币货币性项目和外币非货币性项目。

| 分类 | | 外币期末调整或结算的会计处理 |
|---|---|---|
| 货币性项目 | | 应当以当日即期汇率折算，因即期汇率与初始入账汇率或前一期末汇率差异形成的汇兑差额计入当期损益 |
| 非货币性项目 | 以历史成本计量的项目 | 在资产负债表日不改变其记账本位币金额，不产生汇兑差额，也不需要调整 |
| | 存货 | 如果可变现净值以外币确定，则在期末将存货外币可变现净值折算为记账本位币金额，并与原账面存货价值进行比较，确认存货是否发生跌价 |
| | 公允价值计量的股票、基金 | 如果期末公允价值以外币反映，则在期末将外币公允价值折算为记账本位币金额，并与原账面记账本位币金额进行比较，差额作为公允价值变动 |
| | 以公允价值计量且其变动计入其他综合收益的金融资产 | 外币非货币性金融资产的汇兑差额与公允价值变动一起计入其他综合收益 |

7. 外币财务报表折算是指将以某种货币表示的财务报表折算为以另一种货币表示的财务报表，它只是财务报表的计量货币发生了变化。

8. 我国外币财务报表折算基本采用现行汇率法。

| 外币财务报表折算流程 | | 处理方法 |
|---|---|---|
| 折算前 | | 统一会计期间和会计政策 |
| 折算时 | 资产负债表项目 | 采用资产负债表日的即期汇率折算，所有者权益各项目除"未分配利润"项目外，按发生时的即期汇率折算 |
| | 利润表项目 | 采用交易发生日的即期汇率或即期汇率的近似汇率折算 |
| | 折算差额 | 在所有者权益项目中的"其他综合收益"项目列示 |

# 思　考　题

1. 什么是记账本位币？

2. 外币统账制和外币分账制的含义分别是什么？它们的最终处理结果是否存在差异？

3. 期末调整时，货币性项目和非货币性项目的处理方法有哪些不同？

4. 我国企业会计准则所采用的外币财务报表折算方法的主要内容有哪些？

# 练　习　题

1. A公司是外贸公司，以人民币为记账本位币。20×1年10月因为业务需要将1万美元兑换成人民币。银行外汇买入价为$1 = ￥6.9，中间价为$1 = ￥6.95，卖出价为$1 = ￥7。A公司采用交易日的即期汇率折算。请问该项业务中，A公司产生的汇兑差额为多少？并作出 A 公司该业务的会计分录。

2. 20×1 年 12 月 31 日，A 公司相关资产外币余额及记账本位币金额如下表：

| 会计科目 | 外币余额/万美元 | 记账本位币金额/万元人民币 |
| --- | --- | --- |
| 银行存款 | 1 000 | 6 852 |
| 应收账款 | 580 | 4 120 |
| 预付账款 | 120 | 816 |

A 公司尚未开始按照期末汇率 $1 = ￥6.9 进行调整，预付账款为 A 公司向境外设备供应商支付的采购价款。

要求指出上述资产中哪些属于外币货币性项目，计算 20×1 年 A 公司年末汇率变化产生的汇兑差额，并作出相应的会计处理。

3. A 公司与某外商签订投资协议，约定外商投资设备一台，投资作价 100 万美元，合同约定汇率为 $1 = ￥6.9。20×1 年 2 月收到设备，当天的市场汇率为 $1 = ￥6.8。设备另发生运杂费 1 万元人民币，进口环节的关税 3 万元人民币，安装调试费用 2 万元人民币。上述款项均以银行存款支付。请问该设备的入账价值为多少？

4. A 公司以人民币为记账本位币，采用交易发生日的即期汇率折算外币。20×1 年 8 月，A 公司从美国进口 10 件 G 贵重商品用于出售。G 商品当时的购进价格为 100 万美元/件，当天的市场汇率为 $1 = ￥6.8，款项已经用美元支付。截至 20×1 年 12 月 31 日，A 公司已经出售了其中的 3 件，G 商品在国内没有同样或类似的产品出售，在国外的售价已经下降为 92 万美元/件。20×1 年 12 月 31 日的市场汇率为 $1 = ￥6.9，不考虑相关税费。请问 A 公司 20×1 年应为 G 商品计提多少存货跌价准备？

5. A 公司以人民币为记账本位币，采用交易发生日的即期汇率折算外币。20×1 年 7 月分别购买了美国甲公司和英国乙公司的股票进行投资。甲公司股票支付购买价款 10 万美元，乙公司股票支付购买价款 30 万美元，分别将它们划分为以公允价值计量且其变动计入当期损益的金融资产和以公允价值计量且其变动计入其他综合收益的金融资产，交易当天的即期汇率为 $1 = ￥6.9。由于世界经济整体好转，20×1 年年末上述两家公司的股票价值也发生增值，对甲公司的投资公允价值 15 万美元，对乙公司的投资公允价值 40 万美元。20×1 年 12 月 31 日的即期汇率为 $1 = ￥6.8。要求计算持有上述股票对 A 公司当年损益的影响。

6. A 公司的记账本位币为人民币，其在境外有一子公司，记账本位币为美元。20×1 年的期初汇率为 $1 = ￥6.8，期末汇率为 $1 = ￥6.9。该子公司利润表采用中间汇率折算，期初有盈余公积 100 万美元，折合成人民币 670 万元。20×1 年该子公司计提盈余公积 20 万美元。请问 20×1 年该子公司盈余公积的期末余额为多少万元人民币？

7. A 公司 20×1 年 12 月 31 日支付价款 1 000 万美元取得了美国甲公司 80% 的股权，成为甲公司的母公司，A 公司的记账本位币为人民币。购买日甲公司可辨认净资产的公允价值与账面价值相同，均为 1 200 万美元，当日的即期汇率为 $1 = ￥6.8。20×2 年甲公司取得按购买日可辨认净资产公允价值为基础计算的净利润 100 万美元。20×2 年年末的即期汇率为$1＝￥6.9，20×2年的平均汇率为$1＝￥6.85，甲公司的利润表在折算为母公司记账本位币时按照平均汇率折算。请问甲公司外币财务报表折算时应计入合并财务报表中"其他综合收益"项目的金额为多少？

## 即测即练题

# 第五章

# 租 赁 会 计

【学习要点】

- 与租赁相关的主要概念
- 融资租赁与经营租赁的分类标准
- 承租人的会计处理
- 出租人的会计处理

【学习目标】

通过本章的学习，理解与租赁相关的主要概念、出租人租赁分类的标准；掌握租赁的识别、分拆、合并的条件；掌握承租人租赁业务的会计处理、短期租赁和低价值资产租赁的会计处理；掌握出租人对融资租赁、经营租赁的会计处理，包括未担保余值发生变动、租赁期满的会计处理。

## 第一节 租赁会计概述

### 一、租赁的概念

#### （一）租赁的含义

租赁是指在一定期间内，出租人将资产的使用权让与承租人以获取对价的合同。如果合同一方让渡了在一定期间内控制一项或多项已识别资产使用的权利以换取对价，则该合同为租赁或者包含租赁。因此，一项合同被分类为租赁，必须同时满足以下三个条件：①存在一定期间；②存在已识别的资产；③资产供应方向客户转移对已识别资产使用权的控制。

#### （二）租赁的作用

在现实经济生活中，租赁行为非常普遍，这是因为租赁具有以下优势。

（1）帮助承租人解决资金短缺问题。经济社会的纵深发展，使得机器设备的科技含量越来越高，单位设备的采购价格昂贵，购买人需要支付大量的资金才能取得设备的所有权和使用权。但当采用租赁方式时，承租人不付资金或支付少量的资金就能取得设备的使用权，然后通过设备使用产生的收益支付后续的租金，最终实现"借鸡生蛋"的目的。

（2）减少资产陈旧的风险。在现代社会中，新旧产品更新淘汰速度加快，使用大量资金购买设备会使企业承受巨大的风险。一旦设备生产的产品在市场滞销，企业的设备投入就无法收回。租赁可减轻甚至避免企业资产陈旧风险，可以通过租赁其他设备等方式迅速调整产品结构，改为生产市场畅销的产品。

（3）降低企业筹资成本。当企业向金融机构大量筹措资金购买设备时，金融机构出于降低风险等考虑，往往要求企业对所筹措的资金实行强制性存款，带来企业筹资成本的增加。

（4）避免通货膨胀造成的损失。租赁期限通常比较长，而租金一般在签订租赁合同时已经确定下来，物价上涨会带来实际租赁成本的下降，因此租赁具有抵销部分通货膨胀影响的作用。

## 二、与租赁相关的主要概念

### （一）租赁期

租赁期，是指承租人有权使用租赁资产且不可撤销的期间。租赁合同中可能会出现续租选择权或终止租赁选择权。当承租人有续租选择权且合理确定承租人将行使该选择权的（如续租成本较低、有优惠等），租赁期还应当包含续租选择权涵盖的期间，不论出租人是否在续租期收取租金；当承租人有终止租赁选择权，但合理确定承租人将不会行使该选择权的，租赁期应当包含终止租赁选择权涵盖的期间。

#### 1. 租赁开始日

租赁开始日是以下两个日期中的较早者：签订租赁协议日、租赁各方就主要条款作出承诺日。

#### 2. 租赁期开始日

租赁期开始日是指出租人提供租赁资产使其可供承租人使用的起始日期。当承租人在协议约定起租日之前已经获得对租赁资产使用权的控制时，表明租赁期已经开始，应将取得对租赁资产使用权控制的日期作为租赁期开始日。由于租赁期开始日是租赁行为正式开始的日期，所以承租人应对使用权资产、租赁负债等进行初始确认；出租人则应对应收融资租赁款等进行初始确认。

【例 5-1】 承租人 A 公司与 B 商场签订了商铺租赁协议。协议约定 20×1 年 1 月 1 日起 B 商场将甲商铺租赁给 A 公司，租赁期为 3 年，承租人在租赁期内可以自主安排装修及经营。协议约定前 2 个月免收租金，租金起付日为 20×1 年 3 月 1 日。要求确定租赁期开始日的具体日期。

【分析】

根据协议约定，A 公司自 20×1 年 1 月 1 日起拥有对 A 商铺使用权的控制，因此租赁期开始日为 20×1 年 1 月 1 日，即免租期包含在租赁期内。

 补充阅读资料 5-1

在出租人提供免租期的情况下，为何要将租金在整个租赁期内分摊？

在提供免租期的情况下，承租人应将租金总额在整个租赁期内，而非在扣除免租期后的期间内按直线法或其他合理方法进行分摊，免租期也应确认租金费用，这是会计配比原则的要求。

### 3. 不可撤销期间

不可撤销期间是企业根据租赁条款约定，确定可强制执行合同的期间。当租赁双方均有权在未经另一方许可的情况下终止租赁，且罚款金额不重大，表明该租赁不再可强制执行，该期间并非不可撤销期间；当只有出租人有权终止租赁时，由于延续租赁更符合出租人的利益，因此不可撤销租赁期包括终止租赁选择权所涵盖的期间；当只有承租人有权终止租赁时，租赁期间的确定应考虑承租人所拥有的终止租赁选择权。

**【例 5-2】** 承租人 A 公司与出租人 B 公司签订了房屋租赁协议。协议约定自租赁期开始日，3 年内不可撤销。如撤销，撤销请求提出方将支付重大罚金。3 年租赁期满后，经双方同意可再延长租赁期 1 年，其中任何一方不同意，续租协议不成立，且没有罚款。要求确定协议中的不可撤销期间。

**【分析】**

租赁期开始日后 3 年内不可撤销，具有强制的权利和义务，因此该 3 年为不可撤销期间；1 年延长期则并非不可撤销期间，这是因为租赁双方均可单方面选择不续约而无须支付任何罚款。

### 4. 续租选择权和终止租赁选择权

在合同约定的租赁期结束时，承租人有续租、不续租、购买承租资产的可能。由于上述不同选择将影响租赁双方会计处理的确认金额，因此在租赁期开始日，企业应当评估承租人是否合理确定将行使续租或购买标的资产的选择权，或者将不行使终止租赁选择权。在评估时，应考虑上述选择权行使带来的与经济利益相关的所有事实和情况，包括但不限于以下方面。

（1）与市价相比，选择权期间的合同条款和条件，如为使用租赁资产而需支付的租金、为终止租赁而需支付的罚款、合同条款约定的担保余值及因此需支付的款项。

（2）在合同期内，承租人进行重大租赁资产改良，该改良预期能为承租人带来的经济利益是否重大。

（3）租赁资产对承租人运营的重要程度，如租赁资产是否为专门资产、承租人是否能获得合适的替代资产等。

**【例 5-3】** 承租人 A 公司与出租人 B 公司签订了建筑租赁合同，合同包括 5 年的不可撤销期限和 2 年按照市价支付租金的续租选择权。承租人 A 公司为达到商品展销的使用目的，在正式使用之前花费了大量资金对该建筑物进行改良，预计 5 年后该建筑物仍具有重大的价值。要求确定租赁期的时长。

**【分析】**

该例中，可确定租赁期为 7 年，这是因为承租人在 5 年结束后放弃租赁资产将遭受重大经济损失，所以可以合理确定承租人将行使续租选择权。

### （二）已识别资产

### 1. 对资产的指定

已识别资产既可由合同明确指定，也可在客户使用时隐性指定。如 A 公司向 B 公司租赁火车车厢一节，专门用于运输 A 公司的特殊材料。该车厢未经重大改造，不适合其他客户使用。虽然在合同中未明确指定车厢的编号，但由于 B 公司仅拥有一节这样的车厢，无法自由替换，因此该车厢为隐性指定的资产。

### 2. 物理可区分

如果资产的部分产能在物理上可区分（如商场的一层楼或一间商铺），则该部分产能属于已识别资产。如果该部分产能与其他部分在物理上无法区分（如光缆的部分容量），则该部分产能不属于已识别资产；除非该部分产能实质上代表了资产的全部产能，客户因之可获得资产所带来的几乎全部经济利益。如图 5-1 所示。

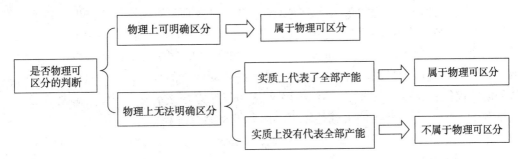

图 5-1 是否物理可区分的判断

### 3. 实质性替换权

如果出租人在整个租赁期间能自由替换合同资产，表明出租人只是规定了满足承租人需求的某一类资产，而非唯一被识别出的一项或几项资产，即合同资产并未与其他资产明确区分。在这种情况下，即使租赁合同对租赁资产进行了指定，但该资产仍不属于已识别资产。当同时满足以下两个条件时，表明出租人拥有实质性替换权。

（1）出租人拥有在整个租赁期间替换资产的实际能力。

（2）出租人通过行使替换资产的权利将获得经济利益。

上述条件（1）表明出租人拥有替换资产的实际能力，条件（2）表明出租人有替换动机。在同时满足上述两个条件的情况下，出租人极有可能行使实质性替换权。

**【例 5-4】** 承租人 A 公司与出租人 B 公司签订了建筑租赁合同。合同规定，当市场租金超出合同租金 1.5 倍的时候，出租人有权要求将其他地理位置的房屋与当前合同租赁房屋替换，承租人应予以配合。请问出租人是否拥有实质性替换权？

**【分析】**

由于合同仅规定了市场租金超出合同租金 1.5 倍的特定情况，出租人并未拥有在整个租赁期内替换资产的实际能力，因此出租方的替换权不具有实质性。

### （三）客户是否控制已识别资产使用权的判断

由于客户控制资产使用权的目的是通过资产的使用获取经济利益，因此客户控制已识别资产使用权的判断应同时满足以下两项标准：①客户有权主导资产的使用；②客户有权获得因使用资产所产生的几乎全部经济利益。

### 1. 客户有权主导资产的使用

存在下列情形之一时，可视为客户有权主导资产的使用：

（1）如果未预先确定使用目的和使用方式，客户有权在整个使用期间主导已识别资产的使用目的和使用方式。

（2）虽然出租方预先确定了使用目的和使用方式，但客户有权在整个使用期间自行或主导他人按照其确定的方式运营该资产。

（3）客户自己预先确定了已识别资产的使用目的和使用方式。

### 2. 客户有权获得因使用资产所产生的几乎全部经济利益

经济动机是企业行为的重要推动力。当客户有权获取因使用资产所产生的几乎全部经济利益时，它才有动机控制并使用已识别资产。客户获取经济利益的方式可以直接（如通过使用、持有方式），也可以间接（如通过转租方式）。同时，在评估客户是否有权获取已识别资产使用所带来的经济利益时，应考虑合同约定的权利范围，如合同约定所租赁的游船仅限在某一特点水域使用，则企业应当仅考虑在该水域内因使用游船所带来的经济利益，而不应包括在该水域外使用游船所带来的经济利益。

根据《企业会计准则第 21 号——租赁》的规定，可以通过图 5-2 判断合同是否为租赁或是否包含租赁。

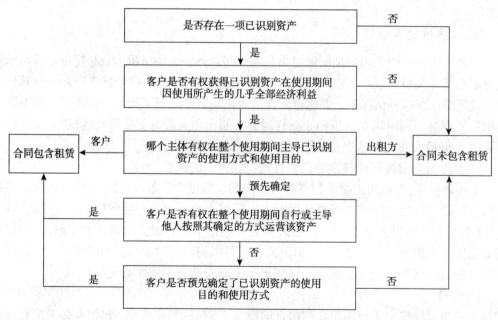

图 5-2　租赁判断流程

【例 5-5】　承租人 A 公司与出租人 B 公司签订了一份租赁合同。合同规定 B 公司需提供 20 个指定型号的集装箱供 A 公司使用，合同期为 5 年。合同期内集装箱归 A 公司保管，A 公司有权决定集装箱使用的时间、地点、用途和使用方式，但不得用于运输危险物品。若集装箱发生破损需要维修或保养，B 公司应提供同类型的集装箱予以替换。除非 A 公司违约，否则在合同期内 B 公司不得收回集装箱。

　　为方便 A 公司更高效地使用集装箱，B 公司还需提供运输集装箱的卡车和司机。卡车存放于 B 公司处，根据 A 公司要求的时间和地点运输集装箱。B 公司可根据其公司运营需要，随时调配用于运送集装箱的卡车和司机。请问合同协议中，集装箱和卡车是否构成租赁？

　　**【分析】**

　　合同中明确指定了20个集装箱由 A 公司保管且只有在破损时才能替换，这 20 个集装箱物理可区分且 B 公司未拥有实质性替换权，为已识别资产。同时 A 公司在合同期内拥有集装箱的独家使用权，且有权主导集装箱的使用方式和使用目的，因此集装箱的合同条款构成租赁。合同既未明确也未隐性指定卡车，因此运输卡车不属于已识别资产，卡车的合同条款并不构成租赁，而只是一项服务。

## 三、租赁的分拆与合并

### （一）租赁的分拆

　　一项合同中如果同时包括租赁和非租赁部分，租赁双方应将租赁和非租赁部分进行分拆。租赁部分按照新租赁准则进行会计处理，而非租赁部分则应当按照其适用的企业会计准则进行会计处理。

　　同时，一项租赁合同中也可能同时包含多项单独租赁。由于不同资产带来经济利益的方式等存在差异，因此租赁双方应将租赁合同进行分拆，分别各项单独租赁进行会计处理。

　　当租赁资产同时符合下列条件时，使用已识别资产的权利构成合同中的一项单独租赁：

　　（1）承租人可从单独使用该资产或将其与易于获得的其他资源一起使用中获利；

　　（2）该资产与合同中的其他资产不存在高度依赖或高度关联关系。如承租人不论是否租入该资产，均不会对承租人使用合同中其他资产的权利产生重大影响，这种情形即表明该资产与合同中其他资产不存在高度依赖或高度关联关系。

### 1. 承租人的会计处理

　　当合同中同时包括了租赁和非租赁部分（或同时包含多项单独租赁），其总合同对价与单独租赁和单独非租赁的合同对价合计数（或多项单独租赁的合同对价合计数）之间可能存在差异，因此在分拆合同时，承租人应当按照各项租赁部分单独价格及非租赁部分的单独价格之和的相对比例分摊合同对价。租赁和非租赁部分的单独价格应根据出租人或类似资产供应方就该部分或类似部分向企业单独收取的价格确定。

　　**【例 5-6】** 承租人 A 公司与出租人 B 公司签订了一份租赁合同。合同规定 A 公司从 B 公司处租赁一辆工程车及碎石机用于矿石开采业务，租赁期为 3 年，其间 B 公司提供租赁资产的维护服务。合同总对价为 120 万元，每年支付 40 万元。相同合同条件下，市面上单独出租租赁期为 3 年的工程车及碎石机的价格分别为 50 万元、60 万元；市面上工程车及碎石机维护服务的可观察单独价格分别为 8 万元、10 万元。请问租赁工程车、碎石机的价格分别是多少？

**【分析】**

租入工程车、碎石机分别属于单独租赁，这是因为：①A 公司可从单独使用任一项资产或将其与其他资源一起使用中获利；②上述两项设备之间不存在高度依赖或关联关系。因此，A 公司需将合同对价分摊至两项设备及其对应的维护服务部分。

A 公司将合同对价 120 万元分摊的计算表如表 5-1 所示。

表 5-1　合同对价分摊计算表

元

| 项目 | | 工程车 | 碎石机 | 合计 | 租赁付款额（折现前）① | | |
|---|---|---|---|---|---|---|---|
| | | | | | 工程车 | 碎石机 | 合计 |
| 可观察的单独价格 | 租赁 | 500 000 | 600 000 | 1 100 000 | 468 750 | 562 500 | 1 031 250 |
| | 非租赁 | 80 000 | 100 000 | 180 000 | 75 000 | 93 750 | 168 750 |
| | 合计 | 580 000 | 700 000 | 1 280 000 | 543 750 | 656 250 | 1 200 000 |
| 合同总对价 | | 1 200 000 | | | 1 200 000 | | |
| 分摊率 | | 93.75% | | | | | |

**2. 出租人的会计处理**

出租人应当分拆租赁和非租赁部分，根据《企业会计准则第 14 号——收入》中关于交易价格分摊的规定分摊合同对价。

**（二）租赁的合并**

租赁双方在同一时间或相近时间订立的两份或多份租赁合同，如果满足以下条件中的其中任何一项，应合并为一项合同进行会计处理：

（1）租赁合同是基于总体商业目的而订立的一揽子交易，如果不作为整体考虑将无法理解其总体商业目的。

（2）租赁合同中某份合同的对价金额取决于其他合同的对价或履约情况。

（3）租赁资产使用权合起来构成一项单独租赁。

# 第二节　承租人的会计处理

根据《企业会计准则第 21 号——租赁》的规定，承租人会计处理不再区分经营租赁和融资租赁，除短期租赁和低价值资产租赁外，均统一采用单一的会计处理模型，确认使用权资产和租赁负债。但对出租人租赁的处理，仍然区分经营租赁和融资租赁，分别采用不同的会计处理方法。

## 一、初始计量

在租赁期开始日，承租人应确认使用权资产和租赁负债（简化处理的租赁除外）。一方面，将使用权资产作为自有资产登记入账，其入账金额为使用权资产的取得成本；

---

① 租赁付款额（折现前）=可观察的单独价格×分摊率

另一方面，应将未来应支付的租赁款项作为租赁付款额入账。使用权资产的入账金额和租赁付款额的差额作为未确认融资费用。其相当于承租人向出租人借款购买了租赁资产，未来应支付款项的总额与其使用权资产入账金额之间的差额为融资费用，需要在未来期间进行摊销。其会计处理如下。

借：使用权资产                                       [取得成本 A]
    租赁负债——未确认融资费用                         [B-A]
  贷：租赁负债——租赁付款额                           [未来应支付的租赁款项 B]

### （一）租赁负债的初始计量

租赁负债是承租方承担的现时债务，应当按照租赁期开始日尚未支付的租赁付款额的现值进行初始计量，因此租赁负债金额的大小取决于租赁付款额、折现率、租赁期的取值。

#### 1．租赁付款额

租赁付款额是承租人向出租人支付的、与在租赁期内使用租赁资产权利相关的各种款项，具体包括以下五项内容。

1）固定付款额或实质固定付款额

固定付款额是根据合同规定承租方需要支付的固定款项；实质固定付款额是形式上包含变量但实质上可以确定的付款额。如虽然合同中设置了可变条款，但可变条款几乎不可能发生；又如承租人需要从多套付款方案中选择一套付款方案时，虽然有多套方案可供选择，但承租人往往只会选择总折现金额最低的方案。同时，如果合同中存在租赁激励，计算付款额时应扣除租赁激励的相关金额。[①]

**【例 5-7】** 承租人 A 公司与出租人 B 公司签订了一份商铺租赁合同。合同规定 A 公司不得将商铺闲置或转租，且在正常营业时间内必须营业。有关租赁付款额的条款为：如果 A 公司没有产生销售额，则年租金为 1 万元；否则，年租金为 10 万元。A 公司为当地连锁品牌知名零售商。请问协议约定的租赁付款额是否为可变付款额？

**【分析】**

由于 A 公司为当地连锁品牌知名零售商，合同约定应在正常营业时间内营业，因此 A 公司在租赁期间必然产生销售额。根据租赁合同，实质固定付款额为每年 10 万元，其并非可变付款额。

**【例 5-8】** 承租人 A 公司与出租人 B 公司签订了一份设备租赁合同。合同规定不可撤销租赁期为 3 年。在第 3 年末，A 公司应选择以下两个方案中的一个支付款项：①以 40 000 元的价格购买该设备；②将租赁期延长 2 年，续租期内每年末支付租金 23 000 元。请问协议约定的租赁付款额是否为可变付款额？

**【分析】**

根据租赁合同，A 公司在第 3 年末承担了一项实质固定付款额。这是因为，不管是购买设备，还是延长租赁期，A 公司都将支付款项。实质固定付款额的大小为购买选择

---

① 租赁激励是出租人向承租人提供的优惠，如出租人为达成租赁而为承租人承担的成本、支付的各种款项等。

权的行权价格 40 000 元的现值与续租期内付款额（每年末支付租金 23 000 元）现值中的较低者。

2）取决于指数或比率的可变租赁付款额

可变租赁付款额是指承租人为取得租赁资产使用权而向出租人支付的变动款项，该款项随租赁期开始日后的事实或情况变化而变动。常见的变动指标或情况主要包括以下几方面。

（1）由于市场比率或指数数值变动导致的价格变动，如银行存款基准利率变动、物价指数变动等导致租赁付款额调整。

（2）租赁资产给承租人带来绩效的变化，如租赁不动产的付款额按使用不动产取得销售收入的一定比例确定。

（3）租赁资产的使用，如汽车租赁商要求承租人在超过一定里程数后支付额外的租赁付款额。

取决于指数或比率的可变租赁付款额包括与消费者价格指数挂钩的款项、与基准利率挂钩的款项和为反映市场租金费率变化而变动的款项等。

需要注意的是，虽然导致租赁付款额变动的情形多种多样，但只有取决于指数或比率的可变租赁付款额纳入租赁负债的初始计量中，该可变租赁付款额才根据租赁期开始日的指数或比率确定，而其他可变租赁付款额并不纳入租赁负债的初始计量中。

3）购买选择权的行权价格

在租赁期开始日，承租人应根据行使或不行使购买选择权所产生经济激励的所有相关事实和情况，合理评估是否将行使购买选择权。如果承租人合理确定将行使租赁资产的购买选择权，租赁付款额中应包含购买选择权的行权价格。

4）行使终止租赁选择权需支付的款项

在租赁期开始日，承租人应根据行使或不行使终止租赁选择权所产生经济激励的所有相关事实和情况，合理评估是否将行使终止租赁选择权。如果承租人合理确定将行使终止租赁选择权，租赁付款额中应包含终止租赁选择权的行权价格。相应地，租赁期不应包含终止租赁选择权所涵盖的期间。

【例 5-9】 承租人 A 公司与出租人 B 公司签订了一份办公楼租赁合同。合同规定租赁期为 5 年，但承租人 A 公司有权在第 3 年末行使终止租赁选择权，行权价格为相当于 3 个月租金的金额。该办公楼能满足承租人 A 公司的办公需求，同时合同租赁付款额与市场租金水平相当。A 公司认为 3 个月的租金对于其而言是重大的。请判断承租人 A 公司是否会行使终止租赁选择权。

【分析】

由于租金水平符合市场状况，在同等条件下，A 公司难以租入更优惠的办公楼。同时，3 个月的租金对于 A 公司而言重大，因此可以合理确定 A 公司不会行使终止租赁选择权，即租赁负债不应包括行使终止租赁选择权需支付的罚金，租赁期为 5 年。

5）根据承租人提供的担保余值预计应支付的款项

对承租人而言的担保余值是与出租人无关的一方（包括承租人和与承租人有关的第三方），向出租人保证租赁结束时租赁资产的价值至少为某一指定的金额。如果承租人提供了担保余值，则说明承租人承担了保证租赁资产余值的义务，租赁付款额应包含该担保下预计将支付的款项。

【例 5-10】 承租人 A 公司与出租人 B 公司签订了一份设备租赁合同。合同规定设备租赁期为 5 年，A 公司担保 5 年后设备的余值为 10 万元。租赁开始日，A 公司预计 5 年后该设备的公允价值为 13 万元。要求计算租赁付款额中与担保余值相关的付款额。

【分析】

由于 A 公司预计 5 年后设备的公允价值为 13 万元，超过了 A 公司的担保余值 10 万元，因此 A 公司预计在担保余值下应支付的款项为 0，即租赁付款额中与担保余值相关的付款额为 0。

补充阅读资料 5-2

担保余值是出租人为维护其经济利益，防止出现承租人过度使用租赁资产等情况，要求承租人对租赁资产到期时的资产余值提供担保。未担保余值是预估的到期租赁资产公允价值减去担保余值后的余额。

**2. 折现率**

折现率的取值影响租赁负债的初始计量金额。承租人应当首先采用租赁内含利率作为折现率；当租赁内含利率无法确定时，应当采用承租人增量借款利率作为折现率。

（1）租赁内含利率。租赁内含利率是使出租人的租赁收款额的现值加上未担保余值的现值之和等于租赁资产公允价值加上出租人的初始直接费用之和的利率。它相当于使出租人未来收益的现值等于出租人现在付出的成本，因此租赁内含利率实际上也就是出租人的内含报酬率。

其中，对出租人而言的担保余值是在对承租人而言的担保余值的基础上，加上独立于承租人和出租人的第三方的担保余值；未担保余值是租赁期届满时租赁资产的公允价值减去对出租人而言的担保余值后的部分。由于未担保余值没有相关方为其提供担保，这部分余值的风险和报酬并未从出租人处转移出去，其风险仍由出租人承担，因此未担保余值不是出租人应收租赁收款额的组成部分。初始直接费用是指为达成租赁所发生的增量成本，即在租赁谈判和签订租赁合同的过程中发生的可直接归属于租赁项目的费用，包括佣金、律师费、差旅费、谈判费等。而不论是否租赁都会发生的支出则不属于初始直接费用，如为评估是否应租赁而发生的差旅费等，这类费用在发生时计入当期损益。

担保余值和未担保余值之间的关系可以用图 5-3 表示。

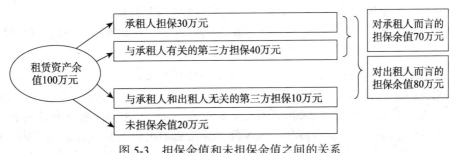

图 5-3 担保余值和未担保余值之间的关系

其中，对承租人而言的担保余值 70（30＋40）万元，对出租人而言的担保余值

80（30 + 40 + 10）万元，剩余的部分 20 万元为未担保余值。

**【例 5-11】** 承租人 A 公司与出租人 B 公司签订了一份设备租赁合同，租赁期为 5 年。租赁期开始日设备的公允价值为 100 万元，B 公司预计租赁结束时该设备的公允价值为 8 万元。租赁付款额每年为 25 万元，每年年末支付。为使设备正常租赁，B 公司发生初始直接费用 1 万元。要求计算 B 公司的租赁内含利率。

**【分析】**

租赁内含利率是使出租人的租赁收款额的现值加上未担保余值的现值之和等于租赁资产公允价值加上出租人的初始直接费用之和的利率。即：

$25 \times (P/A, r, 5) + 8 \times (P/F, r, 5) = 100 + 1$

计算得出的租赁内含利率 $r$ 为 9.53%。

（2）承租人增量借款利率。承租人增量借款利率是承租人在类似经济环境下为获得与使用权资产价值接近的资产，在类似期间以类似抵押条件借入资金须支付的利率。上述概念基于承租人视角提出，由于租赁对于承租人而言具有融资性质，因此可采用承租人增量借款利率作为折现率。从概念可以看出，承租人增量借款利率与承租人自身偿债能力及信用状况、经济环境、租赁负债金额、租赁期、租赁资产的性质及质量相关。

### （二）使用权资产的初始计量

使用权资产是承租人可在租赁期内使用租赁资产的权利。在租赁期开始日，承租人应按照使用租赁资产权利的取得成本进行初始计量。其取得成本包括以下四部分：

（1）租赁负债的初始计量金额。

（2）在租赁期开始日或之前已经支付的租赁付款额（如果存在租赁激励，应扣除已经享受的租赁激励金额）。

（3）承租人发生的初始直接费用。

（4）承租人未来为拆卸、移除租赁资产或恢复租赁资产至租赁条款约定状态等预计将发生的成本。

由于使用权资产的初始计量金额为租赁期开始日承租人应入账的资产金额，而上述第（4）项为预计租赁期满时将发生的支出，因此应按其现值确认使用权资产成本，即按预计将发生的拆卸、移除租赁资产或恢复租赁资产至租赁条款约定状态等成本的现值入账。具体会计处理时，按照《企业会计准则第13号——或有事项》进行会计处理，借记"使用权资产"科目，贷记"预计负债"科目。

同时，需要注意的是承租人取得租赁资产使用权后，有可能会对租赁资产进行改良，改良支出不属于使用权资产，应当计入"长期待摊费用"科目。

**【例 5-12】** 承租人 A 公司与出租人 B 公司签订了一份商铺租赁合同，租赁期为 5 年。承租人 A 公司拥有 2 年的续租选择权。合同约定：①前 5 年每年租金为 100 000 元，如果续租，续租期间的租金为每年 110 000 元，每年年初支付；②为顺利承租商铺，承租人 A 公司支付了佣金、差旅费、前任租户补偿费等共计 10 000 元；③经双方协商，出租人 B 公司同意支付 B 公司 2 000 元补偿款；④由于续租租金高于前 5 年的租金，A 公司不能合理确定将行使续租选择权；⑤A 公司无法取得出租人 B 公司的租赁内含利率，其测算的以类似抵押条件借入期限为 5 年、与使用权资产等值的增量借款利率为每年 6%。要求计算 A 公司使用权资产的初始成本并编制相应的会计分录。

**【分析】**

本例使用权资产的初始成本包括租赁付款额的现值（即租赁负债）、在租赁期开始日支付的租赁付款额、租赁激励、承租人的初始直接费用四部分。

（1）由于 A 公司不能合理确定将行使续租选择权，因此租赁期应确定为 5 年。

租赁期开始日 A 公司支付了第 1 年的租金 100 000 元，剩余 4 年租金未支付。

租赁付款额的现值 = 剩余 4 期租赁付款额的现值 = 100 000 × (P/A, 6%, 4) = 346 511（元）

未确认融资费用 = 未来 4 期合计要支付的租赁付款额 − 未来 4 期租赁付款额的现值
= 400 000 − 346 511 = 53 489（元）

借：使用权资产　　　　　　　　　　　　　　　　　　　　346 511
　　租赁负债——未确认融资费用　　　　　　　　　　　　　53 489
　　贷：租赁负债——租赁付款额　　　　　　　　　　　　　　　　400 000

（2）将租赁期开始日支付的租赁付款额、租赁激励金额计入使用权资产入账价值。

借：使用权资产　　　　　　　　　　　　　　　　　　　　100 000
　　贷：银行存款　　　　　　　　　　　　　　　　　　　　　　100 000

借：银行存款　　　　　　　　　　　　　　　　　　　　　　2 000
　　贷：使用权资产　　　　　　　　　　　　　　　　　　　　　　2 000

（3）将承租人的初始直接费用计入使用权资产入账价值。

借：使用权资产　　　　　　　　　　　　　　　　　　　　10 000
　　贷：银行存款　　　　　　　　　　　　　　　　　　　　　　10 000

B 公司使用权资产的初始成本为：346 511 + 100 000 − 2 000 + 10 000 = 454 511（元）

## 二、后续计量

### （一）租赁负债的后续计量

租赁负债在后续计量中，主要涉及确认租赁负债的利息、支付租赁付款额、租赁变更等事项，承租人按照以下原则进行后续计量：①确认租赁负债的利息时，增加租赁负债的账面金额；②支付租赁付款额时，减少租赁负债的账面金额；③因租赁变更等原因导致租赁付款额变动时，重新计量租赁负债的账面价值。

#### 1. 租赁付款额的支付及租赁负债利息的确认

承租人未来支付的租金中包含偿还的本金和利息两部分，因此支付租赁付款额时，一方面应冲减负债"租赁负债——租赁付款额"；另一方面之前未确认的融资费用应将其确认，计入"财务费用"等科目。其会计处理如下。

借：租赁负债——租赁付款额
　　贷：银行存款
借：财务费用——利息费用等
　　贷：租赁负债——未确认融资费用

当租赁合同约定每期期初支付租金时，租赁期的第一期只需要减少"租赁负债——租赁付款额"，不需要确认融资费用，这是因为融资费用是资金的使用费用，在期初承租人并未占用出租人的资金，因此第一期的租金不含利息。

【例 5-13】 承租人 A 公司与出租人 B 公司签订了一份商铺租赁合同，租赁期为 5 年，每年的租赁付款额为 10 万元，每年年末支付。承租人 A 公司无法确定租赁内含利率，其测算的增量借款利率为 6%。要求编制 A 公司第 1 年支付租金及确认租赁负债利息的会计处理。

【分析】

租赁期开始日 A 公司确认的租赁负债 = 100 000 × (P/A, 6%, 5) = 421 236（元）

A 公司当年应确认的利息 = 421 236 × 6% = 25 274.16（元）

A 公司当年偿还的本金 = 100 000 − 25 274.16 = 74 725.84（元）

即租赁负债的账面价值减少了 74 725.84 元。

| | | |
|---|---|---|
| 借：租赁负债——租赁付款额 | 100 000 | |
| 贷：银行存款 | | 100 000 |
| 借：财务费用——利息费用 | 25 274.16 | |
| 贷：租赁负债——未确认融资费用 | | 25 274.16 |

### 2. 租赁负债的重新计量

租赁负债的金额取决于尚未支付的租赁付款额的现值，因此如果租赁期开始日后租赁付款额发生变化，其必然导致租赁负债重新计量。当租赁付款额出现以下几种情况时，需要按照变动后的租赁付款额的现状重新计量租赁负债，相应地也需要调整使用权账面价值。当租赁付款额增加时，其会计处理为

借：使用权资产

　　租赁负债——未确认融资费用

　　贷：租赁负债——租赁付款额

当租赁付款额减少时，则作相反会计处理。

（1）实质固定付款额发生变动。如果租赁付款额在满足一定条件后，由可变转为固定，那么该部分实质固定付款额应作为租赁负债的组成部分。承租人应按租赁期开始日确定的折现率对变动后租赁付款额进行折现，重新计量租赁负债。

【例 5-14】 承租人 A 公司与出租人 B 公司签订了一份生产设备租赁合同，租赁期为 5 年，租金每年年末支付。合同约定租金根据实际产能确定，即第 1 年应支付的租金按照第 1 年全年的实际产能确定，第 2～5 年每年应支付的租金和第 1 年的租金相同。租赁期开始日，A 公司无法确定租赁内含利率，其增量借款利率为 6%。在第 1 年结束后，按照第 1 年实际产能确定的租赁付款额为每年 30 000 元。要求编制 A 公司第 1 年末的相关账务处理。

【分析】

在第 1 年，应支付的租金是可变的，但从第 2 年开始，租金转变为固定付款额。在租赁期开始日，由于未来应支付的租金不确定，无法计算租赁负债，因此 A 公司的租赁负债为 0。第 1 年结束时，租金的可变性消除，A 公司需要根据确定的租赁付款额按照 6% 的折现率重新计量租赁负债。

由于第 1 年的租金已经支付，未来需支付的租金为 120 000 元（30 000 × 4），因此

第 1 年末租赁付款额的现值为 103 953 元［30 000×(P/A, 6%, 4)］，未确认融资费用为 16 047 元（120 000－103 953）。A 公司第 1 年末的账务处理为

①支付第 1 年的租金。

借：制造费用     30 000

    贷：银行存款     30 000

②确认使用权资产和租赁负债。

借：使用权资产     103 953

    租赁负债——未确认融资费用     16 047

    贷：租赁负债——租赁付款额     120 000

（2）担保余值预计的应付金额发生变动。租赁期开始日后，承租人应对其担保余值预计应付金额进行估计。如果估计的金额发生变动，承租人应采用租赁期开始日的折现率计算变动后的租赁付款额现值，据此重新计量租赁负债。

【例 5-15】 承租人 A 公司与出租人 B 公司签订了一份设备租赁合同。合同规定设备租赁期为 5 年，A 公司担保 5 年后设备的余值为 10 万元。租赁期开始日，A 公司预计 5 年后该设备的公允价值为 13 万元。第 1 年末，A 公司预计租赁期末该设备的公允价值为 8 万元。要求计算租赁期开始日和第 1 年末，租赁付款额中与担保余值相关的付款额。

【分析】

由于租赁期开始日 A 公司预计 5 年后设备的公允价值为 13 万元，超过了 A 公司的担保余值 10，因此租赁付款额中与担保余值相关的付款额为 0。第 1 年末，A 公司预计设备的公允价值变为 8 万元，低于担保余值 10 万元，低于担保余值的部分 2（10—8）万元应纳入租赁付款额，并采用不变的折现率重新计量租赁负债。

（3)用于确定租赁付款额的指数或比率发生变动。利率包括浮动利率和非浮动利率。当租赁期开始日后，因浮动利率变动导致未来租赁付款额发生变动的，一方面要按照变动后的租赁付款额的现值重新计量租赁负债；另一方面也需要根据浮动利率变动情况修订折现率；当租赁期开始日后，因指数或比率（浮动利率除外）的变动导致未来租赁付款额发生变动的，承租人应当按照变动后的租赁付款额的现值重新计量租赁负债，但折现率不变。

【例 5-16】 承租人 A 公司与出租人 B 公司签订了一份设备租赁合同。合同规定租赁期为 8 年，每年的租赁付款额为 10 万元，每年年初支付。租赁付款额每 2 年根据过去 2 年间的物价指数变动进行调整，租赁期开始日的物价指数为 110%。第 3 年年初，物价指数上升为 121%，A 公司在租赁期开始日的折现率为 6%。要求编制第 3 年年初 A 公司租赁付款额变动的会计分录。

【分析】

第 3 年年初，在根据物价指数调整未来租赁付款额之前，租赁负债为 521 236［100 000＋100 000×(P/A, 6%, 5)］元。根据物价指数调整后，第 3 年应支付的租赁付款额为 110 000×（100 000×121%÷110%）元，从第 3 年起未来应支付的租赁付款额为 660 000（110 000×6）元，租赁负债变为 573 360［110 000＋110 000×(P/A, 6%, 5)］元。A 公司租赁付款额将增加 60 000 元，租赁负债将增加 52 124 元。

借：使用权资产 52 124
　　租赁负债——未确认融资费用 7 876
　　贷：租赁负债——租赁付款额 60 000

（4）购买选择权、续租选择权或终止租赁选择权的评估结果或实际行使情况发生变化。租赁期开始日后，发生下列情形时，承租人应当按照修订后的折现率对变动后的租赁付款额进行折现，重新计量租赁负债。

①承租人可控范围内的重大事件或变化，且影响承租人是否合理确定将行使续租选择权或终止租赁选择权的，承租人应对其影响进行评估。当选择权的评估结果发生变化，承租人应根据新的评估结果重新确定租赁期和租赁付款额。

②承租人可控范围内的重大事件或变化，且影响承租人是否合理确定将行使购买选择权的，承租人应对其影响进行评估。当选择权的评估结果发生变化，承租人应根据新的评估结果重新确定租赁付款额。

由于上述情形会导致剩余租赁期、租赁付款额发生变化，相应地将导致出租人的内含报酬率发生变化，因此承租人应采用剩余租赁期间的内含报酬率作为折现率，重新计算变动后租赁付款额的现值。当剩余租赁期间的内含报酬率无法确定时，应采用重估日承租人增量借款利率作为折现率。

【例5-17】 承租人A公司与出租人B公司签订了一份办公楼租赁合同。合同规定每年的租赁付款额为10万元，每年年末支付。不可撤销租赁期为3年，3年后A公司有权选择以每年10万元的金额续租2年，也可选择以80万元的金额购买该办公楼。第1年，A公司在租赁期开始日评估认为可以合理确定将选择续租选择权，因此确定的租赁期为5年。A公司无法确定租赁内含利率，其增量借款利率为6%。A公司采用直线法计提折旧。第2年，当地的房地产价格显著上涨，A公司预期租赁期结束时，该房产价格为120万元，因此A公司在第2年末重新评估后认为，能够合理确定将行使购买选择权。第3年末，A公司实际行使了购买选择权。要求编制A公司在租赁期开始日和行使购买选择权时的会计分录。

【分析】

租赁期开始日，A公司确认的租赁负债和使用权资产为421 236元[100 000×(P/A, 6%, 5)]。其账务处理为

借：使用权资产 421 236
　　租赁负债——未确认融资费用 78 764
　　贷：租赁负债——租赁付款额 500 000

A公司后续计量将按表5-2进行财务处理。

表5-2　A公司租赁负债和利息计算表　　　　　　　　　　　　　　　　元

| 年度 | 租赁负债年初金额 (1) | 利息 (2)=(1)×6% | 租赁付款额 (3) | 租赁负债年末金额 (4)=(1)+(2)-(3) |
|---|---|---|---|---|
| 1 | 421 236 | 25 274.16 | 100 000 | 346 510.16 |
| 2 | 346 510.16 | 20 790.61 | 100 000 | 267 300.77 |
| 3 | 267 300.77 | 16 038.05 | 100 000 | 183 338.82 |
| 4 | 183 338.82 | 11 000.33 | 100 000 | 94 339.15 |
| 5 | 94 339.15 | 5 660.85* | 100 000 | — |

注：本表中（1）、（2）取两位小数，*为反推计算所得（100 000-94 339.15）。

房地产价格上涨属于市场情况发生变化,不在 A 公司的可控范围内。虽然市场价格上涨最终导致续租选择权和购买选择权的评估结果发生变化,但 A 公司不需重新计量租赁负债。

第 3 年末,A 公司行使购买选择权,使用权资产转变为固定资产。第 3 年末,使用权资产的原值为 421 236 元,累计折旧为 252 741.6(421 236×3/5)元;第 3 年末,租赁负债的账面价值为 183 338.82 元,其中租赁付款额为 200 000 元,未确认融资费用为 16 661.18(200 000 – 183 338.82)元。因此,A 公司行使购买选择权的会计分录为

| | |
|---|---:|
| 借:固定资产——办公楼 | 785 155.58 |
| 使用权资产累计折旧 | 252 741.60 |
| 租赁负债——租赁付款额 | 200 000 |
| 贷:使用权资产 | 421 236 |
| 租赁负债——未确认融资费用 | 16 661.18 |
| 银行存款 | 800 000 |

**【例 5-18】** 承租人 A 公司与出租人 B 公司签订了一份办公楼租赁合同。合同规定租赁期为 6 年,并拥有续租 4 年的选择权。前 6 年的租赁付款额为每年 10 万元,可选续租期间的租赁付款额为每年 11 万元,均在每年年初支付。在租赁期开始日,A 公司评估后认为不能合理确定将行使续租选择权,因此确定租赁期为 6 年。A 公司无法确定租赁内含利率,其增量借款年利率为 7%。在租赁期开始日,A 公司支付第 1 年的租赁付款额 10 万元,并确认租赁负债 410 020[100 000×(P/A, 7%, 5)]元。在第 3~4 年,A 公司业务快速增长,人员规模增加,需要扩租办公楼。在第 4 年末,A 公司重新评估后认为,其合理确定将行使现有租赁合同下的续租选择权,总租赁期由 6 年变为 10 年。第 4 年年末,A 公司增量借款年利率为 6%。要求计算第 4 年年末续租选择权行使前和行使后租赁负债的金额。

**【分析】**

续租选择权行使前 A 公司在第 4 年年末的租赁负债为 193 458[100 000 + 100 000×(P/A, 7%, 1)]元。

在第 4 年年末决定续租办公楼的决定在 A 公司的可控范围内,因此一方面应将剩余租赁期(5~10 年)内的租赁付款额纳入租赁负债的计算中,另一方面应采用修订后的折现率 6% 进行折现。续租选择权行使后 A 公司在第 4 年年末的租赁负债为 553 928.33[100 000 + 100 000×(P/A, 6%, 1) + 110 000×(P/A, 6%, 4)×(P/F, 6%, 1)]元。

### (二)使用权资产的后续计量

#### 1. 使用权资产的折旧

承租人将租入的租赁资产视同自有固定资产,需要对其计提折旧。计提折旧时,承租人参照《企业会计准则第 4 号——固定资产》的有关规定进行折旧。其会计处理为

借:制造费用

　　管理费用等

　　贷:使用权资产累计折旧

租赁资产折旧的计提主要涉及三个方面:一是折旧开始时间;二是折旧政策;三是

折旧期间。

（1）折旧开始时间。与《企业会计准则第 4 号——固定资产》规定不同的是，通常使用权资产应自租赁期开始的当月计提折旧；当月计提确有困难的，也可以选择自租赁期开始的下月计提折旧。

（2）折旧政策。承租人应当根据使用权资产经济利益的预期实现方式，采用与自有固定资产相一致的折旧政策。通常应采用直线法计提折旧，但如果其他折旧方法更能反映使用权资产经济利益的预期实现方式，应采用其他折旧方法。使用权资产的净残值则需考虑是否有担保余值。如果承租人或与其有关的第三方提供了担保余值，则应计提折旧总额为使用权资产的入账价值减去担保余值后的金额；如果承租人或与其有关的第三方未提供担保余值，则应计提折旧总额为使用权资产的入账价值。

（3）折旧期间。折旧期间应根据承租人实际可使用年限确定。如果能够合理确定承租人将会取得租赁资产所有权，则折旧期间为租赁期开始日租赁资产剩余使用寿命；否则，折旧期间为租赁期与租赁资产剩余使用寿命两者中较短者。

### 2. 使用权资产的减值

承租人按照《企业会计准则第 8 号——资产减值》的规定，对已识别的减值损失进行会计处理。当使用权资产发生减值时，其会计处理为

借：资产减值损失

　　贷：使用权资产减值准备

一旦计提减值，在未来期间不得转回。减值损失计提后，承租人按照扣除减值损失之后的账面价值对使用权资产进行后续折旧处理。

【例 5-19】 承租人 A 公司与出租人 B 公司签订了一份办公楼租赁合同。合同规定租赁期为 6 年，A 公司拥有续租 4 年的选择权。租赁期开始日为 20×1 年 1 月 1 日，月租金 1 万元，每月末支付，前 2 个月免付租金。不可撤销租赁期 6 年到期后，A 公司可按市价行使续租选择权。经评估，A 公司认为可以合理确定将行使续租选择权。租赁期开始日，该办公楼剩余使用寿命为 15 年。要求判断该办公楼的折旧期间。

【分析】

承租人有续租选择权，且可以合理确定将行使续租选择权，因此租赁期应包括续租选择权涵盖的期间，即按 10（6＋4）年确认租赁期。办公楼剩余使用寿命为 15 年，根据孰短原则，应按 10 年对该办公楼使用权资产计提折旧。

## 三、短期租赁和低价值资产租赁

对于短期租赁和低价值资产租赁，承租人可以选择不确认使用权资产和租赁负债，而将租赁付款额在租赁期内按直线法或其他合理的方法计入相关资产成本或当期损益。

### （一）短期租赁

短期租赁是指从租赁期开始日起，租赁期不超过 12 个月的租赁。但对于包含购买选择权的租赁，不管租赁期是否超过 12 个月，均不得视同为短期租赁。

【例 5-20】 承租人 A 公司与出租人 B 公司签订了一份设备租赁合同。合同规定租赁期为 10 个月，A 公司同时拥有续租 6 个月的选择权。由于续租期的租金较市场价格低，A 公司在租赁期开始日认为可以合理确定将行使续租选择权。请问该租赁是否属于短期租赁，能否选择简化会计处理方法？

【分析】

承租人有续租选择权，且可以合理确定将行使续租选择权，因此租赁期为 16 个月（10＋6）。租赁期超过 12 个月的规定，不属于短期租赁，不能选择简化会计处理方法。

### （二）低价值资产租赁

在判断是否为低价值资产时，应基于资产在全新状态下的价值进行评估，即不考虑资产已使用的年限、该资产对承租人的重要性等其他情况。常见的低价值资产包括办公家具、电话、平板电脑等。

低价值资产租赁是指单项租赁资产为全新资产时价值较低的租赁。承租人可根据每项租赁的具体情况作出简化会计处理选择。

需要注意的是低价值资产租赁的判断是按照每项租赁资产进行判断的，即只有承租人能够通过单独使用该低价值资产获利，且该项资产与其他租赁资产没有高度依赖或关联关系时，才能对该低价值资产租赁进行简化会计处理。

【例 5-21】 承租人 A 公司与出租人 B 公司签订了一份租赁合同。合同规定租赁以下资产：①笔记本电脑、台式电脑、平板电脑、打印机等 IT（信息技术）设备；②办公桌、办公椅等办公家具；③服务器组件。服务器组件需要添加到大型服务器中，以增加服务器存储容量。请问上述租赁资产中哪些属于可采用简化会计处理的低价值资产？

【分析】

通常符合低价值资产租赁的资产全新状态下的绝对价值应低于人民币 40 000 元。本例中的租赁资产单独价格均低于上述标准，其中笔记本电脑等 IT 设备、办公家具能够单独使承租人受益且与其他租赁资产没有高度依赖或关联关系，属于可采用简化会计处理的低价值资产；而服务器组件与服务器中的其他部分高度相关，不构成单独的租赁部分，不属于可采用简化会计处理的低价值资产。

# 第三节 出租人的会计处理

## 一、出租人的租赁分类

出租人应当在租赁开始日将租赁区分为融资租赁和经营租赁，其判断标准为与租赁资产所有权相关的风险和报酬是否转移。如果一项租赁实质上转移了与资产所有权相关的全部风险和报酬，则这项租赁属于融资租赁；如果一项租赁实质上并未转移与资产所有权相关的全部风险和报酬，则这项租赁属于经营租赁。这里所指的风险既包括因租赁资产本身闲置、技术陈旧造成的损失，也包括由于经济状况改变带来的回报变动；所指的报酬既包括租赁资产使用对企业盈利的影响，也包括租赁资产本身增值或残值变现带来的利得。租赁分类的判断要从业务交易的经济实质进行判断，而非合同的形式。如果租赁业务满足以下五项条件中的其中任何一项，则为融资租赁；否则应将其归类为经营租赁。

（1）租赁期届满时，资产的所有权转移给承租人。例如，在租赁协议中已经约定，租赁期满承租人将取得租赁资产所有权。

（2）承租人有购买租赁资产的选择权，而且购买价款预计远低于行使购买权时租赁资产的公允价值，因此在租赁期开始日就可以合理地确定承租人将行使购买权。例如，承租人和出租人签订了设备租赁协议，约定租赁期满承租人可以1万元的价格取得设备的所有权，预计租赁期满设备的公允价值为10万元。在本例中，购买价款仅为设备公允价值的10%，因此可以合理地确定承租人将会购买该设备。

上述第（1）项和第（2）项条件所指的租赁交易，实质上相当于承租人通过向出租人借入资金购置资产，与租赁资产所有权相关的全部风险和报酬全部转移至承租人。

（3）租赁期占租赁资产使用寿命的大部分。这里的"大部分"通常指租赁期占租赁期开始日租赁资产尚可使用寿命的75%（含75%）。这种情况下，虽然承租人未取得租赁资产的所有权，但承租人充分利用了租赁资产，并从中获取了租赁资产的大部分收益，与租赁资产所有权有关的几乎所有风险和报酬已经实质上转移给了承租人。同时要注意，上述标准针对的是租赁资产较新的情况。如果租赁的是旧资产，租赁前租赁资产已使用年限不得超过自全新时起租赁资产可使用年限的75%。这是因为，在这种情况下，租赁资产的大部分使用寿命已经在租赁开始前被消耗掉，不符合融资租赁的实质含义（图5-4）。

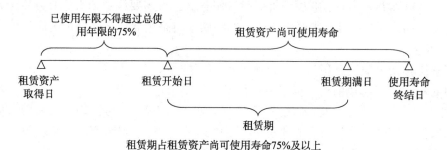

图 5-4　租赁期占租赁资产使用寿命的大部分

例如，A公司向B公司租赁S设备，S设备全新时可使用10年。假设A公司从第3年年初开始租赁，租赁期为7年。由于S设备已使用2年，已使用年限占总使用年限的比重为20%（小于75%），同时租赁期（7年）占租赁期开始日租赁资产尚可使用寿命（8年）的比重为87.5%（大于75%），因此该租赁为融资租赁。如果A公司从第9年年初开始租赁，租赁期为2年。虽然租赁期（2年）占租赁期开始日租赁资产尚可使用寿命（2年）的比重为100%（大于75%），但由于S设备已使用年限（8年）占总使用年限（10年）的比重为80%（超过75%），该租赁业务不能认定为融资租赁，而只能认定为经营租赁。

（4）出租人在租赁期开始日租赁收款额的现值几乎相当于租赁期开始日租赁资产的公允价值。"几乎相当于"的判断指标为90%及以上。在这种情况下，承租人支付了相当于租赁资产的购置价格，与租赁资产有关的几乎所有风险和报酬已经实质转移给了承租人。例如，A 公司与 B 公司签订租赁合同，约定 A 公司租赁 B 公司 S 生产设备 5 年，每年支付租金 100 万元。假设在租赁期开始日 S 设备的公允价值为 300 万元，而 500 万元租金折现后的现值为 310 万元。B 公司租赁收款额的现值超过了租赁期开始日 S 设备的公允价值，应认定为融资租赁。

（5）租赁资产性质特殊，如果不作较大改造，只有承租人才能使用。出租人根据承租人的特殊要求，专门为其购买或建造。由于不同承租人所要求的租赁资产的规格、型号等差异较大，如果不作较大改造，其他企业通常难以使用。出租人为保障自身的合理利润，往往在设计租赁条款时会考虑在租赁期内收回租赁资产的成本，因此出租人租赁收款额的现值几乎相当于租赁资产的购置价格。

第（3）项标准的75%和第（4）项标准的90%都只是指导性标准，具体运用时应根据实质重于形式的原则进行判断。

与融资租赁相对应的是，经营租赁中承租人仅获得租赁期内租赁资产的使用权，且该部分对价的现值和租赁资产在租赁期开始日的公允价值相差较大，与租赁资产所有权有关的全部风险和报酬实质上没有转移给承租人。因此，融资租赁和经营租赁的会计处理存在较大差异。

如果企业的租赁同时涉及土地和建筑物，应将土地和建筑物分开考虑。在我国，土地的所有权归国家，企业不能拥有土地的所有权，因此土地的租赁不能归类为融资租赁。对建筑物租赁的分类应按照租赁分类标准进行。但有时土地和建筑物确实无法分离和可靠计量，在这种情况下，应直接将其归类为融资租赁；如果有明显的证据表明土地和建筑物租赁均为经营租赁，才将整个租赁归类为经营租赁。

## 二、出租人对融资租赁的会计处理

### （一）初始计量

#### 1. 租赁收款额

租赁期开始日，出租人应对融资租赁确认应收融资租赁款，并终止确认融资租赁资产。租赁收款额是出租人因让渡租赁期内使用租赁资产的权利而应向承租人收取的款项，具体包括：

（1）承租人需支付的固定付款额及实质固定付款额。如果有租赁激励，应扣除租赁激励金额。

（2）取决于指数或比率的可变租赁付款额。

（3）购买选择权的行权价格，前提是合理确定承租人将行使该选择权。

（4）承租人行使终止租赁选择权需支付的款项，前提是承租人将行使终止租赁选择权。

（5）由承租人、与承租人有关的一方向出租人提供的担保余值。

（6）由有经济能力履行担保义务的独立第三方向出租人提供的担保余值。

租赁付款额和租赁收款额的关系如表 5-3 所示。

表 5-3　租赁付款额和租赁收款额的关系

| 名称 | 租赁付款额 | 租赁收款额 |
|---|---|---|
| 内容 | 固定付款额及实质固定付款额 | 固定付款额及实质固定付款额 |
| | 取决于指数或比率的可变租赁付款额 | 取决于指数或比率的可变租赁付款额 |
| | 购买选择权的行权价格 | 购买选择权的行权价格 |
| | 行使终止租赁选择权需支付的款项 | 行使终止租赁选择权需支付的款项 |
| | 根据承租人提供的担保余值预计应支付的款项 | |
| | | 由承租人、与承租人有关的一方向出租人提供的担保余值 |
| | | 由有经济能力履行担保义务的独立第三方向出租人提供的担保余值 |

### 2. 租赁期开始日的会计处理

融资租赁方式中，与租赁资产所有权有关的风险和报酬实质上转移给了承租人，出租人在取得长期租金收入的同时丧失了租赁资产使用权。因此，出租人的租赁资产实质上变成了收取租金的长期债权，出租人应在其资产负债表上对其进行确认。出租人未来流入的经济利益包括租赁收款额、未担保余值[①]，出租人在租赁期开始日付出的代价包括租赁资产的公允价值、初始直接费用，两者的差额即为出租人的未实现融资收益。会计处理如下。

借：应收融资租赁款——租赁收款额　　[租赁收款额] ⎫ 未来经济利益的流入
　　　未担保余值　　　　　　　　　　[未担保余值金额] ⎭

　　贷：融资租赁资产　　　　　　　　[租赁资产的账面价值] ⎫
　　　　资产处置损益（借或贷）　　　[租赁资产公允价值与账面价值的差额] ⎬ 现在经济利益的流出
　　　　银行存款　　　　　　　　　　[发生的初始直接费用] ⎭
　　　　应收融资租赁款——未实现融资收益　[差额]

【例 5-22】　承租人留购租赁资产的情况。A 公司与 B 公司签订了一份设备租赁合同。合同约定，A 公司自 20×1 年 1 月 1 日起向 B 公司租入 S 生产设备，租赁期为 20×1 年 1 月 1 日至 20×3 年 12 月 31 日。租赁的 S 设备不需安装，可直接使用。

A 公司每半年末支付一次租金 20 万元，共支付 6 次。租赁期开始日，S 设备的公允价值为 95 万元。S 设备设计的使用寿命为 10 年，已使用 5 年，还可使用 5 年，预计使用寿命到期无残值。A 公司采用年限平均法计提折旧。

为租赁该设备，A 公司发生手续费、差旅费等可直接归属于 S 生产设备的费用共 0.5 万元。设备的维护保养等费用由 A 公司自行承担，预计每年需 2 万元。合同还规定，A 公司在租赁期内需将 S 设备所生产产品销售收入的 1%向 B 公司支付。租赁期满后，A 公司有优先购买权，购买价格为 1 万元，预计租赁期满日 S 设备的公允价值为 18 万元。

假设 B 公司租赁期开始日 S 设备的账面价值和公允价值均为 95 万元，为签订租赁合同发生初始直接费用 2 万元。要求判断租赁业务的类型，并编制 B 公司在租赁期开

---

[①] 出租人未担保余值的风险和报酬并未转移给承租人，因此并非租赁收款额的组成部分。

始日的会计分录。

**【分析】**

（1）判断租赁业务的类型。租赁期满日，A公司只需支付1万元就可取得S设备的所有权，远低于租赁期满日S设备的公允价值18万元，可以合理确定A公司将会行使购买权，可以认定为融资租赁。

（2）租赁期开始日的账务处理。租赁设备不存在未担保余值，因此出租人未来经济利益的流入只有租赁收款额。出租人在租赁期开始日付出的代价包括租赁资产的公允价值（95万元）和初始直接费用（2万元），其会计处理如下。

借：应收融资租赁款——租赁收款额（20万×6+1万）　　　1 210 000
　　贷：融资租赁资产　　　　　　　　　　　　　　　　　950 000
　　　　银行存款　　　　　　　　　　　　　　　　　　　 20 000
　　　　应收融资租赁款——未实现融资收益　　　　　　　240 000

## （二）融资租赁的后续计量

### 1. 未实现融资收益分配的会计处理

出租人每期收到的租金收入包括收回的本金和利息两部分。收到租金时，一方面要减少应收融资租赁款，另一方面要确认融资的利息收入。

（1）出租人收到每期租金时。

借：银行存款
　　贷：应收融资租赁款——租赁收款额

（2）每期根据实际利率法确认的融资利息收入。

借：应收融资租赁款——未实现融资收益
　　贷：租赁收入

**【例5-23】** 沿用例5-22的资料，要求编制出租人未实现融资收益的分配表及会计分录。

**【分析】**

（1）计算出租人租赁期开始日的内含利率。出租人租赁内含利率是指在租赁期开始日使租赁收款额的现值与未担保余值的现值之和等于租赁资产公允价值与出租人的初始直接费用之和的折现率，即

$$[200\ 000×(P/A, r, 6)+10\ 000×(P/F, r, 6)] 元=（950\ 000+20\ 000）元$$

当$r=6\%$时，$200\ 000×(P/A, 6\%, 6)+10\ 000×(P/F, 6\%, 6)=990\ 513.6$元$>970\ 000$元；当$r=7\%$时，$200\ 000×(P/A, 7\%, 6)+10\ 000×(P/F, 7\%, 6)=959\ 971.4$元$<970\ 000$元，如表5-4所示。

表5-4　出租人租赁期开始日内含利率的计算　　　　　　　　　　　　　　元

| 利率 | 现值 |
| --- | --- |
| 6% | 990 513.6 |
| $r$ | 970 000 |
| 7% | 959 971.4 |

利用插值法，计算得 $r = 6.67\%$。

（2）未实现融资收益分配表见表 5-5。

表 5-5　未实现融资收益分配表

元

| 日期（1） | 租金（2） | 确认的利息收入（3）=<br>期初（5）×6.67% | 租赁投资净额减少额<br>（4）=（2）-（3） | 租赁投资净额余额①<br>（5）=期初（5）-（4） |
|---|---|---|---|---|
| 20×1 年 1 月 1 日 | | | | 970 000 |
| 20×1 年 6 月 30 日 | 200 000 | 64 699 | 135 301 | 834 699 |
| 20×1 年 12 月 31 日 | 200 000 | 55 674 | 144 326 | 690 373 |
| 20×2 年 6 月 30 日 | 200 000 | 46 048 | 153 952 | 536 421 |
| 20×2 年 12 月 31 日 | 200 000 | 35 779 | 164 221 | 372 200 |
| 20×3 年 6 月 30 日 | 200 000 | 24 826 | 175 174 | 197 026 |
| 20×3 年 12 月 31 日 | 200 000 | 12 974* | 187 026 | 10 000 |
| 20×4 年 1 月 1 日 | 10 000 | | 10 000 | 0 |
| 合计 | 1 210 000 | 240 000 | 970 000 | |

注：12 974*元为尾数调整，为 240 000 元与前五期已确认融资收入的差额。

（3）未实现融资收益分配的会计分录。

①20×1 年 6 月 30 日。

借：银行存款　　　　　　　　　　　　　　　　　　　　　　　200 000
　　贷：应收融资租赁款——租赁收款额　　　　　　　　　　　　　　200 000
借：应收融资租赁款——未实现融资收益　　　　　　　　　　　64 699
　　贷：租赁收入　　　　　　　　　　　　　　　　　　　　　　　64 699

②20×1 年 12 月 31 日。

借：银行存款　　　　　　　　　　　　　　　　　　　　　　　200 000
　　贷：应收融资租赁款——租赁收款额　　　　　　　　　　　　　　200 000
借：应收融资租赁款——未实现融资收益　　　　　　　　　　　55 674
　　贷：租赁收入　　　　　　　　　　　　　　　　　　　　　　　55 674

③20×2 年 6 月 30 日。

借：银行存款　　　　　　　　　　　　　　　　　　　　　　　200 000
　　贷：应收融资租赁款——租赁收款额　　　　　　　　　　　　　　200 000
借：应收融资租赁款——未实现融资收益　　　　　　　　　　　46 048
　　贷：租赁收入　　　　　　　　　　　　　　　　　　　　　　　46 048

④20×2 年 12 月 31 日。

借：银行存款　　　　　　　　　　　　　　　　　　　　　　　200 000
　　贷：应收融资租赁款——租赁收款额　　　　　　　　　　　　　　200 000
借：应收融资租赁款——未实现融资收益　　　　　　　　　　　35 779
　　贷：租赁收入　　　　　　　　　　　　　　　　　　　　　　　35 779

---

① 即出租人为租赁资产目前所投入的成本，其金额等于未担保余值和租赁期开始日尚未收到的租赁收款额按照租赁内含利率折现的现值之和。

⑤20×3 年 6 月 30 日。

| | | |
|---|---|---|
| 借：银行存款 | 200 000 | |
| 　　贷：应收融资租赁款——租赁收款额 | | 200 000 |
| 借：应收融资租赁款——未实现融资收益 | 24 826 | |
| 　　贷：租赁收入 | | 24 826 |

⑥20×3 年 12 月 31 日。

| | | |
|---|---|---|
| 借：银行存款 | 200 000 | |
| 　　贷：应收融资租赁款——租赁收款额 | | 200 000 |
| 借：应收融资租赁款——未实现融资收益 | 12 974 | |
| 　　贷：租赁收入 | | 12 974 |

### 2. 未担保余值发生变动的会计处理

出租人未来经济利益的流入包括租赁收款额、未担保余值。受外部环境等影响，未担保余值可能发生减值。企业应定期对未担保余值进行检查，如果有证据表明未担保余值发生减少，一方面应将租赁投资净额的减少确认为当期损失；另一方面应重新计算租赁内含利率，并根据新的租赁内含利率计算应确认的租赁收入。未担保余值发生减少，属于会计估计变更，因此不需对前期已确认的租赁收入进行追溯调整，但应对未担保余值发生减少的当期和以后各期的租赁收入进行调整。

如果已确认的未担保余值损失后期又得以恢复，则应在原先已确认损失的金额内转回。这时仍然需要重新计算租赁内含利率，根据新计算的租赁内含利率确认租赁收入。未担保余值发生增值时，不需要作任何会计处理。

（1）未担保余值发生减值的会计处理。期末根据未担保余值预计可收回金额低于账面价值的金额，作如下会计处理。

借：资产减值损失
　　贷：未担保余值减值准备

同时根据上述减值金额与由此产生的租赁投资净额的减少额之间的差额，作如下会计处理。

借：应收融资租赁款——未实现融资收益
　　贷：资产减值损失

（2）已确认的未担保余值损失后期又得以恢复。按未担保余值恢复的金额，作如下会计处理。

借：未担保余值减值准备
　　贷：资产减值损失

同时，按原减值额与由此产生的租赁投资净额的增加额之间的差额，作如下会计处理。

借：资产减值损失
　　贷：应收融资租赁款——未实现融资收益

【例 5-24】　沿用例 5-23 的资料，假设 S 设备有未担保余值 5 万元。20×2 年 12 月 31 日，未担保余值发生 2 万元的减值损失。要求编制 20×2 年年末未担保余值发生减值时的会计分录。

**【分析】**

（1）租赁期开始日的会计处理。

借：应收融资租赁款——租赁收款额（20 万 ×6＋1 万）      1 210 000

    未担保余值      50 000

      贷：融资租赁资产      950 000

      银行存款      20 000

      应收融资租赁款——未实现融资收益      290 000

（2）未实现融资收益的分配。出租人租赁期开始日的内含利率的计算如下。

$(200\,000 \times (P/A, r, 6) + (10\,000 + 50\,000) \times (P/F, r, 6))$元 = $(950\,000 + 20\,000)$元

利用插值法，计算得 $r = 7.75\%$。可以发现，当存在未担保余值时，出租人的内含利率发生了变化，见表 5-6。

**表 5-6　未实现融资收益分配表**          元

| 日期（1） | 租金（2） | 确认的融资收入（3）= 期初（5）×7.75% | 租赁投资净额减少额（4）=（2）-（3） | 租赁投资净额余额（5）= 期初（5）-（4） |
|---|---|---|---|---|
| 20×1 年 1 月 1 日 | | | | 970 000 |
| 20×1 年 6 月 30 日 | 200 000 | 75 175 | 124 825 | 845 175 |
| 20×1 年 12 月 31 日 | 200 000 | 65 501 | 134 499 | 710 676 |
| 20×2 年 6 月 30 日 | 200 000 | 55 077 | 144 923 | 565 753 |
| 20×2 年 12 月 31 日 | 200 000 | 43 846 | 156 154 | 409 599 |
| 20×3 年 6 月 30 日 | 200 000 | 31 744 | 168 256 | 241 343 |
| 20×3 年 12 月 31 日 | 200 000 | 18 657* | 181 343 | 60 000 |
| 20×4 年 1 月 1 日 | 10 000 | | 60 000 | 0 |
| 合计 | 1 210 000 | 290 000 | 970 000 | |

注：18 657*元为尾数调整，为 290 000 元与前五期已确认融资收入的差额。

（3）20×2 年 12 月 31 日未担保余值减值的处理。未担保余值减值 2 万元，应重新计算减值时的内含利率。未担保余值发生减少，需要对减值当期和以后各期的租赁收入进行调整，因此需要对 3 期的租赁收入进行调整，重新计算内含利率（表 5-7）。

$200\,000 \times (P/A, r, 3) + (10\,000 + 30\,000) \times (P/F, r, 3) = 565\,753$（元）

利用插值法，计算得 $r = 6.228\%$。

**表 5-7　调整后的未实现融资收益分配表**          元

| 日期（1） | 租金（2） | 确认的融资收入（3）= 期初（5）×7.75%或 6.228% | 租赁投资净额减少额（4）=（2）-（3） | 租赁投资净额余额（5）= 期初（5）-（4） |
|---|---|---|---|---|
| 20×1 年 1 月 1 日 | | | | 970 000 |
| 20×1 年 6 月 30 日 | 200 000 | 75 175 | 124 825 | 845 175 |
| 20×1 年 12 月 31 日 | 200 000 | 65 501 | 134 499 | 710 676 |
| 20×2 年 6 月 30 日 | 200 000 | 55 077 | 144 923 | 565 753 |
| 20×2 年 12 月 31 日 | 200 000 | 35 235 | 164 765 | 400 988 |
| 20×3 年 6 月 30 日 | 200 000 | 24 974 | 175 026 | 225 962 |
| 20×3 年 12 月 31 日 | 200 000 | 14 038* | 185 962 | 40 000 |
| 20×4 年 1 月 1 日 | 10 000 | | 40 000 | 0 |
| 合计 | 1 210 000 | 270 000 | 970 000 | |

注：14 038*元为尾数调整，为 270 000 元与前五期已确认融资收入的差额。

20×2 年 12 月 31 日应编制如下会计分录。

借：资产减值损失                                                    20 000

    贷：未担保余值减值准备                                    20 000

借：应收融资租赁款——未实现融资收益                   20 000

    贷：资产减值损失                                          20 000

### 3. 未纳入租赁投资净额计量的可变租赁付款额

出租人取得的未纳入租赁投资净额计量的可变租赁付款额，如与资产的未来绩效或使用情况挂钩的可变租赁付款额等，其数量具有较大的不确定性，无法合理预测，因此出租人应在实际收到时确认为当期收入。借记"银行存款"等，贷记"租赁收入"。

【例 5-25】 沿用例 5-23 的资料，A 公司 20×1 年实现销售收入 200 万元，B 公司根据融资租赁协议应收取 A 公司 S 设备生产产品销售收入 1%的金额。

【分析】

在 B 公司收到 A 公司 2 万元时，应作如下会计处理。

借：银行存款                                                       20 000

    贷：租赁收入                                            20 000

### （三）租赁期满时的会计处理

出租人租赁期届满时，租赁资产的处理分为收回租赁资产、优惠续租、留购租赁资产三种情况。

### 1. 收回租赁资产

根据承租人是否提供担保余值和租赁资产是否存在未担保余值的差异，租赁资产租赁期届满时情况可分类见表 5-8。

表 5-8 租赁期届满时租赁资产余值情况表

| | 存在未担保余值 | 不存在未担保余值 |
|---|---|---|
| 存在担保余值 | 情况 1：存在担保余值和未担保余值 | 情况 2：存在担保余值，不存在未担保余值 |
| 不存在担保余值 | 情况 3：不存在担保余值，但有未担保余值 | 情况 4：担保余值和未担保余值同时不存在 |

1）同时存在担保余值和未担保余值

由于未担保余值为租赁期满，租赁资产的余值减去担保余值部分，因此存在未担保余值说明承租人未对租赁资产提供全额担保，仅担保部分价值。在收到返还的租赁资产时，出租人会计处理如下。

借：融资租赁资产

    贷：应收融资租赁款——租赁收款额

        未担保余值

上述会计处理的理解应与出租人在租赁期开始日的会计处理结合起来。租赁收款额金额的组成部分包括租金总额、承租人或与其有关的第三方的担保余值、独立的第三方的担保余值，在租赁到期时租金总额已经全部收回，因此租赁收款额只剩下担保余值。

如果租赁资产价值减去未担保余值后的余额低于担保余值，应向承租人收取损失补偿金，其会计处理如下。

借：其他应收款

　　贷：营业外收入

2）存在担保余值，不存在未担保余值

这种情况说明承租人对租赁资产余值提供了全额担保，没有未担保余值。出租人在收到返还的租赁资产时，会计处理如下。

借：融资租赁资产

　　贷：应收融资租赁款——租赁收款额

如果租赁资产价值低于担保余值，应向承租人收取损失补偿金，其会计处理如下。

借：其他应收款

　　贷：营业外收入

3）不存在担保余值，但有未担保余值

这种情况说明承租人对租赁资产余值没有提供担保，租赁到期后"租赁收款额"全部收回，因此其会计处理如下。

借：融资租赁资产

　　贷：未担保余值

4）担保余值和未担保余值同时不存在

这种情况说明租赁到期后，租赁资产的价值为零，因此收回的租赁资产不需要做会计处理，只需要在备查簿里面登记租赁资产收回即可。

### 2. 承租人优惠续租

承租人优惠续租也分为两种情况：一是承租人行使了优惠续租权；二是承租人有优惠续租权，却没有续租。

1）承租人行使了优惠续租权

承租人优惠续租视同于该项融资租赁一直存在，并没有到期，其处理和之前租赁期的处理相同。

2）承租人有优惠续租权，却没有续租

当出租人收到承租人返还的租赁资产时，其会计处理与收回租赁资产的会计处理相同。收到违约金时，借记"银行存款"，贷记"营业外收入"。

### 3. 承租人留购租赁资产

承租人留购租赁资产时，租赁收款额减去租金总额后只剩下承租人应支付的留购价款，因此出租人在收到承租人留购支付的款项时，会计处理如下。

借：银行存款等

　　贷：应收融资租赁款——租赁收款额

出租人丧失租赁资产所有权，如果租赁资产还存在未担保余值，应将租赁资产未担保余值转出计入资产处置损益，即

借：资产处置损益

　　贷：未担保余值

【例 5-26】 沿用例 5-22 的资料，在 20×3 年 12 月 31 日租赁到期后，A 公司行使

留购权，通过支付 10 000 元购买价款取得了 S 设备所有权。要求列出 B 公司收到 A 公司支付价款的会计处理。

【分析】

借：银行存款               10 000

  贷：应收融资租赁款——租赁收款额      10 000

【例 5-27】 承租人提供担保余值的情况。A 公司 20×1 年 1 月 1 日向 B 公司租赁 M 生产线一条，租赁期为 20×1 年 1 月 1 日至 20×3 年 12 月 31 日共 36 个月。A 公司在租赁期的每年年末向 B 公司支付租金 100 万元。在租赁期开始日 M 生产线的公允价值和账面价值均为 300 万元，B 公司发生初始直接费用 10 万元。M 生产线已使用 1 年，预计尚可使用年限为 5 年，20×1 年 1 月 1 日运抵 A 公司，并立即投入使用。租赁期届满时，估计 M 生产线的余值为 80 万元，A 公司担保余值 50 万元，未担保余值 30 万元。20×3 年 12 月 31 日，A 公司退还 M 生产线，且不需支付担保补偿金。要求判断 B 公司租赁业务的类型，并编制相关业务的会计分录。

【分析】

（1）计算租赁内含利率。租赁内含利率为使租赁收款额的现值与未担保余值的现值之和等于租赁资产公允价值与出租人初始直接费用之和的折现率。即

$[[1\,000\,000 \times (P/A, r, 3) + 500\,000 \times (P/F, r, 3)] + 300\,000 \times (P/F, r, 3)]$ 元 =
$(3\,000\,000 + 100\,000)$元

当 $r = 9\%$ 时，$[1\,000\,000 \times (P/A, r, 3) + 500\,000 \times (P/F, r, 3)] + 300\,000 \times (P/F, r, 3) = 3\,149\,044$ 元 > $3\,100\,000$ 元；当 $r = 10\%$ 时，$[1\,000\,000 \times (P/A, r, 3) + 500\,000 \times (P/F, r, 3)] + 300\,000 \times (P/F, r, 3) = 3\,087\,898$ 元 < $3\,100\,000$ 元，见表 5-9。

表 5-9  出租人租赁期开始日内含利率的计算        元

| 利率 | 现值 |
| --- | --- |
| 9% | 3 149 044 |
| r | 3 100 000 |
| 10% | 3 087 898 |

利用插值法，计算得 $r = 9.8\%$

（2）判断租赁业务的类型。租赁期（3 年）占租赁资产尚可使用寿命（5 年）的 60%，小于 75% 的标准，不满足融资租赁标准。

租赁收款额 = $1\,000\,000 \times 3 + 500\,000 = 3\,500\,000$（元）

租赁收款额的现值 = $1\,000\,000 \times (P/A, 9.8\%, 3) + 500\,000 \times (P/F, 9.8\%, 3)$

       = $1\,000\,000 \times 2.495\,63 + 500\,000 \times 0.755\,43 \approx 2\,873\,300$（元）

租赁收款额的现值为 2 873 300 元，大于租赁期开始日租赁资产公允价值的 90%，即 2 700 000（3 000 000×90%）元这条标准，应认定为融资租赁。

（3）租赁期开始日的会计分录。

借：应收融资租赁款——租赁收款额      3 500 000

  未担保余值           300 000

  贷：融资租赁资产          3 000 000

   银行存款           100 000

   应收融资租赁款——未实现融资收益    700 000

（4）未实现融资收益分配表见表 5-10。

表 5-10　未实现融资收益分配表　　　　　　　　元

| 日期（1） | 租金（2） | 确认的融资收入<br>（3）=期初（5）×9.8% | 租赁投资净额减少额<br>（4）=（2）-（3） | 租赁投资净额余额<br>（5）=期初（5）-（4） |
|---|---|---|---|---|
| 20×1 年 1 月 1 日 | | | | 3 100 000 |
| 20×1 年 12 月 31 日 | 1 000 000 | 303 800 | 696 200 | 2 403 800 |
| 20×2 年 12 月 31 日 | 1 000 000 | 235 572.4 | 764 427.6 | 1 639 372.4 |
| 20×3 年 12 月 31 日 | 1 000 000 | 160 627.6* | 839 372.4 | 800 000 |
| 合计 | 3 000 000 | 700 000 | 2 300 000 | |

注：160 627.6*元为尾数调整，为 700 000 元与前三期已确认融资收入的差额。

（5）未实现融资收益分配的会计分录。

①20×1 年 12 月 31 日。

借：银行存款　　　　　　　　　　　　　　　　　　　　　1 000 000
　　贷：应收融资租赁款——租赁收款额　　　　　　　　　　　　1 000 000
借：应收融资租赁款——未实现融资收益　　　　　　　　　303 800
　　贷：租赁收入　　　　　　　　　　　　　　　　　　　　　　303 800

②20×2 年 12 月 31 日。

借：银行存款　　　　　　　　　　　　　　　　　　　　　1 000 000
　　贷：应收融资租赁款——租赁收款额　　　　　　　　　　　　1 000 000
借：应收融资租赁款——未实现融资收益　　　　　　　　　235 572.4
　　贷：租赁收入　　　　　　　　　　　　　　　　　　　　　　235 572.4

③20×3 年 12 月 31 日。

借：银行存款　　　　　　　　　　　　　　　　　　　　　1 000 000
　　贷：应收融资租赁款——租赁收款额　　　　　　　　　　　　1 000 000
借：应收融资租赁款——未实现融资收益　　　　　　　　　160 627.6
　　贷：租赁收入　　　　　　　　　　　　　　　　　　　　　　160 627.6
借：融资租赁资产　　　　　　　　　　　　　　　　　　　800 000
　　贷：应收融资租赁款——租赁收款额　　　　　　　　　　　　500 000
　　　　未担保余值　　　　　　　　　　　　　　　　　　　　　300 000

## 三、出租人对经营租赁的会计处理

经营租赁方式下，租赁资产相关的风险和报酬并没有实质性地转移给承租人，因此出租人主要解决的问题有如何将应收租金与当期收入确认相互匹配、出租资产如何反映在资产负债表上。

### （一）租金的会计处理

通常情况下，出租人应按照直线法在租赁期内的各个期间确认租赁收入。如果其他方法更合理，出租人应采用其他方法。

如果出租人提供了某些激励措施，如免租期、承担承租人的某些费用等，应将出租人实际可收取的租金费用在整个租赁期内进行分配。具体来说，如果出租人提供了免租期，应将可收取的租金总额在不扣除免租期的整个租赁期内分配，免租期也需要确认租赁收入；如果出租人承担了承租人的某些费用，应将实际可获得的租金收入（已扣除出租人承担的费用）在租赁期内分配。

出租人的会计处理主要如下。

（1）确认租金收入。

借：应收账款

　　其他应收款等

　　　贷：租赁收入

　　　　　其他业务收入等

（2）实际收取租金。

借：银行存款等

　　　贷：应收账款

　　　　　其他应收款等

### （二）租赁资产折旧的会计处理

与租赁资产所有权有关的风险和报酬没有实质性地转移，因此出租人应按照自有资产对租赁资产进行会计处理。如果所出租的为固定资产，需要对其正常计提折旧。计提折旧的会计处理如下。

借：主营业务成本

　　其他业务成本等

　　　贷：累计折旧

**【例 5-28】** A 公司向 B 公司租赁供销售部门使用的设备一台，租赁期 3 年。租赁开始日设备的公允价值为 100 万元，预计设备尚可使用 16 年。租赁协议约定，3 年租金总额为 30 万元，其具体支付协议为：租赁期开始日 A 公司预付租金 15 万元，第 1 年年末支付租金 6 万元，第 2 年年末支付租金 5 万元，第 3 年年末支付租金 4 万元。租赁期满后，A 公司归还租赁设备。假设 B 公司为非专业租赁公司，固定资产预计净残值为零，采用直线法计提折旧。要求编制 B 公司相关业务的会计分录。

**【分析】**

该租赁协议不满足任何一条融资租赁标准，为经营租赁。按照直线法，每期应确认的租金费用为 10 万元。

（1）预收租金。

| | |
|---|---:|
| 借：银行存款 | 150 000 |
| 　　　贷：预收账款 | 150 000 |

（2）第 1 年年末。

| | |
|---|---:|
| 借：预收账款 | 40 000 |
| 　　银行存款 | 60 000 |

|  |  |
|---|---|
| 　　贷：其他业务收入——租赁收入 | 100 000 |

年折旧额 = 100/16 = 6.25（万元）。

|  |  |
|---|---|
| 　　借：其他业务成本——租赁支出 | 62 500 |
| 　　　　贷：累计折旧——出租资产累计折旧 | 62 500 |

（3）第2年年末。

|  |  |
|---|---|
| 　　借：预收账款 | 50 000 |
| 　　　　银行存款 | 50 000 |
| 　　　　贷：其他业务收入——租赁收入 | 100 000 |
| 　　借：其他业务成本——租赁支出 | 62 500 |
| 　　　　贷：累计折旧——出租资产累计折旧 | 62 500 |

（4）第3年年末。

|  |  |
|---|---|
| 　　借：预收账款 | 60 000 |
| 　　　　银行存款 | 40 000 |
| 　　　　贷：其他业务收入——租赁收入 | 100 000 |
| 　　借：其他业务成本——租赁支出 | 62 500 |
| 　　　　贷：累计折旧——出租资产累计折旧 | 62 500 |

### （三）初始直接费用、可变租赁付款额的会计处理

出租人发生的与经营租赁有关的初始直接费用，应当资本化至租赁标的资产的成本，并在租赁期内分期计入当期损益。出租人收到的可变租赁付款额，如果是与指数或比率挂钩的，应在租赁期开始日计入租赁收款额；除此之外，应在实际发生时计入当期损益。其账务处理如下。

　　借：银行存款等
　　　　贷：租赁收入
　　　　　　其他业务收入

### 无抵押租赁风险大

20×1年10月29日，人民法院审结了一起租赁合同纠纷。

20×1年3月起，被告徐某某以经营摄影生意为由陆续从原告数码店中租赁了包括笔记本电脑、台式一体机、投影仪、相机等在内的11件数码电子产品。合同中标注了租赁物单价，却未约定押金或抵押物条款。合同签订后，被告徐某某仅支付了少量首期租金便将租赁物取走。随着租赁合同逐渐到期，当原告张某某催要租金并要求返还租赁物时，被告徐某某搪塞推诿，拒不归还。在张某某一再催要下，徐某某表示物品已被其售卖，无法归还。张某某顿时慌张，在多次协商无果后将其诉至人民法院，要求支付租金并赔偿损失等共计7万余元。

开庭当天，原告张某某当庭陈述由于疫情原因，货品积压，生意难做，在无抵押的情况下，轻信了信誓旦旦的徐某某。被告徐某某也坦陈，租赁电脑等是为了"挖矿"赚

钱，结果一无所获；本以为出售租赁物换来的钱，可以在比特币市场大赚一笔，却干了赔本买卖。直至收到法院的传票，才意识到问题的严重性，想请求原告的谅解。最终在法庭的调解下，原被告达成调解协议，被告徐某某一次性支付原告租金及电子产品损失等共计 5 万元。

　　资料来源：合肥市中级人民法院. 无抵押租赁风险大，如此经营要不得 [EB/OL]. https://m.thepaper. cn/baijiahao_15191209

　　**思考：** 案例中徐某某的做法是否可行？融资租赁公司可能面临哪些财务风险？如何防范这些风险？

答案提示　扫描此码

# 本章知识点小结

　　1. 一项合同被分类为租赁，必须同时满足以下三个条件：①存在一定期间；②存在已识别的资产；③资产供应方向客户转移对已识别资产使用权的控制。

　　2. 租赁期，是指承租人有权使用租赁资产且不可撤销的期间。租赁期开始日是指出租人提供租赁资产使其可供承租人使用的起始日期。

　　3. 已识别资产的判断需同时满足以下三项条件：①可明确或隐性指定；②物理可区分；③出租人未拥有实质性替换权。

　　4. 客户控制已识别资产使用权的判断应同时满足以下两项标准：①客户有权主导资产的使用；②客户有权获得因使用资产所产生的几乎全部经济利益。

　　5. 承租人会计处理不再区分经营租赁和融资租赁，除短期租赁和低价值资产租赁外，均统一采用单一的会计处理模型，确认使用权资产和租赁负债。

　　6. 在租赁期开始日，承租人应确认使用权资产和租赁负债（简化处理的租赁除外）。一方面，将使用权资产作为自有资产登记入账；另一方面，应将未来应支付的租赁款项作为租赁付款额入账。使用权资产的入账金额和租赁付款额的差额作为未确认融资费用。

　　7. 租赁负债是承租方承担的现时债务，应当按照租赁期开始日尚未支付的租赁付款额的现值进行初始计量，其金额大小取决于租赁付款额、折现率、租赁期的取值。

　　8. 租赁付款额包括固定付款额或实质固定付款额、取决于指数或比率的可变租赁付款额、购买选择权的行权价格、行使终止租赁选择权需支付的款项、根据承租人提供的担保余值预计应支付的款项五部分。

　　9. 承租人应按照取得成本对使用权资产进行初始计量，其取得成本包括以下四部分：①租赁负债的初始计量金额；②在租赁期开始日或之前已经支付的租赁付款额；③承租人发生的初始直接费用；④承租人未来为拆卸、移除租赁资产或恢复租赁资产至租赁条款约定状态等预计将发生的成本。

　　10. 出租人应当在租赁期开始日将租赁区分为融资租赁和经营租赁，其判断标准为与租赁资产所有权相关的风险和报酬是否转移。

　　11. 如果租赁业务满足以下五项条件中的其中任何一项，则为融资租赁：①租赁期届满时，资产的所有权转移给承租人；②承租人有购买租赁资产的选择权，而且购买价款预计远低于行使购买权时租赁资产的公允价值；③租赁期占租赁资产使用寿命的大部分；④出租人在租赁期开始日租赁收款额的现值几乎相当于租赁期开始日租赁资产的公允价值；⑤租赁资产性质特殊，如果不作较大改造，只有承租人才能使用。

12. 租赁收款额是出租人因让渡租赁期内使用租赁资产的权利而应向承租人收取的款项，具体包括：①承租人需支付的固定付款额及实质固定付款额；②取决于指数或比率的可变租赁付款额；③购买选择权的行权价格；④承租人行使终止租赁选择权需支付的款项；⑤由承租人、与承租人有关的一方向出租人提供的担保余值；⑥由有经济能力履行担保义务的独立第三方向出租人提供的担保余值。

13. 租赁期开始日，出租人未来流入的经济利益包括租赁收款额、未担保余值，付出的代价包括租赁资产的公允价值、初始直接费用，两者的差额即为出租人的未实现融资收益。

14. 出租人每期收到的租金收入包括收回的本金和利息两部分。收到租金时，一方面要减少应收融资租赁款，另一方面要确认融资的利息收入。

15. 折现率的选择

| 承租人计算租赁负债时折现率的选择 | | | 出租人确认融资收益时折现率的选择 | |
|---|---|---|---|---|
| 初始计量 | | 首先采用租赁内含利率，其次采用承租人增量借款利率 | 初始计量 | 租赁内含利率 |
| 后续计量 | 实质固定付款额发生变动 | 租赁期开始日的折现率 | 后续计量 | 未担保余值发生变动 | 重新计算租赁内含利率 |
| | 担保余值预计的应付金额发生变动 | 租赁期开始日的折现率 | | |
| | 用于确定租赁付款额的指数或比率发生变动 | 因浮动利率变动导致，根据浮动利率修订折现率 | | |
| | | 因指数或比率变动导致，租赁期开始日的折现率 | | |
| | 购买选择权、续租选择权或终止选择权的评估结果或实际行使情况发生变化 | 首先采用剩余租赁期间的内含报酬率，其次采用重估日承租人增量借款利率 | | |

# 思 考 题

1. 什么是租赁？出租人如何划分经营租赁和融资租赁？
2. 租赁收款额和租赁付款额之间有何差别？
3. 如何判断已识别资产？
4. 如何判断客户是否控制已识别资产使用权？
5. 使用权资产的内容包括哪些？使用权资产的折旧和减值如何处理？
6. 经营租赁和融资租赁情况下，出租人在租赁期开始日的会计处理有什么差别？

# 练 习 题

1. A公司向B公司租入设备一台，租赁期开始日为20×1年12月31日，租赁付款额的现值为 300 万元。设备需要安装，A 公司发生安装调试费用 3 万元，20×2 年 6 月 25 日达到预定可使用状态并开始使用。承租人为该设备提供担保余值 30 万元，未担保余值 20 万元。设备租赁期 6 年，预计尚可使用年限为 8 年。A 公司对租入的设备采用年限平均法计提折旧。要求计算 A 公司 20×2 年度对租赁设备应计提的折旧。

2. A 公司从 B 公司处采用短期租赁方式租入办公楼一栋，租期 5 个月。各月份的租金情况如下：第 1 个月免租金，第 2 个月租金 10 万元，第 3 个月租金 20 万元，第 4 个月租金 30 万元，第 5 个月租金 20 万元，租金总额为 80 万元。要求计算 A 公司在第一个月应确认的租金费用。

3. A 公司 20×1 年 1 月 1 日向 B 公司租入设备一台，租期 3 年，租金总额 200 万元。合同约定 A 公司在 20×1 年 1 月 1 日预付租金 80 万元，剩余租金分 3 年每年年末平均支付。出租人租赁内含利率为 10%，(P/A, 10%, 3) = 2.486 9。要求计算承租人租入设备使用权的入账价值并编制相关业务的会计分录。

4. A 公司为推广宣传、扩大产品知名度在闹市区租入 B 公司商铺一间，租赁期为 20×1 年 1 月 1 日至 20×4 年 12 月 31 日。租金每半年支付一次，第一个半年免租金，以后每个半年支付租金 20 万元。同时双方约定，如果租赁期内商铺营业额累计达到 2 000 万元，则 A 公司需分享给 B 公司经营收入的 1%。20×1 年 A 公司该商铺销售的营业额为 300 万元。为准确反映公司财务状况，A 公司会计人员作出如下会计分录：

借：销售费用 200 000
　　贷：银行存款 200 000
借：销售费用 30 000
　　贷：预计负债 30 000

请判断 A 公司的会计处理是否正确，如果不正确，请编制相应的调整分录。

5. 20×1 年 1 月 1 日，承租人 A 公司与出租人 B 公司签订一份设备租赁合同。合同条款如下：

（1）租赁全新生产设备，全新设备使用寿命 5 年。

（2）租赁期开始日为 20×1 年 1 月 1 日。

（3）租赁期为 20×1 年 1 月 1 日—20×4 年 12 月 31 日。

（4）自 20×1 年 1 月 1 日起，每年年末支付租金 32 万元。如果 A 公司能够在每年年末前支付租金，则每年可减少租金 2 万元。

（5）租赁期开始日租赁资产的公允价值为 100 万元，账面价值为 98 万元。

（6）B 公司发生初始直接费用 39 533 元，用银行存款支付。

（7）全新设备的使用寿命为 5 年，担保余值和未担保余值均为 0。

（8）设备的租赁内含利率为 6%。

要求：（1）判断设备租赁的类型并说明理由。

（2）计算租赁收款额。

（3）计算租赁投资净额及未实现融资收益。

（4）编制租赁期开始日 B 公司的会计处理。

（5）填列表，并编制 B 公司 20×1 年年末收到租金的会计处理。

| 日期（1） | 租金（2） | 确认的利息收入<br>（3）=期初（5）×6% | 租赁投资净额减少额<br>（4）=（2）-（3） | 租赁投资净额余额<br>（5）=期初（5）-（4） |
|---|---|---|---|---|
| 20×1 年 1 月 1 日 | | | | |
| 20×1 年 12 月 31 日 | | | | |
| 20×2 年 12 月 31 日 | | | | |
| 20×3 年 12 月 31 日 | | | | |
| 20×4 年 12 月 31 日 | | | | |
| 合计 | | | | |

6. 承租人 A 与出租人 B 签订了一份为期 5 年的办公楼租赁合同，租赁期开始日为 20×1 年 1 月 1 日。A 用银行存款支付佣金和印花税共 3 万元，为评估是否签订租赁合同发生差旅费等 2 万元。每年的租赁付款额为 50 万元，于每年年初支付。A 公司在租赁期开始日采用的年折现率为 5%。已知(P/A, 5%, 4) = 3.5460，使用权资产采用直线法计提折旧。要求：

（1）编制 A 公司 20×1 年 1 月 1 日的会计分录。

（2）编制 A 公司 20×1 年 12 月 31 日使用权资产计提折旧、确认利息费用的会计分录。

（3）编制 A 公司 20×2 年 1 月 1 日支付租金的会计分录。

答案解析　　扫描此码

## 即测即练题

自学自测　　扫描此码

# 第六章

# 股份支付会计

【学习要点】

- 股份支付的概念和特征
- 股份支付的主要环节
- 权益结算股份支付的确认和计量
- 现金结算股份支付的确认和计量

【学习目标】

通过本章的学习，理解股份支付的概念和特征、股份支付的主要环节；掌握权益结算股份支付和现金结算的股份支付之间的差别；掌握权益结算股份支付的确认和计量、现金结算股份支付的确认和计量；掌握市场条件和非市场条件的处理、权益工具公允价值的确定。

## 第一节　股份支付概述

### 一、股份支付的含义

股份支付是"以股份为基础的支付"的简称。职工或其他方为企业提供服务时，企业需要付出一定的代价。当这种代价是授予对方权益工具或以权益工具为基础确定应支付的金额时，这种支付即为股份支付。

从上述含义中，我们可以发现股份支付具有以下几个特点。

（1）股份支付是企业与职工或其他方之间发生的交易。授予权益工具或以权益工具为基础确定应支付的金额可能发生在企业与股东之间，也可能发生在企业与其他企业之间，只有发生在企业与为企业提供服务的职工或其他方之间时才能称之为股份支付。

（2）股份支付的目的是获取职工（或其他方）的服务或取得其服务的权利。企业获取职工或其他方服务的目的是维持正常的生产经营，不是将这些服务转售获利。

（3）股份支付金额的确定依赖于企业权益工具的未来价值。授予权益工具或支付现金需以股份为基础，权益工具的价值或支付现金的数额均与企业权益工具未来的公允价值密切相关。这也是股份支付与其他支付方式最大的区别。

### 二、股份支付的四个主要环节

股份支付的实现通常需要经历一段较长的时间，根据股份支付的阶段特点可以将其划分为四个主要环节：授予环节、等待行权环节、行权环节和出售环节。以授予职工的股票期权为例，其包括的主要环节如图 6-1 所示。

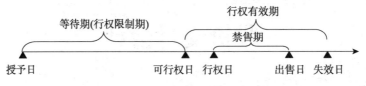

图 6-1　股份支付的四个主要环节

授予日为股份支付协议获得股东大会或类似机构批准的日期。可行权日为可行权条件得到满足，被授予人可以获得企业权益工具或现金权利的日期。[①]授予日与可行权日之间的时间为等待期，在此期间被授予人未满足行权条件，不能行权。行权日为被授予人行使权利，获得权益工具或现金的日期，如企业职工根据股份支付协议以某一特定价格实际购买公司股票。被授予人一般在可行权日至失效日之间的可选择时段内行权。出售日为被授予人将手中持有的股票出售的日期。根据我国的法规要求，股份支付协议应在行权日与出售日之间设立禁售期，在此期间不得出售通过股份支付得到的股票。我国规定，国有控股上市公司股票期权的禁售期不得少于 2 年。

## 三、股份支付的可行权条件

股份支付的可行权条件是指职工或其他方能够获取股份支付协议约定的权益工具或现金等权利的条件。在满足可行权条件之前，职工或其他方不能行使权利获取股份或现金。股份支付的可行权条件包括服务期限条件和业绩条件。股份支付可行权条件之外的其他条件为非可行权条件。

### （一）服务期限条件

服务期限条件是职工或其他方为行使股份支付权利而必须完成的服务年限。例如，股份支付协议中约定，职工从 20×1 年起在本公司连续工作满 3 年，即可按照某一价格购买一定数量的本公司股票。

在等待期内的每一个资产负债表日，服务期限的计算可通过将本期资产负债表日的时间减去授予日的时间得出。将该服务期限与可行权条件的服务期限进行比较，就可计算出职工或其他方是否达到行权条件和本期应确认的成本或费用金额。

### （二）业绩条件

业绩条件是职工或其他方为行使股份支付权利而必须达到的特定业绩目标，包括市场条件和非市场条件。

### 1. 市场条件

市场条件是指与权益工具的市场价格相关的业绩条件。例如，股份支付协议中规定

---

① 有的股份支付是一次行权，有的则是分批行权。

股价应上升至 10 元/股，职工才能得到 1 000 股本公司股份。

### 2. 非市场条件

非市场条件是指除市场条件以外的其他业绩条件。例如，股份支付协议中规定公司销售规模应比上一个年度增长15%或应实现 1 000 万元的净利润等。

对于股份支付而言，非可行权条件和市场条件是否得到满足，不影响企业对预计可行权情况的估计；只要满足了所有非市场条件，企业就应确认已取得的服务。

【例 6-1】　20×1 年 1 月，A 公司为激励公司高管，与 200 名管理人员签订了一项股份支付协议。协议规定，如果管理人员能够在随后的 3 年都在公司任职服务，而且公司股价每年都增长10%以上，管理人员则可以每股 5 元的价格购买本公司 10 000 股股票。

【分析】

在本例中，服务 3 年为服务期限条件，股价每年增长10%以上为业绩条件里面的市场条件，两个条件同时满足管理人员才有权行使其股票期权。

## 四、股份支付工具的主要类型

按照股份支付的结算方式，股份支付可分成以下两大类。

### （一）以权益结算的股份支付

以权益结算的股份支付是指企业以股份或其他权益工具作为对价进行结算，其常用的结算工具包括限制性股票和股票期权。

限制性股票是指企业按照股份支付协议约定的条件，授予职工或其他方一定数量的本企业股票。职工或其他方出售该股票受持续服务期限或业绩条件限制，没有满足这些条件之前，不能出售其获得的股票，也即股票出售有限制性条件。

股票期权是指企业授予职工或其他方在未来一段时间内按照约定的价格和条件购买本企业一定数量股票的权利，即在未来购买本企业股票的权利。

### （二）以现金结算的股份支付

以现金结算的股份支付是指企业为获得职工或其他方的服务而最终交付现金或其他资产，现金或其他资产的交付金额多少需以股份或其他权益工具为基础确定。以现金结算的股份支付常用的工具包括模拟股票和现金股票增值权。以上两种工具均为模拟的股权激励机制，与股票挂钩，但最终支付的是现金或其他资产。

模拟股票与限制性股票类似，只是不会实际授予职工或其他方股票；现金股票增值权与股票期权类似，达到行权条件后即可按行权日公司权益工具的价值获得现金或其他资产。

## 五、权益工具公允价值的确定

股份支付中权益工具公允价值的确定，应当以市场价格为基础。当市场中不存在活跃市场无法获得权益工具公允价值时，则应当考虑估值技术。

### （一）股份

授予职工股份的公允价值为公司股份的市场价格。如果公司股份未公开发行，则其市场价格应通过股份支付协议条款等进行估价。

### （二）股票期权

授予职工的股票期权，由于其经常受到不同于交易期权的条款等限制，许多情况下难以获得其市场价格，应通过期权定价模型来估计期权的公允价值。期权定价模型通常应考虑以下因素：期权的行权价格、期权期限、基础股份的现行价格、股价的预计波动率、股份的预计股利、无风险利率等。如某公司股票价格为15元，行权价格为10元，则股票期权的公允价值为5（15−10）元。

股票期权的公允价值不是公司股票的公允价值。在确定股票期权的公允价值时，首先应以授予的该期权的公允价值计量；在期权公允价值无法取得的情况下，才以公司股票公允价值减去应支付的固定价格进行计量。

# 第二节　股份支付的确认和计量

表面上看，权益结算的股份支付和现金结算的股份支付仅仅是结算方式不同，但结算方式不同实质上反映了两者性质的迥然差异：权益结算的股份支付最终形成了企业的所有者权益，而现金结算的股份支付形成的是企业的债务，并最终导致企业资源流出。

## 一、股份支付确认和计量的原则

### （一）权益结算的股份支付确认和计量原则

#### 1. 换取职工服务的股份支付确认和计量原则

换取职工服务的股份支付应按照授予日权益工具的公允价值计量。根据确认时点，可以将换取职工服务的股份支付分为两类：一类是有等待期、不能立即行权的股份支付；另一类是授予之后可以立即行权的股份支付。

第一类的股份支付应在等待期内的每一个资产负债表日，以对权益工具数量的最佳估计数为基础，按照权益在授予日的公允价值，计算确定换取服务的入账价值，不确认其后续公允价值的变动。核算时借记有关资产成本或当期费用，贷记资本公积中的其他资本公积。

第二类的股份支付由于职工或其他方可以立即行权，行权后能够立即确定企业股份增加的数额和所有者权益增加的金额，因此应在授予日按照权益工具的公允价值计算确定换取服务的入账价值，借记有关资产成本或当期费用，贷记资本公积中的股本溢价。

#### 2. 换取其他方服务的股份支付确认和计量原则

换取其他方服务的股份支付应按照所换取服务的公允价值计量。企业按照所换取服务在服务取得日的公允价值，计入有关资产成本或当期费用，同时增加所有者权益。

当其他方服务的公允价值不能可靠计量时，应按照权益工具在服务取得日的公允价值计量，计入有关资产成本或当期费用。

### （二）现金结算的股份支付确认和计量原则

#### 1. 有等待期的现金结算的股份支付

企业在等待期内的每个资产负债表日，按照对可行权情况的最佳估计数计算确定应承担负债的公允价值，一方面增加资产成本或当期费用；另一方面增加负债。如果结算前的每个资产负债表日和结算日负债的公允价值发生变化，应将这种变化计入当期损益。

#### 2. 可以立即行权的现金结算的股份支付

对于可以立即行权的现金结算的股份支付，企业应在授予日按照负债的公允价值，一方面增加资产成本或当期费用；另一方面增加负债。如果负债没有在授予日全部结算，则将结算前的每个资产负债表日和结算日负债的公允价值变动计入当期损益。

## 二、股份支付的会计处理

股份支付的会计处理，必须以完整、有效的股份支付协议为基础。权益结算的股份支付和现金结算的股份支付在结算方式、会计处理等方面存在较大差异，因此可将其会计处理分为两大类。

### （一）权益结算的股份支付的会计处理

#### 1. 授予日

除了可立即行权的股份支付协议外，企业在授予日不用做会计处理。这也和企业在授予日并没有实质接受职工或其他方提供的服务，不用确认资产成本或当期费用保持一致。而对于可立即行权的股份支付，其会计处理则与可行权日的会计处理一致。

#### 2. 等待期内每个资产负债表日

企业应当在等待期内的每个资产负债表日，将取得职工或其他方的服务计入资产成本或当期费用，同时确认所有者权益。对于权益工具涉及职工的股份支付，应当按照授予日权益工具的公允价值计量。虽然权益工具公允价值在后续可能发生变动，但不确认这种变动带来的影响；而对于权益工具涉及其他方服务的股份支付，则应当按照所换取服务的公允价值计量。同时，企业应根据最新取得的可行权职工人数变动等信息作出最佳估计，修正预计的可行权权益工具数量。

截至当期累计应确认的资产成本或费用 = 授予日单位权益工具的公允价值 × 预计可行权权益工具数量

当期应确认的资产成本或费用 = 截至当期累计应确认的资产成本或费用 − 前期累计已确认的资产成本或费用

在等待期内的每一个资产负债表日，当期应确认的资产成本或费用的会计处理如下。

借：生产成本
　　制造费用
　　管理费用
　　销售费用
　　在建工程等
　　贷：资本公积——其他资本公积

### 3. 可行权日

可行权日也就是等待期结束的日期，其会计处理与等待期内每个资产负债表日的会计处理相同，只是在这个时候，可行权权益工具数量是已经确定下来了。最终预计的可行权权益工具的数量和实际可行权权益工具的数量相等。

### 4. 可行权日之后

由于授予日单位权益工具的公允价值、实际可行权权益工具的数量都已经确定下来，因此在可行权日之后不再对已确认的资产成本或费用、所有者权益进行调整，不需要进行会计处理。

### 5. 行权日

行权日是职工或其他方行使权利取得股权，因此在行权日应根据行权情况，一方面结转等待期内确认的资本公积——其他资本公积，另一方面增加股本和股本溢价。

借：资本公积——其他资本公积
　　银行存款
　　贷：股本
　　　　资本公积——股本溢价

【例 6-2】　附服务年限的以权益结算的股份支付。接例 6-1，第 1 年有 10 名管理人员离开，A 公司估计 3 年中总共有 15%的管理人员会离开；第 2 年又有 15 名管理人员离开，A 公司将管理人员离开的比例调整为 20%；第 3 年有 5 名管理人员离开；第 4 年有 20 名管理人员放弃股票期权，离开了 A 公司；第 5 年年末剩余的 150 名管理人员全部行使了股票期权，以 5 元/每股的价格购买了 A 公司股票。假设授予日 A 公司股票期权的公允价值为 15 元/每股，股票面值为 1 元/每股。要求计算每期应确认的费用，并作出会计处理。

【分析】

（1）计算当期应确认的费用，见表 6-1。

表 6-1　当期应确认的费用

元

| 年份 | 计算 | 当期费用 | 累计费用 |
|------|------|---------|---------|
| 20×1 | 200×（1－15%）×10 000×15×1/3 | 8 500 000 | 8 500 000 |
| 20×2 | 200×（1－20%）×10 000×15×2/3－8 500 000 | 7 500 000 | 16 000 000 |
| 20×3 | 170×10 000×15－16 000 000 | 9 500 000 | 25 500 000 |

（2）会计处理。

①20×1年1月，授予日。不做会计处理。

②20×1年12月31日。授予职工股票期权，应按照A公司在授予日单位股票期权公允价值进行计量。在计算时，股票期权的单位公允价值不变，一直使用授予日的单位公允价值。

借：管理费用 8 500 000

　　贷：资本公积——其他资本公积 8 500 000

③20×2年12月31日。

借：管理费用 7 500 000

　　贷：资本公积——其他资本公积 7 500 000

④20×3年12月31日。

借：管理费用 9 500 000

　　贷：资本公积——其他资本公积 9 500 000

⑤20×4年12月31日。可行权日之后不再调整费用和资本公积。

⑥20×5年12月31日。

借：资本公积——其他资本公积 25 500 000

　　银行存款（150×10 000×5） 7 500 000

　　贷：股本（150×10 000×1） 1 500 000

　　　资本公积——股本溢价 31 500 000

**【例6-3】** 附非市场业绩条件的以权益结算的股份支付。A公司为其200名管理人员每人授予10 000份股票期权。股份支付协议规定，只要能够达到以下3个条件中的任一个即可行权：第1年年末公司净利润增长率达到30%，第2年年末公司2年平均净利润增长率达到25%，第3年年末公司3年平均净利润增长率达到20%。授予日A公司股票期权的公允价值为10元/每股，股票面值为1元/每股。

第1年年末，公司净利润增长率为26%，预计第2年仍将保持该速度增长，故预计第2年可行权。第1年有10名管理人员离开，预计第2年又将有8名管理人员离开。

第2年年末，公司净利润增长率为22%，预计第3年可以保持第2年的增长速度，因此预计第3年可行权。第2年有14名管理人员离开，预计第3年将有5名管理人员离开。

第3年年末，公司净利润增长率为18%，3年平均为22%，达到可行权条件。第3年有2名管理人员离开A公司。

要求计算每期应确认的费用，并作出会计处理。

**【分析】**

（1）计算当期应确认的费用，见表6-2。

表 6-2　　当期应确认的费用　　　　　　　　　　　　　　元

| 年份 | 计算 | 当期费用 | 累计费用 |
|------|------|---------|---------|
| 第一年 | （200 − 10 − 8）× 10 000 × 10 × 1/2 | 9 100 000 | 9 100 000 |
| 第二年 | （200 − 10 − 14 − 5）× 10 000 × 10 × 2/3 − 9 100 000 | 2 300 000 | 11 400 000 |
| 第三年 | （200 − 10 − 14 − 2）× 10 000 × 10 − 11 400 000 | 6 000 000 | 17 400 000 |

（2）会计处理。本例的可行权条件为业绩条件里面的非市场条件，只要满足了非市场条件，企业就应当确认已取得的服务。

①第 1 年授予日。不作会计处理。

②第 1 年年末。第 1 年年末公司净利润增长率只有 26%，未能实现 30% 的净利润增长目标，但预计第 2 年仍将保持 26% 的增长速度，2 年平均净利润增长率超过 25%，因此预计可行权，可行权等待期调整为 2 年。公司预计 2 年后可行权管理人员人数为 182（200 − 10 − 8）人。

借：管理费用　　　　　　　　　　　　　　　　　　　　　　9 100 000

　　贷：资本公积——其他资本公积　　　　　　　　　　　　　　9 100 000

③第 2 年年末。第 2 年年末公司净利润增长率只有 22%，2 年平均 24%，未能实现 25% 的净利润增长目标，但预计第 3 年增长速度为 22%，3 年平均净利润增长率高于 20% 的目标，因此预计可行权，可行权等待期调整为 3 年。公司预计 3 年后可行权管理人员人数为 171（200 − 10 − 14 − 5）人。

借：管理费用　　　　　　　　　　　　　　　　　　　　　　2 300 000

　　贷：资本公积——其他资本公积　　　　　　　　　　　　　　2 300 000

④第 3 年年末。3 年平均净利润增长率为 22%，达到可行权条件。可行权人数确定为 174（200 − 10 − 14 − 2）人。

借：管理费用　　　　　　　　　　　　　　　　　　　　　　6 000 000

　　贷：资本公积——其他资本公积　　　　　　　　　　　　　　6 000 000

### （二）现金结算的股份支付的会计处理

#### 1. 授予日

与以权益结算股份支付的处理相同，企业在授予日不用做会计处理。而对于可立即行权的股份支付，其会计处理则与可行权日的会计处理一致。

#### 2. 等待期内每个资产负债表日

企业应当在等待期内的每个资产负债表日，将取得职工或其他方的服务计入资产成本或当期费用，同时确认负债。

同时，企业应根据最新取得的可行权职工人数变动等信息作出最佳估计，修正预计的可行权权益工具数量。

截至当期累计应确认的资产成本或费用 = 资产负债表日单位权益工具的公允价值 × 预计可行权权益工具数量

当期应确认的资产成本或费用 = 截至当期累计应确认的资产成本或费用 − 前期累计已确认的资产成本或费用

在等待期内的每一个资产负债表日，当期应确认的资产成本或费用的会计处理如下。

借：生产成本

制造费用

管理费用

销售费用

在建工程等

贷：应付职工薪酬——股份支付

从上述处理中，我们可以发现现金结算股份支付与权益结算股份支付在资产负债表日的处理存在以下两点较大的不同：一是贷方确认为负债，而非所有者权益；二是累计应确认的资产成本或费用根据资产负债表日单位权益工具的公允价值确定。

### 3. 可行权日

可行权日会计处理与等待期内每个资产负债表日的会计处理相同，只是可行权权益工具数量已经确定下来了。

### 4. 可行权日之后

可行权日之后，企业已经取得职工或其他方提供的服务，不再确认新的服务，因此可行权日之后已确认的资产成本或费用不再变动。但应付职工薪酬这项负债可能会因为资产负债表日权益工具公允价值发生变动而产生金额变化，这种变化意味着企业需要用更多或更少的资产偿付债务。企业应对负债公允价值的变化进行确认，同时计入当期损益。单位权益工具公允价值上升时，账务处理如下。

借：公允价值变动损益

贷：应付职工薪酬——股份支付

单位权益工具公允价值下降则做相反处理。这也是现金结算的股份支付与权益结算的股份支付之间的一个较大差别。

### 5. 行权日

职工或其他方在行权日行权，表明企业偿还了负债，职工或其他方拿到了现金或其他资产，一方面减少负债，另一方面相应减少资产。

【例 6-4】 以现金结算的股份支付。20×1 年初，为了激励公司管理层，A 公司授予其 100 名中层以上的管理人员每人 200 份现金股票增值权，协议规定只要上述管理人员从 20×1 年 1 月 1 日起连续在公司任职 3 年，即可按照行权日公司股价获得现金，现金股票增值权的失效日期为 20×5 年 12 月 31 日。A 公司估计，单位现金股票增值权在每一资产负债表日的公允价值和支付金额见表 6-3。

表 6-3 单位现金股票增值权的公允价值和支付金额 元

| 年份 | 资产负债表日的公允价值 | 支付现金 |
| --- | --- | --- |
| 20×1 | 10 | |
| 20×2 | 12 | |
| 20×3 | 15 | 14 |
| 20×4 | 16 | 15 |
| 20×5 | | 18 |

A公司管理人员的离职情况如下：第1年有5名管理人员离开，预计剩余的2年里面还会有14名管理人员离开；第2年又有7名管理人员离开，预计第3年会有10名管理人员离开；第3年有6名管理人员离开。

A公司现金股票增值权的实际行权情况如下：第3年年末，有40名管理人员行权得到现金；第4年年末，有30名管理人员行权得到现金；第5年年末，剩余的12名管理人员也行权得到现金。

**【分析】**

（1）计算当期应确认的费用，见表6-4。

表6-4　当期应确认的费用计算表　　　　　　　　　　　　　　　　　　　　元

| 年份 | 负债计算[①]（1） | 支付现金计算（2） | 负债（3） | 支付现金（4） | 当期的费用[②]（5） |
|---|---|---|---|---|---|
| 20×1 | （100−5−14）×200×10×1/3 | | 54 000 | | 54 000 |
| 20×2 | （100−5−7−10）×200×12×2/3 | | 124 800 | | 70 800 |
| 20×3 | （100−5−7−6−40）×200×15 | 40×200×14 | 126 000 | 112 000 | 113 200 |
| 20×4 | （100−5−7−6−40−30）×200×16 | 30×200×15 | 38 400 | 90 000 | 2 400 |
| 20×5 | 0 | 12×200×18 | 0 | 43 200 | 4 800 |
| 合计 | | | | 245 200 | 245 200 |

注：表中（3）由（1）计算而得，（4）由（2）计算而得；（5）=当期（3）+当期（4）−上期（3）。

（2）A公司账务处理如下。

①第1年年末。

借：管理费用　　　　　　　　　　　　　　　　　　　　　　　54 000

　　贷：应付职工薪酬——股份支付　　　　　　　　　　　　　　　　54 000

②第2年年末。

借：管理费用　　　　　　　　　　　　　　　　　　　　　　　70 800

　　贷：应付职工薪酬——股份支付　　　　　　　　　　　　　　　　70 800

③第3年年末。

借：管理费用　　　　　　　　　　　　　　　　　　　　　　　113 200

　　贷：应付职工薪酬——股份支付　　　　　　　　　　　　　　　　113 200

借：应付职工薪酬——股份支付　　　　　　　　　　　　　　　112 000

　　贷：银行存款　　　　　　　　　　　　　　　　　　　　　　　112 000

④第4年年末。

借：公允价值变动损益　　　　　　　　　　　　　　　　　　　2 400

　　贷：应付职工薪酬——股份支付　　　　　　　　　　　　　　　　2 400

借：应付职工薪酬——股份支付　　　　　　　　　　　　　　　90 000

　　贷：银行存款　　　　　　　　　　　　　　　　　　　　　　　90 000

⑤第5年年末。

---

① 现金结算的股份支付其应确认的负债采用资产负债表日单位权益工具的公允价值计算。

② 当期的费用包括两种：一是职工服务应计入的管理费用，二是负债公允价值变动带来的公允价值变动损益。第3年年末的当期费用为管理费用，其计算公式为截至当期累计应确认的费用减去前期累计已确认的费用，而截至当期累计应确认的费用为第3年当期已偿付的负债加上未来仍需偿付的负债，即（5）=当期（3）+当期（4）−上期（3）；第4年、第5年的当期费用则为负债的公允价值变动。

借：公允价值变动损益　　　　　　　　　　　　　　　　　　4 800
　　贷：应付职工薪酬——股份支付　　　　　　　　　　　　　　　4 800
借：应付职工薪酬——股份支付　　　　　　　　　　　　　　43 200
　　贷：银行存款　　　　　　　　　　　　　　　　　　　　　　43 200

# 第三节　股份支付的特殊问题

## 一、股份支付可行权条件的修改

通常情况下，股份支付协议生效之后，不应对其条款进行修改。但在某些情况下（如股价下跌、股票除权除息等），可能会涉及修改股票行权价格、修改股票行权数量。股份支付可行权条件的修改分为两种类型：一是条款和条件的有利修改，二是条款和条件的不利修改。

### 1. 条款和条件的有利修改

有利和不利是相对激励对象而言的，如果修改后的可行权条件将增加股份支付公允价值总额，是条款和条件的有利修改；反之，则是条款和条件的不利修改。如某公司股票价格为 15 元/股，行权价格为 10 元/股，则股票期权的公允价值为 5 元；当行权价格修改为 8 元/股，则股票期权的公允价值为 7 元，这时权益工具的公允价值增加 2 元/股，是条款和条件的有利修改。

条款和条件的有利修改包括以下几种情形。

（1）修改增加了单位权益工具的公允价值。

（2）修改增加了授予权益工具的数量。

（3）修改缩短了等待期，降低了业绩条件（非市场条件）等。

在第（1）种和第（2）种情形下，权益工具的公允价值较之原来增加，应将增加的权益工具公允价值确认为取得服务的增加。在第（3）种情形下，权益工具的公允价值未发生变化，但应考虑修改后的可行权条件，即应考虑职工或其他方能否行权。

### 2. 条款和条件的不利修改

与条款和条件的有利修改相对应，条款和条件的不利修改包括以下几种情形。

（1）修改减少了单位权益工具的公允价值。

（2）修改减少了授予权益工具的数量。

（3）修改延长了等待期，提高了业绩条件（非市场条件）等。

### 补充阅读资料 6-2

权益结算股份支付条款和条件修改的一项基本原则是不能因为条款和条件的修改而减少整个等待期内累计应确认的费用，因此对修改条件导致权益工具减少的情形不予考虑。修改减少了授予权益工具数量的情形下，权益工具的取消实际上是作为加速行权处理的，即把减少的应在以后期间确认的股份支付费用一次性在取消当期全部确认。

根据谨慎性原则，条款和条件的不利修改会计处理为：在第（1）种情形下，企业应当继续以权益工具在授予日的公允价值为基础确认取得的服务，不考虑单位权益工具公允价值的减少；在第（2）种情形下，由于权益工具数量确实减少，企业应将权益工具减少的部分作为权益工具的取消进行处理；在第（3）种情形下，企业在处理可行权条件时，不应考虑修改后的可行权条件。可以发现，在第（1）种和第（3）种情形下，企业在进行会计处理时视同该变更从未发生。

【例 6-5】 条款和条件的有利修改。A 公司 20×1 年 1 月 1 日向其 100 名管理层人员每人授予 10 000 份股票期权。协议规定上述管理层人员需自 2×1 年 1 月 1 日起在 A 公司连续服务满 3 年方可行权。授予日单位权益工具的公允价值为 4 元/每股。受市场整体行情影响，A 公司股价大幅下跌，因此 20×2 年 1 月 1 日 A 公司决定降低股票期权的行权价格。在重新定价的当天，A 公司原授予的单位股票期权的公允价值已下降为 1 元/每股，重新定价后，单位期权的公允价值上升至 3 元/每股，因此单位期权公允价值增加 2 元/每股。

20×1 年 12 月 31 日，A 公司预计 3 年中将有 10% 的管理层离职；20×2 年 12 月 31 日，A 公司预计总共会有 7% 的管理层离职；20×3 年 12 月 31 日，实际有 5% 的管理层离职。假定权益工具公允价值的增加在新奖励的等待期内摊销。

要求计算 3 年中每年计入管理费用的金额，并作出会计分录。

【分析】

本例中，授予日单位股票期权的公允价值 4 元/每股为授予日股票的公允价值与协议约定行权价格的差额；在重新定价当天，单位股票期权的公允价值 1 元/每股是重新定价当天单位股票的公允价值与行权价格的差额。原授予的单位股票期权的公允价值下降的原因在于行权价格不变，但股票的公允价值下降了。

（1）当期应确认的费用见表 6-5。

表 6-5　当期应确认的费用　　　　　　　　　　　　　　　　　元

| 年份 | 原协议当期费用的计算（1） | 原协议的当期费用（2） | 有利修改当期费用的计算（3） | 当期费用（4） | 累计费用（5） |
|---|---|---|---|---|---|
| 20×1 | 100 ×（1 − 10%）× 10 000 × 4 × 1/3 | 1 200 000 | | 1 200 000 | 1 200 000 |
| 20×2 | 100 ×（1 − 7%）× 10 000 × 4 × 2/3 − 1 200 000 | 1 280 000 | 100 ×（1 − 7%）× 10 000 × 2 × 1/2 | 2 210 000 | 3 410 000 |
| 20×3 | 100 ×（1 − 5%）× 10 000 × 4 × 3/3 − 2 480 000 | 1 320 000 | 100 ×（1 − 5%）× 10 000 × 2 × 2/2 − 930 000 | 2 290 000 | 5 700 000 |

注：（1）计算结果得出（2）；（2）+（3）得出（4）；（5）为（4）的累加。

（2）会计处理。

①20×1 年 1 月，授予日。

不做会计处理。

②20×1 年 12 月 31 日。

借：管理费用　　　　　　　　　　　　　　　　　　　　　　　　1 200 000

　　贷：资本公积——其他资本公积　　　　　　　　　　　　　　　　　1 200 000

③20×2 年 12 月 31 日。

借：管理费用　　　　　　　　　　　　　　　　　　　　　　　　2 210 000

　　贷：资本公积——其他资本公积　　　　　　　　　　　　　　　　　2 210 000

④20×3 年 12 月 31 日。

借：管理费用           2 290 000

  贷：资本公积——其他资本公积      2 290 000

## 二、股份支付的取消或结算

股份支付取消的原因有很多，如股价下跌、未达到协议约定的销售增长率、权益工具公允价值低于行权价格等，但总体上可将上述情形分为以下两种：一是未满足可行权条件，二是满足可行权条件。

### （一）股份支付因未满足服务期限条件和非市场条件而取消或终止

当未满足服务期限条件和非市场条件时，职工或其他方将不能获得权益工具，即其被授予的权益工具数量为零。股份支付协议取消或终止时，应将前期已经确认的资产成本或费用在当期全部转回。

**【例 6-6】** 股份支付协议的终止。20×1 年 1 月 1 日，A 公司授予其销售部门的 100 名管理人员每人 1 000 份股票期权。股份支付协议约定，可行权条件为两年内每年的销售增长率达到 20%。单位股票期权在授予日的公允价值为 5 元。20×1 年 12 月 31 日，公司销售增长率为 24%，预计下一年度也将保持同样的增长幅度。20×2 年 12 月 31 日，由于受外部市场条件影响，该年销售增长率仅为 8%，未达到协议约定条件，不能行权。要求作出 20×1 年年末、20×2 年年末相关会计分录。

**【分析】**

（1）20×1 年 12 月 31 日，确认费用和所有者权益增加。

借：销售费用（100×1 000×5×1/2）      250 000

  贷：资本公积——其他资本公积      250 000

（2）20×2 年 12 月 31 日，因未达到非市场业绩条件，要将原已确认的费用冲回。

借：资本公积——其他资本公积       250 000

  贷：以前年度损益调整        250 000

### （二）股份支付能够满足服务期限条件和非市场条件下的取消或结算

职工或其他方能够满足服务期限条件和非市场业绩条件时，应视为被授予权益工具。但由于权益工具的公允价值低于行权价格，行权意味着被授予人将产生负收益，无法达到激励效果和目标，企业因此取消或结算股权激励计划。企业在等待期内取消或结算所授予的权益工具的会计处理如下。

（1）将取消或结算作为加速可行权处理，立即确认应在剩余等待期内确认的金额。

（2）取消或结算时支付给职工的款项作为权益的回购处理。如果支付的款项高于权益工具在回购日的公允价值，将其差额计入当期费用。

**【例 6-7】** 股份支付协议的终止。A 公司于 20×1 年 1 月 1 日授予其 100 名管理层总共 200 000 份限制性股票。授予时的股票价格为 5 元/股，授予日限制性股票的公允价值为 100 万元。授予后的锁定期为 3 年，每年的解锁比例限额为 20%、40%、40%，解锁条件为每年股价上升 10%。第 1 年年末股价上升 12%，但由于受经济周期影响，此后的市场环境恶化，股价下跌，公司预期股价增长目标无法实现，因此决定终止原股份支付协议。要求作出相关会计分录。

**【分析】**

A公司将股份支付协议取消作为加速可行权处理，将原本应在剩余等待期内确认的权益工具金额在本期确认。

借：管理费用          1 000 000
  贷：资本公积——其他资本公积      1 000 000

## 三、回购股份进行职工期权激励

企业先回购本公司股票，然后再将该股票授予职工，这种情况属于权益结算的股份支付。企业获取职工服务应计入成本、费用的会计处理与前述处理一致，只是多了回购这一环节。其会计处理如下。

### 1. 回购本企业股份

按照回购股份所发生的全部支出，借记"库存股"、贷记"银行存款"等科目。

### 2. 确认成本、费用

确认成本、费用的处理与对职工权益结算的股份支付的会计处理相同，即将取得职工的服务借记成本、费用，贷记"资本公积——其他资本公积"。

### 3. 职工行权

职工行权时需要转销交付给职工的库存股，同时根据股份支付协议，企业收到职工购买股票的价款，其会计处理如下。

借：银行存款     [企业收到的股票购买价款]A
  资本公积——其他资本公积  [等待期内累计确认的其他资本公积]B
  贷：库存股       [交付职工的库存股成本]C
    资本公积——股本溢价  [A＋B－C]

## 海康威视股权激励计划

2021年12月，海康威视公布了《2021年限制性股票计划的激励对象名单》。这是海康威视自2012年以来的第5个股权激励计划，前面4次分别是在2012年、2014年、2016年和2018年。根据2021年股权激励计划，海康威视向9 933名激励对象授予限制性股票99 417 229股，授予数量占公司总股本的1.06%，授予日为2022年1月18日，授予价格为29.71元/股。当解锁条件达到时，激励对象可按规定分批申请获授限制性股票的解锁，限制性股票解锁后可依法自由流通。授予对象为部分高级管理人员、对于实现公司战略目标所需要的关键领域的中层管理人员、基层管理人员、核心技术和骨干员工，约占2020年末公司总人数的23.27%。

限制性股票解锁需满足的业绩条件包括：

（1）净资产收益率。

①第一次解锁：解锁时点前一年度净资产收益率不低于20%，且不低于标杆公司同

期 75 分位水平；

②第二次解锁：解锁时点前一年度净资产收益率不低于 20%，且不低于标杆公司同期 75 分位水平；

③第三次解锁：解锁时点前一年度净资产收益率不低于 20%，且不低于标杆公司同期 75 分位水平；

（2）营业收入增长率。

①第一次解锁：解锁时点前一年度较授予前一年度复合营业收入增长率不低于 15%，且不低于标杆公司同期 75 分位增长率水平；

②第二次解锁：解锁时点前一年度较授予前一年度复合营业收入增长率不低于 15%，且不低于标杆公司同期 75 分位增长率水平；

③第三次解锁：解锁时点前一年度较授予前一年度复合营业收入增长率不低于 15%，且不低于标杆公司同期 75 分位增长率水平。

（3）在限制性股票锁定期内，解锁时点前一年度的经济增加值（EVA）需较上一年度有所增长，且高于授予前一年度的 EVA。

限制性股票在授予日的 24 个月后分三次解锁，解锁期为 36 个月。在授予日后的 24 个月为标的股票锁定期，不得以任何形式转让；授予后（包括锁定期内）的 24 个月至 60 个月为解锁期，在解锁期内，若达到规定的解锁条件，授予的限制性股票分 3 次解锁：第一次解锁期为授予日 24 个月后至 36 个月内，解锁数量是当次获授标的股票总数的 40%；第二次解锁期为授予日 36 个月后至 48 个月内，解锁数量是当次获授标的股票总数的 30%；第三次解锁期为授予日 48 个月后至 60 个月内，解锁数量是当次获授标的股票总数的 30%。在解锁期内，激励对象可在董事会确认当期达到解锁条件后，在董事会确定的解锁窗口期内对相应比例的限制性股票申请解锁，当期未申请解锁的部分不再解锁并由公司回购注销；若解锁期内任何一期未达到解锁条件，则当期可申请解锁的限制性股票不得解锁并由公司回购后注销。

资料来源：海康威视. 关于向 2021 年限制性股票计划激励对象授予限制性股票的公告[EB/OL]. http://www.cninfo.com.cn/new/disclosure/detail?plate= szse&orgId=9900012688&stockCode=002415&announcementId=1212208839& announcementTime=2022-01-19.

**思考：**股权激励的对象通常包括哪些？如何才能成为股权激励的对象？

## 本章知识点小结

1. 股份支付的可行权条件

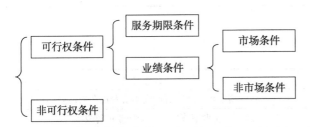

### 2. 股份支付工具的主要类型

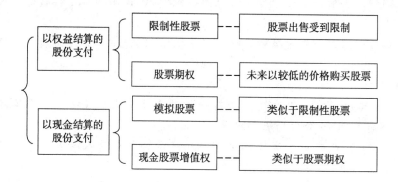

### 3. 股份支付确认和计量的原则

| 股份支付工具的类型 | 是否区分换取职工/其他方服务 | 可行权日前单位权益工具公允价值的确定 | 可行权日前贷记项目 | 可行权日之后借记的资产成本或费用是否需要变动 | 可行权日之后贷记的项目是否需要变动 |
|---|---|---|---|---|---|
| 权益结算 | 换取职工服务 | 授予日的公允价值 | 有等待期时，资本公积——其他资本公积；可立即行权时，资本公积——股本溢价 | 不变动 | 不变动 |
| | 换取其他方服务 | 服务取得日的公允价值 | | | |
| 现金结算 | 不区分 | 有等待期时，等待期内每个资产负债表日的公允价值；可立即行权时，授予日的公允价值 | 负债 | 不变动 | 按照结算前的每个资产负债表日和结算日公允价值重新计算，变动计入当期损益 |

### 4. 股份支付可行权条件的修改

| 情形 | 具体情形 | 会计处理 |
|---|---|---|
| 条款和条件的有利修改 | 修改增加了单位权益工具的公允价值 | 增加的权益工具公允价值确认为取得服务的增加 |
| | 修改增加了授予权益工具的数量 | |
| | 修改缩短了等待期，降低了业绩条件（非市场条件）等 | 应考虑职工或其他方能否行权 |
| 条款和条件的不利修改 | 修改减少了单位权益工具的公允价值 | 不考虑单位权益工具公允价值的减少 |
| | 修改减少了授予权益工具的数量 | 将减少的部分作为权益工具的取消处理 |
| | 修改延长了等待期，提高了业绩条件（非市场条件）等 | 不应考虑修改后的可行权条件 |

### 5. 股份支付的取消或结算

| 取消或结算的情形 | 会计处理 |
|---|---|
| 未满足服务期限条件和非市场条件 | 将前期已经确认的资产成本或费用在当期全部转回 |
| 满足服务期限条件和非市场条件 | 将取消或结算作为加速可行权处理 |

# 思 考 题

1. 股份支付的实质是什么？为什么会产生股份支付？

2. 股份支付有哪些主要环节？各环节会计处理的要点是什么？

3. 权益结算的股份支付和现金结算的股份支付有何差别？这种差别如何体现在会计处理上？

4. 股份支付可行权条件的分类有哪些？这些行权条件的会计处理是否有差别？

5. 股份支付取消或结算的原因主要有哪些？不同原因下股份支付取消或结算的会计处理是否有差异？

# 练 习 题

1. 为留住并激励公司管理层，20×1年1月1日A公司授予其100名管理层人员每人20万份现金股票增值权。协议约定，上述人员应自20×1年1月1日起连续在公司服务满5年，然后可按照当时股价的增长幅度获得现金。现金股票增值权应在20×6年12月31日前行使完毕。20×1年12月31日，A公司因股份支付确认的"应付职工薪酬"贷方余额为800万元，20×2年12月31日，该现金股票增值权的公允价值为3元。截至20×2年年末已经有30名管理人员离开公司，预计未来3年还会有20名管理人员离开。请问20×2年12月31日A公司股份支付贷方余额应该为多少？

2. A公司20×1年1月1日授予其100名管理层员工每人20万份股票期权。协议约定，上述人员应自20×1年1月1日起连续在公司服务满4年，到期可按照15元/股的价格购买公司股票。A公司估计每份股票期权在授予日的公允价值为10元。第一年有10名管理人员离开，A公司估计4年中总共会有20%的管理人员离开。20×1年12月31日，每份股票期权的公允价值变为12元。请问A公司20×1年12月31日因股份支付应确认的"资本公积——其他资本公积"贷方余额为多少？

3. A公司20×1年1月1日授予其15名高级技术人员总共15万份股票期权。协议约定，上述高级技术人员应在公司连续服务3年，到时可以12元/股的价格购买公司15万份股票。授予日每份股票期权的公允价值为20元。20×1年没有高级技术人员离开；20×2年有3名高级技术人员离开，其所对应的股票期权为2万份；预计未来还有2名高级技术人员离开，所对应的股票期权为1万份。请问A公司20×2年12月31日因股份支付确认的"资本公积——其他资本公积"贷方余额为多少？

4. A公司20×1年1月1日授予其80名管理人员每人10万份股票期权。协议约定，上述管理人员应在公司连续服务3年，到时可以5元/股的价格购买10万份公司股票。A公司估计每份股票期权在授予日的公允价值为12元。第一年有8名管理人员离开，A公司估计未来3年中离职比例将达到20%；第二年又有4名管理人员离开，A公司将未来离职比例调增至22%。要求计算20×2年A公司因股份支付计入管理费用的金额，并作出会计分录。

5. A 公司 20×1 年 1 月 1 日向其 200 名高管每人授予 1 万份股票期权。协议约定，上述管理人员应在公司连续服务 2 年，到时可以 8 元/股（面值 1 元/股）的价格购买 1 万份公司股票。授予日每份股票期权的公允价值为 15 元。截至 20×2 年 10 月 1 日，尚未有高管离职。为履行承诺，A 公司于 20×2 年 10 月 2 日从二级市场以每股 20 元的价格回购本公司股票 200 万股。20×2 年 12 月 31 日，200 名高管全部行权，当日 A 公司股票的市场价格为 25 元/股。要求计算 20×2 年 12 月 31 日 A 公司高管行权带来的股本溢价，并作出会计分录。

6. A 公司 20×1 年 1 月 1 日向其 100 名高管每人授予 1 万份股票期权。协议约定，上述管理人员应在公司连续服务 3 年，到时可以 8 元/股（面值 1 元/股）的价格购买 1 万份公司股票。授予日每份股票期权的公允价值为 15 元。第一年有 10 名高管离职，A 公司估计总共有 25% 的高管会离开；第二年又有 5 名高管离职，A 公司将高管离职比例调减至 20%；第三年有 2 名高管离职。20×4 年 12 月 31 日，剩余的 83 名高管全部行权。要求计算 20×1 年至 20×3 年每年 A 公司因股票期权计入管理费用的金额，并作出与股票期权相关的会计分录。

答案解析　扫描此码

**即测即练题**

自学自测　扫描此码

# 第七章

# 或 有 事 项

【学习要点】

- 或有事项的概念和特征
- 或有事项确认为负债和资产的条件
- 最佳估计数的确定
- 或有事项会计的具体运用

【学习目标】

通过本章的学习，理解或有事项的概念及特征、或有事项与预计负债的区别；掌握或有事项确认的相关条件、最佳估计数的确定、或有事项的会计处理；掌握未决诉讼、债务担保、产品质量保证、亏损合同、重组义务中预计负债的确认和计量。

## 第一节　或有事项概述

### 一、或有事项的概念

或有事项是指过去的交易或事项形成的，其结果须由某些未来事项的发生或不发生才能决定的不确定事项。

企业在经营过程中会面临一些不确定事项，这些事项发生与否可能会对企业财务状况和经营成果产生较大影响。如很多企业在销售时承诺，在一定期限内产品出现质量问题由企业无条件维修；又如网店销售承诺的七天无理由退货等。承诺无条件维修是在销售成立时发生的，但未来维修服务支出是否发生、发生多少金额、什么时候发生则取决于将来产品维修情况。企业不能等到实际支出时再确认这些或有事项，因为按照权责发生制原则，本期已经发生或应当负担的费用，不论其是否实际支付，都应当作为本期的费用。因此，企业应在每一个资产负债表日对这些不确定事项（或有事项）进行判断，看这些事项是否是企业当期应当承担的义务。现实生活中的或有事项情形较多，如果归类，常见的或有事项主要包括未决诉讼、债务担保、产品质量保证、亏损合同、重组义务等。

### 二、或有事项的特征

或有事项具有以下三个特征。

（1）或有事项是过去的交易或事项所形成的。如果没有过去的交易或事项就不会存在或有事项，如企业面临环保处罚是因为企业过去生产经营不合法、不合规所导致的。或有事项是企业因过去的交易或事项所导致的一种现存状况，因此企业还没有发生、未来可能发生的事项不属于或有事项，如可能发生的火灾、经营亏损等。

（2）或有事项的结果具有不确定性。这种不确定性表现在两个方面：一是或有事项的结果是否出现具有不确定性，如企业被其他单位起诉要求赔偿，如果法院判决企业败诉，企业需要承担赔偿责任，但如果法院判决企业胜诉，则不需承担赔偿责任；二是或有事项结果发生的具体时间和结果也具有不确定性。如企业被其他单位起诉要求赔偿，企业估计很可能会败诉，但在企业收到法院传票时并不清楚什么时候判决结果会下来，也不清楚败诉需支付多少赔偿金。

（3）或有事项的结果须由未来事项决定。或有事项的结果只能由未来不确定事项的发生或不发生才能决定和证实，如企业为关联方企业提供债务担保，如果关联方企业不能如期偿还债务，企业需承担连带责任。企业是否需要承担连带责任取决于关联方企业的财务状况，如果关联方企业财务状况良好且信用好，则企业不需承担连带责任；如果关联方企业财务出现恶化，无法按期偿还，这时企业才需承担连带责任。

企业在经营过程中会出现很多不确定性事项，但不是所有的不确定性事项都属于或有事项。只有满足或有事项定义和特征的不确定性事项才能称为或有事项。如固定资产折旧时需要估计预计使用年限和预计净残值，其使用年限和净残值只有等到固定资产报废时才能确定，具有不确定性。但固定资产使用带来磨损，从而需要计提折旧是一个确定的事实，因此固定资产折旧不属于或有事项。同理，无形资产摊销等也是如此。

## 三、或有负债

或有事项具有不确定性，这种不确定性包括未来事项是否发生具有不确定性、事项发生是否会导致经济利益流出（或流入）企业具有不确定性、流出（或流入）金额多少具有不确定性。按照属性划分，或有事项可以分为或有负债和或有资产两类。

或有负债包括两类义务：一类是潜在义务，另一类是现时义务。潜在义务是指是否构成企业的义务取决于未来不确定事项发生与否；现时义务是指企业当前已经承担的义务，但该义务的履行不是很可能导致经济利益流出企业或者经济利益会流出企业但金额不能可靠计量。如 A 企业被 B 企业起诉侵权，A 企业估计可能会败诉，但法院还没有判决。在这种情况下，A 企业无法判断未来要赔偿多少，经济利益会流出企业的金额无法确定，构成 A 企业的一项或有负债。

企业要对或有事项经济利益流出（或流入）企业的可能性进行评估，通常可以将可能性分为极小可能、可能、很可能、基本确定四个层次，它们对应的概率区间见表 7-1。

表 7-1　或有事项经济利益流出（或流入）企业的可能性

| 结果的可能性 | 对应的概率区间 |
| --- | --- |
| 极小可能 | 大于 0，小于等于 5% |
| 可能 | 大于 5%，小于等于 50% |
| 很可能 | 大于 50%，小于等于 95% |
| 基本确定 | 大于 95%，小于 100% |

### 四、或有资产

或有资产是指过去的交易或事项形成的潜在资产,其结果必须通过未来不确定事项的发生或不发生才能确定是否会形成企业的资产。如 A 企业起诉 B 企业专利侵权,A企业只有等到法院判决结果下来才能确定或有资产是否会形成企业的资产。如果法院判决 A 企业胜诉,则或有资产形成企业的资产;如果法院判决 A 企业败诉,则或有资产不会形成企业的资产。

# 第二节　或有事项的确认和计量

或有负债(或资产)并不等于企业的负债(或资产),它们只有满足一定条件后,企业才能将其确认为企业的负债(或资产)。

## 一、或有事项的确认

出于谨慎性考虑,或有资产的确认条件比或有负债的确认条件更严苛。或有资产只有在企业基本确定能够收到的情况下,才能将其确认为企业的资产。或有资产确认时,将其确认为其他应收款,其账务处理如下。

借:其他应收款
　　贷:营业外支出

或有负债在同时满足以下三项条件时,将其确认为企业的负债:①该义务是企业承担的现时义务;②履行该义务很可能会导致经济利益流出企业;③该义务的金额能够可靠计量。或有负债确认时,将其单独确认为预计负债:

借:营业外支出
　　销售费用
　　管理费用
　　固定资产等
　　贷:预计负债

其中,赔偿和担保支出计入"营业外支出",产品质量保证计入"销售费用",诉讼费计入"管理费用",弃置费用现值计入"固定资产",因辞退福利确认的预计负债通过"应付职工薪酬"核算。

(1)该义务是企业承担的现时义务。这是或有负债确认为负债的第一个条件。现时义务是企业在当前条件下已经承担的义务,不能选择,只能履行。一般情况下,过去的交易或事项是否会导致现时义务的产生是明确的,但在某些情况下,也会存在不确定性。如王老吉商标争夺战,在起诉时广药集团是否会丧失"王老吉"商标权具有不确定性。只有在所收集的各方面证据表明,资产负债表日很可能存在现时义务且满足其他两项条件时,企业才能将或有负债确认为预计负债。

(2)履行义务很可能会导致经济利益流出企业。很可能是指经济利益流出企业的概率大于 50%,但还没有到基本确定的程度。或有事项导致企业承担了现时义务,但并不表明经济利益很可能会流出企业。如 A 企业为关联企业提供债务担保,虽然因为担保 A

企业承担了连带偿还债务的责任，但如果关联企业财务状况良好足以偿还债务，则债务担保并不会导致经济利益流出 A 企业。

如果存在同类多项义务，则履行该义务是否会导致经济利益流出企业应从整体考虑。如企业产品销售提供售后维修服务，也许某单个产品需要售后维修的可能性很小，但如果从该种产品整体考虑很可能会导致经济利益流出企业的，应视同该单个产品很可能会导致经济利益流出企业。

（3）履行义务的金额能够可靠计量。或有事项的不确定性导致履行义务的金额需要估计。如果履行义务的金额能够可靠估计，如产品维修支出能够估算出一个区间，同时满足其他两个条件，企业就需确认预计负债。

预计负债的金额与其他负债（如应付账款等）要区别开来，这是因为预计负债是估计出来的，其发生时间和金额具有不确定性；而其他负债（如应付账款等）通常是未来确定的支出而不需要估计，即使某些情况下需要估计，但其不确定性要远远低于预计负债。因此在财务报表中，预计负债不可与其他列报项目混同在一起，而应单独列报。

## 二、预计负债的计量

企业承担的预计负债一方面需要清偿，另一方面也可能从第三方或其他方处获得补偿，因此企业在确认或有负债时一方面需要确定预计负债的金额，另一方面也需要确定预期可获得补偿的金额。

### （一）预计负债金额的确定

预计负债应当按照履行相关现时义务时所需支付的最佳估计数进行初始计量。最佳估计数要区分两种情况。

（1）所需支出存在一个连续范围，而且在这个范围内每种结果发生的可能性相同。在这种情况下，最佳估计数为该范围内的中间值（即上下限的平均值）。

（2）除第一种情况之外的其他情况，即所需支出不存在一个连续范围或者虽然存在一个连续范围，但范围内每种结果发生的可能性不同。在这种情况下，如果只涉及单个项目，则按照最可能（最大概率）发生的金额确定；如果涉及多个项目，则按照各种可能结果及其概率（加权平均数）计算确定。

【例 7-1】　A 公司与 B 公司为具有关联方关系的企业。20×1 年 1 月，B 公司从甲银行取得贷款 1 000 万元，A 公司为其提供担保。担保合同约定，如果 B 公司违约，A 公司需承担 B 公司违约金额的 60%。20×3 年 1 月贷款合同到期后，因 B 公司财务困难无力偿还贷款本息，甲银行将 B 公司和 A 公司提起诉讼。要求 B 公司和 A 公司共同偿还贷款本息 1 400 万元及罚息 50 万元。A 公司估计 80%的可能性要承担连带赔偿责任，20%的可能性不需要承担连带赔偿责任。要求计算 20×3 年年末 A 公司应确认的预计负债金额。

【分析】

当只涉及单个项目时，应按照最可能发生的金额计算确定。

最可能发生的金额 =（1 400 + 50）×60% = 870（万元）

A 公司 20×3 年应确认预计负债 870 万元。

【例 7-2】 A 公司生产了一种产品，正在做市场推广。20×2 年上半年 A 公司销售甲产品 500 件，共 1 000 万元。A 公司在销售时承诺，如果产品在销售后一年内出现任何质量问题，A 公司负责无偿维修。根据以往同类产品的维修情况，如果发生小的质量问题，维修费为产品销售收入的 1%；如果发生大的质量问题，维修费为产品销售收入的 5%。A 公司估计 90% 的产品不需要维修，8% 的产品要小维修，2% 的产品要大维修。要求计算 20×2 年上半年 A 公司应确认的预计负债。

【分析】

如果涉及多个项目，按照各种可能结果及其概率计算确定预计负债金额，见表 7-2。

表 7-2　A 公司预计负债计算表

| 概率/% | 维修支出/万元 | 预计负债金额/万元 |
|---|---|---|
| 90 | 0 | |
| 8 | 1 000 × 1% | 1.8 |
| 2 | 1 000 × 5% | |

## （二）预期可获得补偿的处理

预期可获得补偿只有在基本确定能够从第三方或其他方处收到时，企业才能将其作为资产单独确认。预期可获得补偿的前提是企业承担了预计负债，用于减少或弥补企业损失，因此只有企业确认了预计负债后才能把预期可获得的补偿确认为资产，而且确认资产的金额不能超过所确认负债的账面价值。

根据资产和负债不能随意抵销原则，企业不能将预期可获得的补偿冲减预计负债，而应将基本确定预期可获得的补偿确认为一项资产，计入其他应收款。

常见的预期可获得的补偿包括：企业已经投保，可从保险公司获得赔偿；企业债务担保，可向被担保企业提出赔偿请求；法律诉讼中，向索赔人或第三方提出赔偿要求等。

【例 7-3】 A 外卖公司的外卖小哥在送外卖时，因速度过快将路人甲撞伤。A 公司确认了一笔金额为 10 万元的预计负债。A 公司已购买保险，根据保险合约，基本确定能够从 K 保险公司获得 8 万元的赔偿。

【分析】

在本例中，A 公司应确认 10 万元的预计负债和 8 万元的其他应收款，而不能将 8 万元抵减预计负债，只确认 2 万元的预计负债。同时需要注意的是，确认的资产金额（赔偿金 8 万元）不能超过确认的预计负债金额（10 万元）。

## （三）预计负债计量需要考虑的其他因素

（1）风险和不确定性。预计负债是在不确定性情况下作出的判断，在判断时需要谨慎，以使收益或资产不被高估、费用或负债不被低估。应充分考虑风险和不确定性，在低估和高估预计负债之间寻找平衡点。

（2）货币时间价值。通常情况下，预计负债的金额等于未来应支付的金额。但如果预计负债的确认时点距离实际清偿时点较远，应考虑货币时间价值的影响，采用现值即未来现金流量的折现值确定最佳估计数。在其他条件不变的情况下，随着时间的推移，预计负债的现值会逐渐增加，因此企业应在每一个资产负债表日对预计负债进行重新计量。

（3）未来事项的影响。预计负债的偿付期在确认时点之后，企业应考虑未来事项对预计负债偿付金额的影响。如技术进步使得企业核废料报废清理的成本降低，企业应在具有客观证据的前提下对此作出合理估计。

# 第三节　或有事项会计的具体运用

## 一、未决诉讼

### 1. 预计负债的确认

在未决诉讼中，被告可能会形成一项或有负债或预计负债，而原告可能会形成一项或有资产。

**【例 7-4】** A 公司在 20×1 年 10 月 10 日被 B 公司起诉，法院尚未判决。通过咨询法律专家，A 公司估计很可能会败诉。如果败诉，预计需要支付的赔偿金和诉讼费在 100 万元至 150 万元之间，在这个区间内的每个金额发生的可能性都相等，其中诉讼费为 5 万元。B 公司估计很可能会胜诉，如果胜诉预计将获得赔偿金额 180 万元。要求分别做出 A 公司和 B 公司的会计处理。

**【分析】**

（1）A 公司的会计处理。

由于 A 公司被起诉，而且很可能败诉，赔偿金额也能够可靠计量，因此 A 公司应确认预计负债。

预计负债的金额 =（100 + 150）/2 = 125（万元）

预计负债 125 万元中已经包含预计的诉讼费 5 万元。

| | |
|---|---|
| 借：管理费用——诉讼费 | 50 000 |
| 营业外支出 | 1 200 000 |
| 贷：预计负债 | 1 250 000 |

（2）同时 A 公司应在其资产负债表附注中进行披露。

B 公司的会计处理。

B 公司很可能胜诉，但还没有达到基本确定能够收到赔偿的条件，因此 B 公司不应当确认或有资产，只在其资产负债表附注中披露或有资产 180 万元即可。

### 2. 预计负债与实际诉讼损失之间差额的处理

企业估计的预计负债金额与判决履行时实际发生的诉讼损失之间存在差异，对于该差异应区别情况进行处理。

（1）企业在前期已经合理预计了预计负债。实际发生的诉讼损失可能超过预计负债金额，也可能低于预计负债金额，对于该差额直接计入或冲减当期的营业外支出。

（2）企业在前期未能合理估计预计负债，所作出的估计与当时的事实严重不符。企业应将其视为重大会计差错，按照会计差错更正的方法处理。

（3）企业在前期无法合理估计预计负债，未确认预计负债。诉讼损失发生时，诉讼损失金额全部直接计入当期的营业外支出。

（4）资产负债表日后事项期间发生的需要调整或说明的未决诉讼。企业按照资产负债表日后事项的规定进行处理。

## 二、债务担保

债务担保在企业中是一种常见现象，但企业提供债务担保时时常会面临诉讼，应分表 7-3 几种情况进行处理。

表 7-3　企业提供债务担保的会计处理

| 诉讼情况 | 提供债务担保企业的会计处理 |
|---|---|
| 被担保企业已经败诉 | 应当按照法院判决担保企业应承担的损失确认负债（不是确认预计负债） |
| 被担保企业一审败诉，正在上诉 | 在资产负债表日根据相关证据合理估计损失金额，确认预计负债 |
| 法院尚未判决 | 如果败诉的可能性大，且损失金额能够可靠计量，在资产负债表日根据相关证据合理估计损失金额，确认预计负债 |
| | 如果败诉的可能性大，但损失金额无法预计；或者败诉的可能性不是很大，这时不确认预计负债，只在报表附注中作披露 |

**【例 7-5】**　A 公司为 B 公司、C 公司和 D 公司的母公司。20×1 年 4 月，B 公司从银行贷款 100 万元，期限 1 年，A 公司为其提供全额担保；20×2 年 5 月，C 公司从银行贷款 200 万元，期限 1 年，A 公司为其提供 80%担保；20×2 年 6 月，D 公司银行贷款 300 万元，期限 3 年，A 公司为其提供全额担保。

截至 20×2 年 12 月 31 日，上述担保情况如下：B 公司贷款到期后无力偿还，银行已提起诉讼，要求 B 公司和 A 公司共同偿还债务，但 A 公司无法估计需要赔偿的金额；C 公司经营出现困难，可能到期不能偿还贷款；D 公司经营情况良好，预期不会出现无法偿还问题。

**【分析】**

对于 B 公司的债务担保，A 公司很可能要承担连带赔偿责任，但由于无法估计需要赔偿的金额，A 公司不能确认预计负债；对于 C 公司的债务担保，A 公司可能需要承担连带赔偿责任，但由于还没有达到很可能的程度，因此也不确认为预计负债；对于 D 公司的债务担保，A 公司极小可能需要承担连带赔偿责任，不确认预计负债。这三项债务担保构成 A 公司的或有负债，应在报表附注中作披露。

## 三、产品质量保证

产品质量保证是企业对所售产品或所提供服务的一种后续承诺，在约定期内如果符合确认条件，企业应在销售成立时确认预计负债。

企业确认预计负债时，其账务处理如下。

借：销售费用

　　贷：预计负债

企业实际发生更换产品、维修等支出时，其账务处理如下。

借：预计负债

　　贷：银行存款等

如果产品保修期结束，产品质量保证形成的预计负债仍有余额，企业应将其余额全部转出。

【例 7-6】 接例 7-2 资料，A 公司 20×2 年上半年实际发生维修支出 2 万元，在 20×1 年年末 A 公司计提的"预计负债——产品质量保证"的余额为 4 万元。要求作出 A 公司确认预计负债和支付维修费用的会计处理。

【分析】

（1）A 公司确认预计负债。

借：销售费用　　　　　　　　　　　　　　　　　　　　　　　　18 000

　　贷：预计负债——产品质量保证　　　　　　　　　　　　　　　　　18 000

（2）支付维修费用。

借：预计负债——产品质量保证　　　　　　　　　　　　　　　　20 000

　　贷：银行存款等　　　　　　　　　　　　　　　　　　　　　　　20 000

20×2 年年末，A 公司"预计负债——产品质量保证"的余额为 38 000（40 000 + 18 000 - 20 000）元。

## 四、亏损合同

待执行合同变成亏损合同，同时该亏损合同产生的义务满足预计负债确认条件的，应当确认为预计负债。这里面涉及以下几个概念。

### 1. 待执行合同

待执行合同是指合同各方尚未履行或部分履行合同义务的合同。

### 2. 亏损合同

亏损合同是指履行合同不可避免地出现合同成本超过合同预期经济利益的合同。

当出现亏损合同且不可撤销时，具有合同履行义务的一方可以选择执行合同，也可以选择不执行合同，其判断的标准在于两害相权取其轻，企业会选择最低净成本的退出合同方式。如果执行合同净成本较低，企业会选择执行合同；如果不执行合同净成本较低，企业会选择不执行合同。因此，企业确认的预计负债应为履行合同的净成本与不履行合同的补偿或处罚中的较低者。

（1）如果亏损合同存在标的资产，应先对标的资产进行减值测试确认其减值损失。如果预计亏损低于减值损失，说明合同并未真正亏损，不确认减值损失；如果预计亏损大于减值损失，说明合同出现亏损，应将预计亏损超过减值损失的部分确认为预计负债。

（2）如果亏损合同不存在标的资产，只要满足预计负债确认条件，企业就应按照预计亏损金额确认预计负债。

亏损合同预计负债金额的计量见表 7-4。

表 7-4　亏损合同预计负债金额的计量

| 亏损合同是否存在标的资产 | 标的资产减值损失 | 预计负债金额 |
| --- | --- | --- |
| 存在标的资产 | 预计亏损≤减值损失 | 不确认预计负债 |
| | 预计亏损>减值损失 | 预计亏损大于减值损失的差额 |
| 不存在标的资产 | 不存在 | 按照预计亏损金额确认 |

【例 7-7】　A 公司与 B 公司签订一项销售合同，约定 20×2 年 8 月 1 日前交付甲产品 1 万件，总价值 100 万元。如果 A 公司不能按期交货，则应按照合同金额的 10%支付违约金。至 20×1 年 12 月 31 日，A 公司尚未开始甲产品的生产。由于生产甲产品的原材料上涨，A 公司预计履行合同成本会上涨为 120 万元。请问就该事项而言，A 公司 20×1 年财务报告中应确认多少预计负债。

【分析】

标的资产甲产品尚未开始生产，因此不能对甲产品进行减值测试。执行合同时的损失为 20（120－100）万元，不执行合同的损失为 10（100×10%）万元，企业应选择不履行合同，确认预计负债 10 万元。

## 五、重组义务

### 1. 重组

重组是指企业制定和控制的，将显著改变企业组织形式、经营方式或经营方针的计划实施行为，包括对企业组织结构进行较大调整、出售部分业务等。重组与企业合并和债务重组不同，重组通常是企业内部资源的重新整合，而企业合并是不同企业之间的行为，债务重组是债权人对债务人作出的让步，后两者都是企业与其他企业之间的行为。

### 2. 重组义务

企业重组时同时存在以下两项条件，表明企业承担了重组义务。

（1）有详细的、正式的重组计划，包括计划实施时间、实施地点、涉及的业务、预计支出等。

（2）重组计划已经对外公告，企业各相关方已经形成了企业将实施重组的合理预期。

【例 7-8】　A 公司董事会决定撤销其在某地的一个分部。如果相关决定没有传达给各相关方，也没有采取措施实施这项决定，表明 A 公司还没有开始承担重组义务；如果已经将决定传达给了各相关方，或已经开始实施重组计划，那么各相关方将会对企业实施重组形成合理的预期，表明 A 公司已经开始承担重组义务。

### 3. 预计负债确认

企业承担了重组义务并不表明企业可以确认预计负债，只有同时满足预计负债确认的三项条件时，才能将重组义务确认为预计负债。

### 4. 预计负债的计量

企业应当将与重组有关的直接支出确认为预计负债的金额，计入当期损益。这些直接支出是企业实施重组必须承担的直接开支，包括自愿遣散、强制遣散、不再使用厂房的租赁撤销费等，但不包括预期处置相关资产将获得的利得或损失。

【**例 7-9**】 A 公司 20×1 年 12 月实施一项重组计划。预期重组计划实施时将发生下列支出：支付给辞退员工的补偿款 100 万元；厂房不再续租的违约金 30 万元；厂房里的固定资产转移至总部厂房的费用 3 万元；迁回的固定资产发生减值损失 50 万元；留用员工的后续培训费用 10 万元。请计算 20×1 年 12 月 31 日 A 公司因重组需确认的预计负债金额。

【**分析**】

重组确认的预计负债金额为与重组有关的直接支出，这些支出包括辞退员工的补偿款 100 万元、厂房不再续租的违约金 30 万元，即预计负债金额为 130 万元。其他支出不属于与重组有关的直接支出，不在预计负债中核算。需要注意的是，辞退员工的补偿款不通过"预计负债"核算，而通过"应付职工薪酬"核算，但也属于与重组有关的预计负债。

## A 公司涉重大诉讼

成立于 2006 年 10 月，是一家以开源开放技术为核心的新一代企业级应用提供商，经营范围包括计算机软硬件的技术开发、技术转让、技术咨询等。

签订了委托合同，由 B 公司代理 A 公司在全国范围各个行业内推广和销售蓝灯智能情报分析软件。2019 年 1 月 15 日委托代理合同终止，经双方结算，B 公司留有 7 525 500 元代理保证金在 A 公司处。B 公司曾于 2019 年 11 月向法院提起诉讼，要求 A 公司返还 7 520 500 元代理保证金。法院审理过程中，双方于 2019 年 11 月 21 日达成《和解协议》，约定 A 公司退回并分期支付代理保证金人民币共 6 316 660 元。A 公司承诺如未能在 2019 年 12 月 15 日前返还 100 万元，B 公司有权立即就人民币 6 516 660 元要求 A 公司一次性偿还。此外，A 公司还需承担逾期还款违约责任。违约金以到期应付未付金额为本金，按每日万分之五的利率标准计算，计算至实际偿还之日。

《和解协议》签订后，B 公司即按约向法院撤诉，但 A 公司并未在 2019 年 12 月 15 日按约履行还款义务。经 B 公司多次催讨，A 公司分别于 2020 年 4 月 29 日、2020 年 6 月 30 日分别还款 10 万元，此后再未支付任何款项。B 公司遂感无奈，只能重新诉诸法院，请求判令 A 公司向 B 公司返还代理保证金人民币 6 316 660 元，并支付自 2019 年 12 月 15 日起至实际支付日的违约金等人民币 1 649 456.61 元。

资料来源：巨潮资讯. 天风证券股份有限公司关于上海蓝灯数据科技股份有限公司净资产为负且涉及重大未决诉讼的风险提示性公告 [EB/OL]. http://www.cninfo.com.cn/new/disclosure/detail?plate=neeq&orgId=gfbj0834048&stockCode=834048&announcementId=1210862902&announcementTime=2021-08-25

**思考**：A 公司为什么会被起诉？被起诉可能给 A 公司带来哪些影响？

答案提示　扫描此码

## 本章知识点小结

1. 或有事项是指过去的交易或事项形成的，其结果须由某些未来事项的发生或不发生才能决定的不确定事项。

2. 或有事项具有以下三个特征：①或有事项是过去的交易或事项所形成的；②或有事项的结果具有不确定性；③或有事项的结果须由未来事项决定。

3. 或有事项可以分为或有负债和或有资产两类。或有负债包括两类义务：一类是潜在义务，另一类是现时义务；而或有资产仅指过去的交易或事项形成的潜在资产。

4. 或有负债（或资产）并不等于企业的负债（或资产），它们只有满足一定条件后，企业才能将其确认为企业的负债（或资产）。或有负债在同时满足以下三项条件时，将其确认为企业的预计负债：①该义务是企业承担的现时义务；②履行该义务很可能会导致经济利益流出企业；③该义务的金额能够可靠计量。或有资产只有在企业基本确定能够收到的情况下，才能将其确认为企业的其他应收款。

5. 企业在确认或有负债时一方面需要确定预计负债的金额，另一方面也需要确定预期可获得补偿的金额。前者确认为负债，后者确认为资产，两者不能相互冲抵。

6. 预计负债应当按照履行相关现时义务时所需支付的最佳估计数进行初始计量。如果所需支出存在一个连续范围，而且在这个范围内每种结果发生的可能性相同，最佳估计数为该范围内的中间值；除此之外按照最可能发生的金额（涉及单个项目）或加权平均数（涉及多个项目）计算确定。

7. 预期可获得补偿只有在基本确定能够从第三方或其他方处收到时，企业才能将其作为资产单独确认，而且确认资产的金额不能超过所确认负债的账面价值。

8. 预计负债与实际诉讼损失之间差额的处理。

| 前期预计负债的处理 | 预计负债与实际诉讼损失之间差额的处理 |
| --- | --- |
| 在前期已经合理估计了预计负债 | 差额直接计入或冲减当期的营业外支出 |
| 前期作出的估计与当时的事实严重不符 | 按照会计差错更正的方法处理 |
| 前期无法合理估计预计负债 | 诉讼损失全部直接计入当期的营业外支出 |
| 资产负债表日后事项期间发生的未决诉讼 | 按照资产负债表日后事项的规定进行处理 |

9. 企业提供债务担保预计负债的处理。

| 诉讼情况 | 担保企业的会计处理 |
| --- | --- |
| 被担保企业已经败诉 | 按照法院判决应承担的损失确认负债 |
| 被担保企业一审败诉，正在上诉 | 在资产负债表日合理估计损失金额，确认预计负债 |
| 法院尚未判决 | 如果败诉的可能性大，且损失金额能够可靠计量，确认预计负债 |
| | 如果败诉的可能性大，但损失金额无法预计；或者败诉的可能性不是很大，不确认预计负债 |

10. 亏损合同预计负债金额的计量。

| 亏损合同是否存在标的资产 | 标的资产减值损失 | 预计负债金额 |
| --- | --- | --- |
| 存在标的资产 | 预计亏损≤减值损失 | 不确认预计负债 |
| | 预计亏损>减值损失 | 预计亏损大于减值损失的差额 |
| 不存在标的资产 | 不存在 | 按照预计亏损金额确认 |

11. 重组义务只有同时满足预计负债确认的三项条件时，才能确认为预计负债。企业应将与重组有关的直接支出确认为预计负债，并计入当期损益。

# 思 考 题

1. 或有事项的概念和特点是什么？
2. 预计负债最佳估计数如何确定？
3. 产品质量保证在保修期内该如何核算？保修期结束时又该如何核算？
4. 亏损合同标的资产存在与否对于最佳估计数的计算有何影响？
5. 或有事项确认为资产的条件是什么？

# 练 习 题

1. A公司20×1年10月因产品质量问题被起诉，法院尚未判决。A公司估计很可能需要承担赔偿责任，有80%的可能性需要赔偿100万元，有20%的可能性需要赔偿70万元。同时A公司基本确定可以从相关责任人处追回10万元的补偿金。要求计算A公司因被起诉需要确认的预计负债金额。

2. A公司与B公司签订合同，约定向B公司交付价值1 000万元的M产品。如果到期不能交付，A公司应赔偿B公司损失100万元。A公司尚未开始生产时就获悉M产品的原材料价格暴涨，如果按照合同约定交付，M产品的生产成本将上涨至1 080万元，已经变成亏损合同。要求计算A公司应确认的预计负债金额。

3. A公司20×1年9月从B公司处购入不需要安装的生产设备一台，购买价格100万元，增值税13万元。设备有一个月的试用期，双方约定试用期结束后付款。在这一个月的试用期内，A公司因设备频繁出现故障与B公司协商，但B公司不同意让步，更不同意退货。A公司在试用期结束后未支付到期货款，B公司因此在20×1年11月将A公司告上法庭。截至20×1年12月31日，法院尚未判决，但根据已有的证据A公司估计很可能败诉，如果败诉A公司除了要支付前欠货款116万元，还要承担1万元的诉讼费以及逾期罚款。A公司估计逾期罚款在10万～15万元，区间内的每一个金额都有可能。20×2年3月1日，法院判决A公司立即偿还货款，支付诉讼费1万元及逾期罚款20万元。A公司和B公司均接受法院判决结果，20×2年3月31日A公司按照判决要求支付了全部款项。

要求：

（1）编制A公司购买生产设备的会计分录。

（2）判断A公司在20×1年是否应当确认预计负债，如果需要确认，请作出会计处理。

（3）编制法院判决和A公司支付判决款项的会计分录。

4. B公司20×1年1月向甲银行借入为期两年的贷款800万元，A公司为B公司该贷款提供全额担保。20×2年7月，B公司因扩张太快，发生严重的财务困难，最终进入破产清算程序。B 公司宣告破产后，甲银行向 A 公司提起诉讼，要求偿还贷款本息 1 000 万元。20×2 年年末，A 公司预计需要赔偿的概率在50%以上，如果败诉，赔偿金额很可能为 1 000 万元。由于 B 公司破产，A 公司基本确定可以从 B 公司处获得补偿金额 300 万元。根据上述情况，要求确定 A 公司 20×2 年年末因债务担保应确认的资产和负债金额，并编制其会计分录。

5. A 公司所生产的 W 产品因环保问题被要求停止生产。根据监管部门要求，A 公司于 20×1 年 12 月 31 日停止 W 产品的生产。W 产品生产线系 A 公司通过经营租赁方式租入，租期 3 年，还有 2 年才到期。根据租赁合同，如果 A 公司提前退租，仍需全额支付剩余 2 年的租金，每年 100 万元。要求计算 A 公司因租赁 W 产品生产线对 20×1 年税前利润的影响。

6. 20×1 年 1 月，A 公司与 B 公司签订不可撤销合同，合同约定 3 个月后 A 公司向 B 公司销售 100 件 S 产品，1 万元/件。合同同时约定，B 公司应预付定金 10 万元，如果 A 公司到期不能供货应双倍返还。1 月末，B 公司按照约定支付了定金。

下达生产任务准备生产前，A 公司仓库管理人员反映，M 产品的原材料库存不足。受外围市场影响，M 产品原材料紧缺，价格大涨，如果按合同约定生产，M 产品生产成本将上涨至 1.3 万元/件。要求确认预计负债的最佳估计数并编制会计分录。

答案解析  扫描此码

**即测即练题**

自学自测  扫描此码

# 第八章

## 非货币性资产交换

【学习要点】

- 非货币性资产交换的概念和界定
- 商业实质的判断
- 以公允价值计量的非货币性资产交换的会计处理
- 以账面价值计量的非货币性资产交换的会计处理
- 涉及多项非货币性资产交换的会计处理

【学习目标】

通过本章的学习，理解非货币性资产交换的概念及认定，以公允价值计量的条件；掌握商业实质的判断条件，以公允价值计量时换出资产为存货、固定资产、长期股权投资等的会计处理，以账面价值计量的非货币性资产交换的会计处理；掌握涉及多项非货币性资产交换时，换入资产入账价值的分配方法。

## 第一节　非货币性资产交换概述

### 一、非货币性资产交换的相关概念

#### （一）货币性资产和非货币性资产

按照未来经济利益流入是否固定或可确定，可将资产划分为货币性资产和非货币性资产。货币性资产是未来经济利益流入固定或可确定的资产，包括现金、银行存款、应收账款、应收票据、准备持有至到期的债券投资等。如应收账款其未来经济利益流入（即货币金额）为其账面价值；又如准备持有至到期的债券投资，其未来经济利益的流入为其面值和应收的利息。非货币性资产是货币性资产以外的资产，其特点是未来经济利益流入不固定或不可确定，包括存货、固定资产、在建工程、工程物资、投资性房地产、无形资产、长期股权投资、不准备持有至到期的债券投资等。例如，企业在持有固定资产过程中，通过固定资产折旧的形式将其价值转移至所生产的产品成本中，然后通过销售产品收回固定资产的价值，在这个过程中，固定资产带给企业的经济利益是不确定的，因此固定资产属于非货币性资产；又如不准备持有至到期的债券投资，企业在持有时可以有利息的流入，但不持有时则没有相关利息的流入，由于企业持有多长时间并不确定，因此未来经济利益流入也是不确定的。由上述分析可知，货币性资产和非货币性资产划分的关键点在于资产带来的未来经济利益流入是否固定或可确定。

### （二）非货币性资产交换

非货币性资产交换是指交易双方主要以非货币性资产为对象进行的交换，交换一般不涉及货币性资产，或只涉及少量的货币性资产。例如交易双方货币资金短缺而又有交易需求，这时就可能产生非货币性资产交换。非货币性资产交换有以下几个特点。

（1）交易对象主要为非货币性资产。通常情况下，企业利用货币资金和其他企业进行交换，但在非货币性资产交换中，企业用于交换的主要为非货币性资产。例如，A公司需要B公司的设备，而B公司需要A公司的产品，不借助货币资金而将设备和产品直接交换就为非货币性资产交换。

（2）不涉及或少量涉及货币性资产。非货币性资产交换中不使用货币或少量使用货币，对货币资金和整个交易金额的占比是有严格要求的。

（3）非货币性资产交换是互惠交换。交易双方进行的交换是互惠互利的，而非单方面的财产转移。企业捐赠其所生产的产品等非互惠行为不属于非货币性资产交换。

### （三）非货币性资产交换的认定

非货币性资产交换不使用货币或少量使用货币，通常以25%作为判断标准。

（1）收到补价的企业。收到的货币资金占换出资产公允价值（或换入资产公允价值和收到补价之和）的比值低于25%。

（2）支付补价的企业。支付的货币资金占换入资产公允价值（或换出资产公允价值和支付补价之和）的比值低于25%。

如果低于25%即为非货币性资产交换；如果高于25%（含25%），则不能适用《企业会计准则第7号——非货币性资产交换》，而应适用《企业会计准则第14号——收入》等其他准则。

## 二、非货币性资产交换不涉及的交易和事项

《企业会计准则第7号——非货币性资产交换》不适用以下情形。

### 1. 非货币性资产非互惠转让

非互惠转让是指非货币性资产单方面无代价的转移，包括企业将其非货币性资产无代价地转移给其他方、其他方将非货币性资产无代价地转移给企业。涉及所有者的非货币性资产非互惠转让，如企业将自产产品作为股利发放给股东等，适用《企业会计准则第37号——金融工具列报》；涉及所有者之外的非货币性资产非互惠转让，如政府将土地提供给企业等，适用《企业会计准则第16号——政府补助》。

### 2. 企业合并、租赁、发行股票中涉及的非货币性资产

企业合并中取得的非货币性资产，适用《企业会计准则第20号——企业合并》；租赁中取得的非货币性资产，适用《企业会计准则第21号——租赁》；发行股票中取得的非货币性资产，适用《企业会计准则第37号——金融工具列报》。

# 第二节  非货币性资产交换的计量基础

非货币性资产交换的交易形式多样，但其计量基础只有两种：公允价值、账面价值。

## 一、以公允价值为计量基础

### （一）以公允价值为计量基础的条件

如果非货币性资产交换同时满足以下两个条件，则以公允价值为基础计量换入资产的成本。

（1）非货币性资产交换具有商业实质。

（2）非货币性资产交换中换出或换入资产公允价值能够可靠计量。

企业换出资产公允价值与账面价值的差额作为资产处置的损益计入当期损益。

### （二）商业实质的判断

#### 1. 判断条件

资产会给企业带来经济利益的流入。当换出和换入的资产在预期未来现金流量或其现值方面存在较大差异，这时交易给企业的经济状况带来了明显改变，我们可以称之为其具有商业实质，否则不能称该项交易具有商业实质。因此，商业实质的判断在于交易后资产未来现金流量或其现值是否发生较大变化，如果满足两个条件中的任何一个，即可称之为具有商业实质。

（1）换入资产与换出资产在未来现金流量的风险、时间、金额方面存在显著不同。只要其中有一个方面有显著不同，具有商业实质的判断就成立。它包括但不限于以下几种情形。

①未来现金流量的时间、金额相同，但风险不同。例如，A 公司将其不准备持有至到期的国库券与 B 公司出租用的房屋相互交换，假设它们未来现金流量的流入时间、流入金额都相同，但由于国库券属于政府债券，风险通常较小；而房屋租金的收取则依赖于租户的财务状况和信用状况，风险要大于国库券。虽然换入资产和换出资产未来现金流量的时间、金额相同，但风险不同致使未来现金流量出现显著差异，两项资产交换具有商业实质。

②未来现金流量的风险、金额相同，但时间不同。例如，A 公司将其存货与 B 公司固定资产相互交换，存货为流动资产，变现的时间快；固定资产要通过逐期使用磨损折旧的方式为企业带来现金流量，产生现金流量的时间慢。两项资金交换产生现金流量的时间有显著差异，交换具有商业实质。

③未来现金流量的风险、时间相同，但金额不同。A 公司将其一项新技术专利与 B 公司一项商标权相互交换。两项资产未来的使用寿命相同，预期带来的现金流量总额也相同，但 A 公司新技术产生的现金流量前少后多，而 B 公司的商标权每年产生的现金流量则比较均衡。由于每年产生现金流量的金额显著不同，资产交换具有商业实质。

（2）换入资产与换出资产预计未来现金流量的现值不同，而且两者的差额与资产的公允价值相比是重大的。预计未来现金流量的现值是资产在持续使用和最终处置时预计能够给企业带来的税后现金流量的折现值。例如，A 公司将其某项专利与 B 公司持有的 C 公司股票相互交换，假设专利和股票的公允价值相同，其风险、时间、金额也相同，但对 A 公司而言，换入 C 公司股票可使 A 公司对 C 公司由重大影响变为控制，A 公司换入股权预计未来现金流量的现值超出了换出专利的现值；对 B 公司而言，换入专利可改善本公司的生产工艺、节约生产成本，换入专利预计未来现金流量的现值超出了换出股权的现值。因此，两者的交换具有商业实质。当依据非货币性资产交换未来现金流量的风险、时间、金额难以作出是否交易具有商业实质的准确判断时，可以依据预计未来现金流量的现值进行再判断。

### 2. 资产类别与商业实质的关系

企业也可根据非货币性资产交换的资产类别来判断交易是否具有商业实质，这是因为通常情况下不同类别的资产其产生经济利益的方式存在较大差别，导致其未来现金流量的风险、金额、时间也存在较大差异。资产的类别是指资产在资产负债表中列示的大类，如存货、固定资产、投资性房地产等，存货的变现速度快于其他两类资产，而投资性房地产每期带来的租金流入也有别于生产经营用的固定资产。相等价值的同类资产相互交换通常不产生损益，也不具有商业实质。如为节约运输成本、即时响应公司客户需求，A 石油公司将其在甲地的汽油与 B 石油公司在乙地的汽油相互交换，两者所交换汽油的型号、容量、价值相同，这样的交换不具有商业实质。

根据资产类别判断是否具有商业实质的方法简单易行，但如果是同类资产交换则该方法不适用，这时仍需要结合资产未来现金流量的风险、时间、金额进行判断。

### 3. 关联方之间非货币性资产交换与商业实质的关系

一方可以对另一方控制、共同控制或施加重大影响，或者两方或两方以上都受同一控制、共同控制的企业构成关联方关系。关联方关系的存在可能导致交易不公允，从而不具有商业实质。在确定非货币性资产交换是否具有商业实质时，应考虑交易双方是否具有关联方关系。

## （三）公允价值的确定

### 1. 公允价值的计量

公允价值能够可靠计量时，公允价值才能确定。当存在以下三种情况之一时，视为公允价值能够可靠计量。

（1）换入资产或换出资产存在活跃市场。

（2）虽然换入资产或换出资产不存在活跃市场，但同类或类似资产存在活跃市场。

（3）虽然不存在同类或类似资产交易的活跃市场，但采用估值技术能够确定公允价值。

需要注意的是，采用估值技术需至少满足以下条件中的一个，即采用估值技术确定的公允价值估计数的变动区间很小、在公允价值估计数变动区间内，公允价值估计数的概率能够合理确定。

当资产的公允价值能够可靠计量时，应根据资产市价、同类或类似资产市价、采用估值技术确定的价值作为资产的公允价值。

### 2. 换入资产的入账成本

通常情况下，资产的取得成本应当以所放弃资产的价值来衡量，因此换入资产的入账成本取决于换出资产的公允价值。当换入资产和换出资产公允价值都能够可靠计量时，应优先以换出资产的公允价值为基础确定换入资产的入账价值。但如果有确凿证据表明换入资产的公允价值更可靠，应当以换入资产的公允价值为基础确定换入资产的入账价值。当非货币性资产交换存在补价时，换入资产的入账成本应根据补价进行相应调整。

## 二、以账面价值为计量基础

不具有商业实质或资产公允价值不能够可靠计量时，通过非货币性资产交换取得资产的入账成本应根据换出资产的账面价值、应支付的相关税费和补价确定。由于公允价值无法可靠计量，同时通常情况下交易对方资产的账面价值也无法可靠取得，企业只能可靠获取换出资产的账面价值，因此不论是否收到或支付补价，交易时都不确认损益。收到补价时，根据换出资产的账面价值减去收到的补价作为换入资产的入账成本；支付补价时，根据换出资产的账面价值加上支付的补价作为换入资产的入账成本。

$$换入资产成本 = 换出资产的账面价值 - 收到的补价$$
$$= 换出资产的账面价值 + 支付的补价$$

# 第三节　非货币性资产交换的会计处理

## 一、以公允价值计量的会计处理

当非货币性资产交换满足公允价值计量的两项条件时，应当优先以换出资产公允价值为基础进行计量，除非有确凿证据表明换入资产公允价值比换出资产公允价值更可靠。

非货币性资产交换实质上是出售资产与购入资产的混合交易。当以公允价值进行计量时，换出资产既有公允价值又有账面价值，如果两者金额不同，就会涉及损益的确认。根据换出资产类别，进行如下会计处理。

（1）换出资产为存货。应当把换出存货当作销售进行处理，根据换出存货公允价值确认销售收入，根据换出存货账面价值结转销售成本，收入和成本之间的差额计入利润表中的营业利润。

（2）换出资产为固定资产、无形资产。应当把换出资产当作资产处置处理，资产处置收入为换出资产公允价值，资产处置成本为换出资产账面价值，两者之间的差额作为资产处置损益。

（3）换出资产为长期股权投资。应当把换出资产当作资产处置处理，公允价值和账面价值之间的差额计入投资收益。

如果非货币性资产交换涉及相关税费的，按照相关税法规定计算确定。

## （一）不涉及补价

不涉及补价时，换入资产取得成本根据以下公式计算：

换入资产成本 = 换出资产公允价值 + 换出资产增值税销项税额 − 换入资产可抵扣增值税进项税额 + 支付的应计入资产成本的其他税费

【例 8-1】 不涉及补价的情形。20×1 年 8 月，A 公司以其不需用的生产设备一台与 B 公司所生产的办公柜进行交换，A、B 公司均将换入资产作为固定资产处理。A、B 公司均为一般纳税人，适用的增值税税率均为 13%。A 公司生产设备的原值为 100 万元，累计折旧 30 万元，公允价值 80 万元；B 公司办公柜成本 60 万元，公允价值 80 万元。除增值税外，不考虑其他税费，上述资产均未计提减值准备。要求编制上述非货币性资产交换的会计分录。

【分析】

（1）判断非货币性资产交换的计量基础。交易不涉及补价，属于非货币性资产交换。A 公司不需用的生产设备与 B 公司所生产的产品不属于同一资产类别，同时由于换入资产为公司生产所需的资产，而换出资产并非公司生产必需的资产，因此换出资产与换入资产对企业的特定价值明显不同，交换具有商业实质。换出资产和换入资产的公允价值都能够可靠计量，完全满足公允价值计量的条件。A、B 公司都应以换出资产公允价值为基础确定换入资产的取得成本，并确认相关损益。

（2）A、B 公司的账务处理。

① A 公司的账务处理。

A 公司换出资产应交的销项税 = 800 000 × 13% = 104 000（元）

A 公司换入资产可抵扣的进项税 = 800 000 × 13% = 104 000（元）

A 公司换入资产的取得成本 = 800 000 + 104 000 − 104 000 = 800 000（元）

资产处置损益 = 800 000 − （1 000 000 − 300 000）= 100 000（元）

| | | |
|---|---|---|
| 借：固定资产清理 | 700 000 | |
| 　累计折旧 | 300 000 | |
| 　贷：固定资产——生产设备 | | 1 000 000 |
| 借：固定资产——办公柜 | 800 000 | |
| 　应交税费——应交增值税（进项税额） | 104 000 | |
| 　贷：固定资产清理 | | 700 000 |
| 　　应交税费——应交增值税（销项税额） | | 104 000 |
| 　　资产处置损益 | | 100 000 |

② B 公司的账务处理。B 公司换出存货应视同销售，缴纳增值税。

B 公司换出资产应交的销项税 = 800 000 × 13% = 104 000（元）

B 公司换入资产可抵扣的进项税 = 800 000 × 13% = 104 000（元）

B 公司换入资产的取得成本 = 800 000 + 104 000 − 104 000 = 800 000（元）

| | |
|---|---|
| 借：固定资产——生产设备 | 800 000 |

|  |  |
|---|---|
| 应交税费——应交增值税（进项税额） | 104 000 |
| 贷：主营业务收入 | 800 000 |
| 应交税费——应交增值税（销项税额） | 104 000 |
| 借：主营业务成本 | 600 000 |
| 贷：库存商品——办公柜 | 600 000 |

### （二）涉及补价

涉及补价时，应区分收到补价方和支付补价方分步进行处理。

（1）收到补价方。应当以换入资产的公允价值（或换出资产公允价值减去收到的补价）和应支付的相关税费作为换入资产的取得成本。互惠交易的情况下，换入资产的公允价值和换出资产公允价值减去收到补价的差额是相等的。换出资产账面价值与公允价值的差额应计入当期损益。

换入资产成本 = 换出资产公允价值 – 收到的补价 + 换出资产增值税销项税额 – 换入资产可抵扣增值税进项税额 + 支付的应计入资产成本的其他税费

（2）支付补价方。应当以换出资产的公允价值加上支付的补价和相关税费作为换入资产的取得成本。换出资产账面价值与公允价值的差额应计入当期损益。

换入资产成本 = 换出资产公允价值 + 支付的补价 + 换出资产增值税销项税额 – 换入资产可抵扣增值税进项税额 + 支付的应计入资产成本的其他税费

**【例 8-2】** 涉及补价的情形。20×1 年 9 月，A 公司以其生产的产品与 B 公司的无形资产进行交换，A、B 公司均不改变换入资产的入账类别。A、B 公司均为一般纳税人，产品销售和无形资产转让适用的增值税税率分别为 13% 和 6%。A 公司生产产品的账面价值为 100 万元，交换日的公允价值 140 万元；B 公司无形资产原值 160 万元，已经累计摊销 20 万元，交换日的公允价值 150 万元，B 公司另收取 0.8 万元的补价。除增值税外，不考虑其他税费，上述资产均未计提减值准备。要求编制上述非货币性资产交换的会计分录。

**【分析】**

（1）判断非货币性资产交换的计量基础。

本例涉及收付货币性资产，应当计算 B 公司收到的货币性资产占 B 公司换出资产公允价值总额的比例（等于 A 公司支付的货币性资产占 A 公司换入资产公允价值的比例）。

对 B 公司而言，收到的补价/换出资产公允价值 = 8 000/1 500 000 = 0.53%<25%，为非货币性资产交换。

对 A 公司而言，支付的补价/换入资产公允价值 = 8 000/1 500 000 = 0.53%<25%，为非货币性资产交换。

存货和无形资产属于不同的资产类别，其未来现金流量的时间、风险、金额存在明显差异，非货币性资产交换具有商业实质。产品和无形资产的公允价值均能可靠计量，应当以公允价值为基础计量，并确认相关损益。

（2）A、B 公司的账务处理。

① A 公司的账务处理。

A公司换出存货应视同销售，缴纳销项税。

A公司换出资产应交的销项税 = 1 400 000 × 13% = 182 000（元）

A公司换入资产可抵扣的进项税 = 1 500 000 × 6% = 90 000（元）

A公司换入资产的取得成本 = 1 400 000 + 8 000 + 182 000 - 90 000 = 1 500 000（元）

| 借：无形资产 | 1 500 000 |
| 　应交税费——应交增值税（进项税额） | 90 000 |
| 　贷：主营业务收入 | 1 400 000 |
| 　　应交税费——应交增值税（销项税额） | 182 000 |
| 　　银行存款 | 8 000 |
| 借：主营业务成本 | 1 000 000 |
| 　贷：库存商品 | 1 000 000 |

② B公司的账务处理。

B公司换入资产的取得成本 = 1 500 000 - 8 000 + 90 000 - 182 000 = 1 400 000（元）

资产处置损益 = 1 500 000 - （1 600 000 - 200 000）= 100 000（元）

| 借：库存商品 | 1 400 000 |
| 　应交税费——应交增值税（进项税额） | 182 000 |
| 　累计摊销 | 200 000 |
| 　银行存款 | 8 000 |
| 　贷：无形资产 | 1 600 000 |
| 　　资产处置损益 | 100 000 |
| 　　应交税费——应交增值税（销项税额） | 90 000 |

## 二、以账面价值计量的会计处理

如果非货币性资产交换交易不具有商业实质，或者换入（或换出）资产的公允价值均不能可靠计量，这时应当以换出资产账面价值为基础确定换入资产的取得成本。不管是否发生补价，都不确认交易损益。

### 1. 不涉及补价

换入资产成本 = 换出资产账面价值 + 换出资产增值税销项税额 - 换入资产可抵扣的进项税 + 支付的其他应计入成本的税费

### 2. 涉及补价

（1）收到补价方。

换入资产成本 = 换出资产账面价值 - 收到的补价 + 换出资产增值税销项税额 - 换入资产可抵扣的进项税 + 支付的其他应计入成本的税费

（2）支付补价方。

换入资产成本 = 换出资产账面价值 + 支付的补价 + 换出资产增值税销项税额 - 换入资产可抵扣的进项税 + 支付的其他应计入成本的税费

【例8-3】涉及补价的情形。20×1年10月，A公司以其一台固定资产与B公司拥有的一项非上市公司长期股权投资进行交换，A、B公司均不改变换入资产的类别。A公司固定资产的原值为 100 万元，累计折旧 20 万元；B公司长期股权投资账面价值 70 万元。固定资产和长期股权投资的公允价值均不能可靠取得，经双方协商，B公司另支付 5 万元的补价。不考虑相关税费，交易的资产均未计提减值准备。要求编制上述非货币性资产交换业务的会计分录。

【分析】

（1）判断非货币性资产交换的计量基础。

对 A 公司而言，收到的补价/换出资产账面价值 = 50 000/800 000 = 6.25% < 25%，为非货币性资产交换。

对 B 公司而言，支付的补价/换入资产账面价值 = 50 000/800 000 = 6.25% < 25%，为非货币性资产交换。

固定资产和长期股权投资的公允价值均不能可靠计量，应当以账面价值为基础计量，不确认相关损益。

（2）A、B公司的账务处理。

①A 公司的账务处理。

A 公司换入资产的取得成本 = （1 000 000 - 200 000） - 50 000 = 750 000（元）

| | |
|---|---:|
| 借：固定资产清理 | 800 000 |
| 累计折旧 | 200 000 |
| 贷：固定资产 | 1 000 000 |
| 借：长期股权投资 | 750 000 |
| 银行存款 | 50 000 |
| 贷：固定资产清理 | 800 000 |

②B 公司的账务处理。

B 公司换入资产的取得成本 = 700 000 + 50 000 = 750 000（元）

| | |
|---|---:|
| 借：固定资产 | 750 000 |
| 贷：长期股权投资 | 700 000 |
| 银行存款 | 50 000 |

上述交易中以账面价值为基础计量，没有确认相关的交易损益。

## 三、涉及多项非货币性资产交换的会计处理

### （一）涉及多项非货币性资产交换的内涵

如果按照非货币性资产交换中资产的数量分类，非货币性资产交换的情形可以按表 8-1 所示分类。

表 8-1　非货币性资产交换中资产数量分类

| 种类 | 换入一项资产 | 换入多项资产 |
|---|---|---|
| 换出一项资产 | 情形一 | 情形二 |
| 换出多项资产 | 情形三 | 情形四 |

前述已经论及情形一，涉及多项非货币性资产交换的会计处理针对的是情形二、情形三、情形四的会计处理。上述情形又可进一步分为不涉及补价和涉及补价两种情况。

由于资产需按照具体对象进行核算，在涉及多项非货币性资产交换的情况下，需要将换入资产的总成本在每项换入资产之间进行分摊，计算出每项换入资产的取得成本并入账。

### （二）换入资产成本的计算

在非货币性资产交换中，如果以公允价值计量，企业应当优先以换出资产公允价值为基础确定换入资产的成本，除非有确凿证据表明换入资产公允价值更可靠。因此，我们可将换入资产成本计算分为表 8-2 几种情形。

表 8-2 换入资产成本计算情形类别

| 类别 | 能够获取换入资产的公允价值 | 不能获取换入资产的公允价值 |
|---|---|---|
| 能够获取换出资产的公允价值 | 类别一 | 类别二 |
| 不能获取换出资产的公允价值 | 类别三 | 类别四 |

类别一：能够获取换出资产和换入资产的公允价值。

当非货币性资产交换具有商业实质，且换出和换入的各项资产公允价值都能够可靠计量时，换入资产的总成本应当以换出资产公允价值总额为基础确定，除非有确凿证据表明换入资产公允价值更可靠。

$$各项换入资产的成本 = \frac{该项换入资产公允价值}{换入资产公允价值总额} \times 换入资产的成本总额$$

类别二：能够获取换出资产的公允价值，但不能获取换入资产的公允价值。

当非货币性资产交换具有商业实质，且能够获取换出资产的公允价值，但不能获取换入资产的公允价值时，换入资产的总成本应当以换出资产公允价值总额为基础确定，除非有确凿证据表明换入资产公允价值更可靠。

$$各项换入资产的成本 = \frac{该项换入资产原账面价值}{换入资产原账面价值总额} \times 换入资产的成本总额$$

类别三：能够获取换入资产的公允价值，但不能获取换出资产的公允价值。

当非货币性资产交换具有商业实质，且能够获取换入资产的公允价值，但不能获取换出资产的公允价值时，换入资产的总成本应当以换入资产公允价值总额为基础确定。

$$各项换入资产的成本 = \frac{该项换入资产公允价值}{换入资产公允价值总额} \times 换入资产的成本总额$$

类别四：交易不具有商业实质，或换出资产和换入资产的公允价值均不能可靠计量。

通常情况下，如果资产的公允价值不能可靠计量，意味着很难比较换入、换出资产未来现金流量在时间、风险、金额方面的差异，也很难判断交易对企业经济状况改变所起的作用，也即这时非货币性资产交换不具有商业实质。

在交易不具有商业实质，或换出资产和换入资产的公允价值均不能可靠计量时，换入资产总成本应当以换出资产账面价值为基础确定。

$$各项换入资产的成本 = \frac{该项换入资产原账面价值}{换入资产原账面价值总额} \times 换入资产的成本总额$$

需要说明的是，如果同时换入的多项非货币性资产中包含由《企业会计准则第22号——金融工具确认和计量》规范的金融资产，应当按照其规定进行处理，即在确定换入的其他多项资产的初始计量金额时，应当将金融资产公允价值从换出资产公允价值总额中扣除。

**【例8-4】** 公允价值计量的情形。A公司20×1年11月将其生产设备甲、生产设备乙与B公司小汽车、运输汽车相互交换。A公司和B公司为一般纳税人，非货币性资产交换适用的增值税税率均为13%。A公司换出甲设备的账面原值为200万元，已经计提折旧150万元，交换日的公允价值为80万元；乙设备的账面原值为100万元，已经计提折旧70万元，交换日的公允价值为40万元。B公司换出小汽车的账面原值为120万元，已经计提折旧50万元，交换日的公允价值为60万元；换出运输汽车的账面原值为100万元，已经计提折旧30万元，交换日的公允价值为50万元。同时B公司向A公司支付价款11.3万元，其中补价10万元，换出资产销项税和换入资产进项税的差额1.3万元。上述资产均未计提减值准备，换入资产均不改变用途，不考虑其他税费。要求编制上述业务的会计分录。

**【分析】**

（1）判断非货币性资产交换的计量基础。

A公司收到的货币性资产占换出资产公允价值的比例

= 100 000/（800 000 + 400 000）= 8.33% < 25%[①]

B公司支付的货币性资产占换入资产公允价值的比例

= 100 000/（800 000 + 400 000）= 8.33% < 25%

A公司将其两项固定资产与B公司两项固定资产相互交换，该交易为涉及多项资产的非货币性资产交换。

A公司换入小汽车和运输汽车能够提升其运输能力，B公司换入生产设备能够扩大其产能，换入资产和换出资产在性能上有较大差别，换入资产能够对企业产生更大价值，该交易具有商业实质。同时换出资产和换入资产公允价值都能够可靠计量，因此A公司和B公司都应以换出资产公允价值为基础确定换入资产的总成本，并确认非货币性资产交换的损益。

（2）A公司和B公司的账务处理。

① A公司的账务处理。

换出甲设备应交的销项税 = 800 000 × 13% = 104 000（元）

换出乙设备应交的销项税 = 400 000 × 13% = 52 000（元）

换入汽车可抵扣的进项税 = （600 000 + 500 000）× 13% = 143 000（元）

换入资产总成本 = （800 000 + 400 000）- 113 000 + （104 000 + 52 000 - 143 000）

= 1 100 000（元）

小汽车公允价值占换入资产公允价值总额的比重 = 600 000/1 100 000 = 54.55%

---

① 计算公式中分子、分母均不包含相关税费。

运输汽车公允价值占换入资产公允价值总额的比重 = 500 000/1 100 000 = 45.45%

小汽车的取得成本 = 1 100 000 × 54.55% = 600 000（元）

运输汽车的取得成本 = 1 100 000 × 45.45% = 500 000（元）

| | |
|---|---|
| 借：固定资产清理 | 800 000 |
| 累计折旧 | 2 200 000 |
| 贷：固定资产——设备甲 | 2 000 000 |
| 固定资产——设备乙 | 1 000 000 |
| 借：固定资产——小汽车 | 600 000 |
| 固定资产——运输汽车 | 500 000 |
| 应交税费——应交增值税（进项税额） | 143 000 |
| 银行存款 | 113 000 |
| 贷：固定资产清理 | 800 000 |
| 应交税费——应交增值税（销项税额） | 156 000 |
| 资产处置损益 | 400 000 |

② B 公司的账务处理。

换出小汽车应交的销项税 = 600 000 × 13% = 78 000（元）

换出运输汽车应交的销项税 = 500 000 × 13% = 65 000（元）

换入设备可抵扣的进项税 = （800 000 + 400 000）× 13% = 156 000（元）

换入资产总成本 = （600 000 + 500 000）+ 113 000 + （78 000 + 65 000 − 156 000）
= 1 200 000（元）

甲设备公允价值占换入资产公允价值总额的比重 = 800 000/1 200 000 = 66.67%

乙设备公允价值占换入资产公允价值总额的比重 = 400 000/1 200 000 = 33.33%

甲设备的取得成本 = 1 200 000 × 66.67% = 800 000（元）

乙设备的取得成本 = 1 200 000 × 33.33% = 400 000（元）

| | |
|---|---|
| 借：固定资产清理 | 1 400 000 |
| 累计折旧 | 800 000 |
| 贷：固定资产——小汽车 | 1 200 000 |
| 固定资产——运输汽车 | 1 000 000 |
| 借：固定资产——甲设备 | 800 000 |
| 固定资产——乙设备 | 400 000 |
| 应交税费——应交增值税（进项税额） | 156 000 |
| 资产处置损益 | 300 000 |
| 贷：固定资产清理 | 1 400 000 |
| 应交税费——应交增值税（销项税额） | 143 000 |
| 银行存款 | 113 000 |

【例 8-5】账面价值计量的情形。A 公司因经营战略发生重大转变，于 20×1 年 12 月将不需用的专利和商标与 B 公司在建的简易厂房和持有的乙公司长期股权投资相互交换。A 公司专利的账面原值为 100 万元，已经累计摊销 30 万元；商标账面原值 80 万元，累计摊销 40 万元。B 公司在建厂房已经发生支出 60 万元，长期股权投资账面余额

45 万元。A 公司专利和商标没有相同或相近的资产可参考，公允价值不能可靠计量；B 公司厂房在建、乙公司未上市，在建工程和长期股权投资的公允价值也不能可靠计量。上述资产都没有计提减值准备，不考虑相关税费。要求编制上述业务的会计分录。

**【分析】**

（1）判断非货币性资产交换的计量基础。A 公司和 B 公司之间的交易不涉及货币资金，为非货币性资产交换。由于相关资产公允价值都不能可靠计量，因此应以换出资产账面价值为基础确定换入资产的成本。

（2）A 公司和 B 公司的账务处理。

① A 公司的账务处理。

换入资产的账面价值 = 600 000 + 450 000 = 1 050 000（元）

换出资产的账面价值 =（1 000 000 − 300 000）+（800 000 − 400 000）= 1 100 000（元）

换入资产的总成本 = 1 100 000（元）

在建工程账面价值占换入资产账面价值总额的比重 = 600 000/1 050 000 = 57.14%

长期股权投资账面价值占换入资产账面价值总额的比重 = 450 000/1 050 000 = 42.86%

在建工程取得成本 = 1 100 000 × 57.14% = 628 540（元）

长期股权投资取得成本 = 1 100 000 × 42.86% = 471 460（元）

借：在建工程　　　　　　　　　　　　　　　　　　628 540

　　长期股权投资　　　　　　　　　　　　　　　　471 460

　　累计摊销　　　　　　　　　　　　　　　　　　700 000

　　贷：无形资产——专利　　　　　　　　　　　　　　1 000 000

　　　　无形资产——商标　　　　　　　　　　　　　　800 000

② B 公司的账务处理。

换入资产的账面价值 =（1 000 000 − 300 000）+（800 000 − 400 000）= 1 100 000（元）

换出资产的账面价值 = 600 000 + 450 000 = 1 050 000（元）

换入资产的总成本 = 1 050 000（元）

专利账面价值占换入资产账面价值总额的比重 = 700 000/1 100 000 = 63.64%

商标账面价值占换入资产账面价值总额的比重 = 400 000/1 100 000 = 36.36%

专利取得成本 = 1 050 000 × 63.64% = 668 220（元）

商标取得成本 = 1 050 000 × 36.36% = 381 780（元）

借：无形资产——专利　　　　　　　　　　　　　　668 220

　　无形资产——商标　　　　　　　　　　　　　　381 780

　　贷：在建工程　　　　　　　　　　　　　　　　　600 000

　　　　长期股权投资　　　　　　　　　　　　　　　450 000

**鲁信创投以非货币性资产出资**

鲁信创业投资集团股份有限公司（简称"鲁信创投"）是山东省内最大、国内具有重要影响力的专业创投机构，2010 年 1 月通过借壳方式成功上市，成为国内资本市场首家上市创投公司。

　　为有效改善下属控股子公司山东鲁信四砂泰山磨料有限公司（简称"四砂磨料"）的资本结构，整合磨料产业资源，提升四砂磨料营运水平，2019年9月鲁信创投拟通过非货币性资产交换的方式出资。非货币性资产交换前，四砂磨料的股权结构为鲁信创投持股51%，鲁信创投全资子公司鲁信高新持股26.95%，48名自然人股东持股12.05%。根据协议，鲁信创投以持有的对四砂磨料的债权5 250万元，以持有的土地、房产及设备等与磨料产业相关实物资产9 000万元（合计出资14 250万元）与四砂磨料少数股东持有的12.05%股权进行交换。股权收购完成后，鲁信创投出资比例变更为73.05%。

　　截至2019年6月30日，四砂磨料经审计后总资产为10 192.15万元，净资产4 021.61万元，2019年1—6月营业收入6 170.20万元，净利润875.97万元。根据山东天健兴业资产评估有限公司出具的评估报告，至评估基准日2019年6月30日，四砂磨料净资产账面价值为4 021.61万元。经收益法评估后，四砂磨料股东全部权益价值为5 258.50万元，本次评估选定以收益法的评估结果作为最终评估结论，即每元注册资本评估值为2.629 25元。鲁信创投本次出资以2.629 25元/每元注册资本价格折股，出资金额与新增注册资本之间的差额计入四砂磨料资本公积。

　　**思考**：当企业货币资金不足时，可以采用哪些非货币性资产进行变通出资？什么样的集体土地使用权、土地经营权、股权可用于出资？

　　资料来源：巨潮资讯. 关于以非货币性资产向山东鲁信四砂泰山磨料有限公司出资的公告[EB/OL]. http://www.cninfo.com.cn/new/disclosure/detail?plate=sse&orgId=gssh0600783&stockCode=600783&announcementId=1206938973&announcementTime=2019-09-21

# 本章知识点小结

　　1. 按照未来经济利益流入是否固定或可确定，可将资产划分为货币性资产和非货币性资产。货币性资产是未来经济利益流入固定或可确定的资产；非货币性资产是未来经济利益流入不固定或不可确定的资产。

　　2. 非货币性资产交换是指交易双方主要以非货币性资产为对象进行的交换，交换一般不涉及货币性资产，或只涉及少量的货币性资产，通常以25%作为判断标准。

　　3. 如果非货币性资产交换同时满足以下两个条件，则以公允价值为基础计量换入资产的成本。

　　（1）非货币性资产交换具有商业实质。

　　（2）非货币性资产交换中换出或换入资产公允价值能够可靠计量。

　　公允价值与换出资产账面价值的差额计入当期损益。

　　4. 商业实质的判断在于交易后资产未来现金流量或其现值是否发生较大变化。如果其中任何一个发生较大变化，则具有商业实质；否则，不具有商业实质。

　　5. 企业可根据非货币性资产交换的资产类别来判断交易是否具有商业实质。通常情况下，不同类别的资产相互交换时具有商业实质。但如果是同类资产交换则仍需要结合资产未来现金流量的风险、时间、金额进行判断。

　　6. 当存在以下三种情况之一时，视为公允价值能够可靠计量：

（1）换入资产或换出资产存在活跃市场。

（2）虽然换入资产或换出资产不存在活跃市场，但同类或类似资产存在活跃市场。

（3）虽然不存在同类或类似资产交易的活跃市场，但采用估值技术能够确定公允价值。

7. 当换入资产和换出资产公允价值都能够可靠计量时，应优先以换出资产的公允价值为基础确定换入资产的入账价值，除非有确凿证据表明换入资产的公允价值更可靠。

8. 非货币性资产交换不具有商业实质或资产公允价值不能够可靠计量时，应根据换出资产的账面价值、应支付的相关税费和补价确定取得资产的入账成本。

9. 涉及单项资产时换入资产成本的计算。

（1）公允价值计量。

① 不涉及补价。

换入资产成本 = 换出资产公允价值 + 换出资产增值税销项税额 − 换入资产可抵扣增值税进项税额 + 支付的应计入资产成本的其他税费

② 涉及补价。

收到补价方换入资产成本 = 换出资产公允价值 − 收到的补价 + 换出资产增值税销项税额 − 换入资产可抵扣增值税进项税额 + 支付的应计入资产成本的其他税费

支付补价方换入资产成本 = 换出资产公允价值 + 支付的补价 + 换出资产增值税销项税额 − 换入资产可抵扣增值税进项税额 + 支付的应计入资产成本的其他税费

（2）账面价值计量。

① 不涉及补价。

换入资产成本 = 换出资产账面价值 + 换出资产增值税销项税额 − 换入资产可抵扣的进项税 + 支付的其他应计入成本的税费

② 涉及补价。

收到补价方换入资产成本 = 换出资产账面价值 − 收到的补价 + 换出资产增值税销项税额 − 换入资产可抵扣的进项税 + 支付的其他应计入成本的税费

支付补价方换入资产成本 = 换出资产账面价值 + 支付的补价 + 换出资产增值税销项税额 − 换入资产可抵扣的进项税 + 支付的其他应计入成本的税费

10. 涉及多项资产时换入资产成本的计算

（1）能够获取换出资产和换入资产的公允价值。换入资产的总成本应当以换出资产公允价值总额为基础确定，除非有确凿证据表明换入资产公允价值更可靠。

$$各项换入资产的成本 = \frac{该项换入资产公允价值}{换入资产公允价值总额} \times 换入资产的成本总额$$

（2）能够获取换出资产的公允价值，但不能获取换入资产的公允价值。换入资产的总成本应当以换出资产公允价值总额为基础确定，除非有确凿证据表明换入资产公允价值更可靠。

$$各项换入资产的成本 = \frac{该项换入资产原账面价值}{换入资产原账面价值总额} \times 换入资产的成本总额$$

（3）能够获取换入资产的公允价值，但不能获取换出资产的公允价值。换入资产的总成本应当以换入资产公允价值总额为基础确定。

$$各项换入资产的成本 = \frac{该项换入资产公允价值}{换入资产公允价值总额} \times 换入资产的成本总额$$

（4）交易不具有商业实质，或换出和换入资产的公允价值均不能可靠计量。换入资产总成本应当以换出资产账面价值为基础确定。

$$各项换入资产的成本 = \frac{该项换入资产原账面价值}{换入资产原账面价值总额} \times 换入资产的成本总额$$

# 思　考　题

1. 非货币性资产交换的界定标准是什么？

2. 非货币性资产交换涉及的资产类别与商业实质判断之间存在什么样的关系？

3. 以公允价值计量时，换出资产公允价值、账面价值在会计核算中分别起什么作用？两者的差额如何处理？

4. 以公允价值计量时，收到补价方如何计算换入资产的成本，支付补价方又如何计算换入资产的成本？

5. 涉及多项非货币性资产交换时，换入资产入账价值如何确定？

# 练　习　题

1. （单选题）下列资产中不属于货币性资产的是（　　　　）。

A. 应收账款　　　　B. 应收利息　　　　C. 其他应收款　　　　D. 预付账款

2. A公司与B公司为增值税一般纳税人。20×1年7月，A公司将其生产的甲产品与B公司的无形资产相互交换。交换日，A公司甲产品账面价值为80万元，公允价值100万元，增值税销项税额13万元。B公司无形资产的公允价值为150万元，增值税税额为9万元。A公司另用银行存款支付差额46万元给B公司。交换当天，双方各开具了增值税专用发票，办妥了财产转让手续。假定此次交换具有商业实质，要求计算A公司换入无形资产的入账价值，并编制A公司该项业务的会计分录。

3. A公司与B公司为增值税一般纳税人。出于生产经营需要，A公司与B公司达成协商，将其一台闲置的固定资产与B公司一项无形资产相互交换。A公司换出固定资产的账面原值为1 000万元，累计折旧100万元，已经计提减值准备50万元。固定资产的公允价值800万元，交易时发生增值税税额104万元，另支付4万元的清理费用。换入无形资产的公允价值850万元，增值税税额51万元，另外A公司收到B公司支付的补价3万元。假定此次交换具有商业实质，要求计算A公司换入无形资产的入账价值，并编制A公司该项业务的会计分录。

4. A公司为增值税一般纳税人。20×2年1月，内部审计部门在对20×1年财务报表内审时对下列交易的会计处理提出疑问。请判断该交易的会计处理是否正确，如果认为不正确，请说明理由并给出差错更正的会计分录（涉及损益的事项不需通过"以前年度损益调整"科目核算，A公司按净利润的10%提取盈余公积）。

A公司20×1年7月1日以一项以公允价值计量且其变动计入其他综合收益的金融

资产（权益工具）与 B 公司一项无形资产进行交换。交换日，A 公司换出资产的账面价值为 1 100 万元，其中金融资产成本为 1 000 万元，公允价值变动 100 万元，交换日的公允价值为 1 378 万元。换入无形资产的账面余额 1 500 万元，累计摊销 150 万元，交换日的公允价值 1 300 万元，增值税 78 万元。无形资产尚可适用 10 年，无残值，采用直线法摊销。假设交换具有商业实质。A 公司对该事项的会计处理如下。

借：无形资产　　　　　　　　　　　　　　　　　　　　　　　10 220 000
　　应交税费——应交增值税（进项税额）　　　　　　　　　　　　780 000
　　贷：其他权益工具投资　　　　　　　　　　　　　　　　　　11 000 000
借：管理费用　　　　　　　　　　　　　　　　　　　　　　　　 511 000
　　贷：累计摊销　　　　　　　　　　　　　　　　　　　　　　　 511 000

5. A 公司为增值税一般纳税人。20×1 年 2 月，A 公司以其甲设备和库存商品换取 B 公司的货车、专用设备和客车。相关资产的资料见下表。

| 公司 | A 公司 | | B 公司 | | |
| --- | --- | --- | --- | --- | --- |
| 资产 | 设备 | 库存商品 | 货车 | 专用设备 | 客车 |
| 原值 | 300 | 500 | 270 | 300 | 500 |
| 累计折旧 | 120 | | 30 | 110 | 180 |
| 不含税公允价值 | 200 | 550 | 210 | 230 | 340 |

A 公司用于交换的库存商品未计提存货跌价准备，所有用于交换的资产均未计提减值准备，增值税税率均为 13%，换入资产均不改变用途。另外，A 公司向 B 公司支付 33.9 万元补价，其中公允价值补价 30 万元，换出资产销项税与进项税差额 3.9 万元。

**要求：**

（1）判断 A 公司该交易是否属于非货币性资产交换。

（2）计算 A 公司换入资产的入账价值并编制会计分录。

答案解析　　扫描此码

**即测即练题**

自学自测　　扫描此码

# 第九章

# 债务重组

【学习要点】

- 债务重组的概念和方式
- 以资产清偿债务的会计处理
- 债务转为资本的会计处理
- 修改其他债务条件的会计处理

【学习目标】

通过本章的学习，理解债务重组的概念；掌握以金融资产清偿债务、以非金融资产清偿债务的会计处理；掌握债务转为资本的会计处理；掌握修订其他债务条件的会计处理。

## 第一节　债务重组的方式

### 一、债务重组的概念

市场经济中，部分企业会因为经营不善等原因出现财务困难，资金周转不灵，不能按期偿还债务。在这种情况下，债权人可以通过司法途径，要求债务人立即破产清算偿还债务；也可以与债务人协商，通过债务重组的方式帮助债务人渡过眼前的困难，减少损失。

债务重组是指在不改变交易对手方的情况下，经债权人和债务人协定或法院裁定，就清偿债务的时间、金额或方式等重新达成协议的交易。从上述债务重组的概念中，可以发现债务重组有三个重要判定条件：一是不改变交易对手方。如果第三方以不同于原合同条款的方式代债务人向债权人偿债，导致原合同条款的债权和债务终结，这种情况下交易对手方发生了改变；二是债权人和债务人就债务条款重新达成协议。只要双方达成协议就符合债务重组的定义，不要求债务人必须发生财务困难，也不要求债权人必须作出让步。如债权人同意债务人以等值的库存商品或固定资产等偿还到期债务、债权人在同意延长债务偿还时间的同时增加剩余债务的利息等，均属于债务重组；三是债权和债务的范围。债务重组涉及的债权和债务是指《企业会计准则第 22 号——金融工具确认与计量》规范的债权和债务，不包括合同资产、合同负债和预计负债，但包括租赁应收款、租赁应付款，因此本章的债权和债务属于金融工具的范畴。

　　债权人（股东）豁免债务人的债务应区分情况，按照权益性交易或按照正常债务重组业务进行会计处理。权益性交易情形下，债务豁免相当于债权人对债务人的权益投资，因此债权人和债务人不确认构成权益性交易债务重组的相关损益。如 A 公司是 B 公司的股东，为了解决 B 公司流动资金短缺问题，A 公司向 B 公司提供了一笔为期 1 年的 1 亿元无息借款。1 年到期后，B 公司资金充裕，但 A 公司仅要求 B 公司归还其中的 4 000 万元本金，剩余借款予以豁免。如果 A 公司以公平市场参与者的身份参与交易，不可能免除其本金，此项交易为权益性交易，不确认债务重组的相关损益。但如果 B 公司发生财务困难，其他债权人普遍豁免了 10% 的本金，A 公司也豁免了 1 500 万元，其中豁免的 1 000 万元债务交易应当确认债务重组损益，而多豁免的 500 万元债务则应当作为权益性交易。

## 二、债务重组的方式

　　债务重组有以下几种方式。

　　（1）资产清偿债务。清偿债务的资产可以包括现金、应收账款、存货、长期股权投资、投资性房地产、固定资产、在建工程、生物资产、无形资产等。一般情况下，债权人要求债务人以现金清偿债务。[①]当债务人以等值存货、金融资产、固定资产等偿还债务时，虽然债权人未作出让步，但由于用于偿还债务的资产不是债权人原来要求的货币资金，债务条款发生变化，也属于债务重组。

　　（2）债务转为权益工具。债转股的方式是债权人将债权转为对债务人的投资，债务人不用再偿还债务。其结果是债务人股本（或实收资本）增加，债权人股权投资增加。债转股是债务人乐见的结果，但对于债权人而言，在债务人发生财务困难时增加股权投资风险较大。如果是债权人和债务人之前订有协议，债权人根据协议将其持有的可转换公司债券转换为股权，是正常的债转股，不属于债务重组。

　　（3）修改其他债务条件。修改其他债务条件是指除上述两种债务重组方式之外，对原定协议的其他方面进行修改，如免去利息、减少本金、变更偿还期限等。条款修改后的债权和债务分别形成重组债权和重组债务。

　　（4）上述三种方式的组合。有时债务重组并非只采用一种方式，也可能是多种方式的组合，如以债务人现有的资金偿还部分债务，不足部分采用非现金资产偿还；部分债务以债务人的资产偿还，部分债务转为对债务人的投资；部分债务转为对债务人的投资，部分债务修改其他债务条件等。

　　在对债务重组进行核算时，应根据具体的债务重组方式进行相应的会计处理。

# 第二节　债务重组的会计处理

## 一、债权和债务的终止确认

　　债权和债务的终止意味着债权和债务的消失。当债权人确认债权的终止时，债权人

---

① 这里的现金是指货币资金，不仅包括库存现金，还包括银行存款、其他货币资金。

应从账面上转出该债权以及与该债权相关的减值准备等账户金额；当债务人确认债务的终止时，债务人也应当对该债务予以转出。

债权人在收取债权现金流量的合同权利终止时确认债权终止，债务人在债务的现时义务解除时确认债务终止。需要注意的是，债务重组往往需要进行较长时间的协商，只有在符合上述终止确认条件时才能终止确认债权和债务，即不能按照双方签订债务重组协议的日期确认债权和债务的终止，而应当在相关协议执行完成时才能确认债权和债务的终止。

在终止确认时，债权人应当结转其就该债权已计提的减值准备金额；而对于分类为以公允价值计量且其变动计入其他综合收益的债权，应将之前计入其他综合收益的累计利得或损失从其他综合收益中转出，计入"投资收益"科目。

### （一）以资产清偿债务

当债务人以资产清偿债务时，债权人在获得资产的同时也丧失了原合同中收取债权现金流量的权利，债权人通常可以终止确认该债权；同理，债务人通过交付资产解除了偿还债务的义务，债务人通常也可以终止确认该债务。

### （二）将债务转为权益工具

在债务转为权益工具的情形下，债权人获得了债务人的股权，同时应终止确认债权；债务人通过转股的方式解除了债务，应终止确认该债务。

### （三）修改其他债务条件

在修改其他债务条件的情形下，债务重组协议修改前后的交易对手方并没有发生变化，债权人仍然是债权人，而债务人也仍然是债务人，但债务重组协议修改前后的债权、债务金额可能发生了变化。由于债务重组协议涉及的本金、利息等现金流量很难在本息之间及债务重组前后作出明确分割，需要从整体考虑是否对全部债权债务的合同条款作出了实质性修改。如果作出了实质性修改，表明新协议与原协议有实质上的不同，应当终止确认原债权和债务，并按照修改后的条款确认新债权和新债务。其中，实质性修改是指重组债权债务未来现金流量现值与原债权债务剩余期间现金流量现值之间的差异超过了10%。在计算未来现金流量现值时，均应采用原债务的实际利率。

### （四）混合方式

对于债权人而言，通常应整体考虑合同协议是否发生了实质性修改。混合方式意味着偿债方式与之前有很大不同，一般可认为对全部债权的合同条款作出了实质性修改，应终止确认原债权，同时确认新债权。

对于债务人而言，组合中以资产清偿债务或将债务转为权益工具部分的债务如果已经清偿，应终止确认该部分债务式；组合中以修改其他条款方式进行的债务重组，应具体判断该部分债务是否满足终止确认条件。

## 二、以资产清偿债务

企业的资产可以划分为金融资产和非金融资产。金融资产是指企业持有的现金、其他方的权益工具以及符合下列条件之一的资产：①从其他方收取现金或其他金融资产的合同权利；②在潜在有利条件下，与其他方交换金融资产或金融负债的合同权利；③将来须用或可用企业自身权益工具进行结算的非衍生工具合同，且企业根据该合同将收到可变数量的自身权益工具；④将来须用或可用企业自身权益工具进行结算的衍生工具合同，但以固定数量的自身权益工具交换固定金额的现金或其他金融资产的衍生工具合同除外。

### （一）以金融资产清偿债务

#### 1. 债务人的会计处理

对于债务人而言，新《企业会计准则第 12 号——债务重组》不再考虑抵债资产的公允价值，因此在计算采用金融资产清偿债务的债务重组损益时，债务人应当将所清偿债务账面价值与转让资产账面价值（而非公允价值）之间的差额计入"投资收益"科目。[①]

（1）如果偿债资产已计提减值准备，应相应结转已计提的减值准备。

（2）当以分类为以公允价值计量且其变动计入其他综合收益的债务工具投资清偿债务的，清偿债务之前计入其他综合收益的累计利得或损失，应从其他综合收益中转出，计入"投资收益"科目。

（3）当以指定为以公允价值计量且其变动计入其他综合收益的非交易性权益工具投资清偿债务的，清偿债务之前计入其他综合收益的累计利得或损失，应从其他综合收益中转出，计入"盈余公积""利润分配——未分配利润"等科目。

金融资产应终止确认（出售），债务人的会计处理为

借：应付账款等　　　　　　　　　　[债务的账面余额 A]
　　贷：其他债权投资等　　　　　　　[偿债金融资产账面价值 B]
　　　　投资收益　　　　　　　　　　[A-B]

同时，金融资产在偿债之前产生的其他综合收益应转入投资收益或留存收益。

【例 9-1】 A 公司 20×1 年 6 月赊销一批产品给 B 公司，价值 113 万元。由于 B 公司发生比较严重的财务困难，无法按合同规定按期偿还该项债务。经双方协商，A 公司同意减免 B 公司 30 万元的债务，余额 83 万元立即用现金偿还。B 公司在债务重组合同签订后立即通过转账支付方式偿还了债务。要求作出 B 公司上述业务的会计分录。

【分析】

B 公司债务重组收益 = 113 - 83 = 30（万元）

借：应付账款　　　　　　　　　　　　　　　　　　　　　　　　　1 130 000
　　贷：银行存款　　　　　　　　　　　　　　　　　　　　　　　　830 000
　　　　投资收益　　　　　　　　　　　　　　　　　　　　　　　　300 000

【例 9-2】 A 公司应收 B 公司货款总计 113 万元。由于 B 公司发生比较严重的财务

---

[①] 重组债务的账面价值，既包括重组债务的面值（或本金、原值），也包括应计未付的利息。

困难，无法按合同规定按期偿还该项债务。经双方协商，A 公司同意 B 公司以其拥有的 F 公司股票抵偿债务。B 公司将该股票作为以公允价值计量且其变动计入当期损益的金融资产。该股票成本为 80 万元，账面价值 100 万元，债务重组日的公允价值为 110 万元。为取得股票，A 公司支付了手续费 1 000 元，仍然将其作为以公允价值计量且其变动计入当期损益的金融资产。债务重组前 A 公司已经为该债权计提了 5 万元的坏账准备。不考虑其他相关税费。要求列出债务人的会计处理。

**【分析】**

| | |
|---|---:|
| 债务账面余额 | 1 130 000 |
| 减：偿债资产的账面价值 | <u>1 000 000</u> |
| 债务重组利得 | 130 000 |

债务账面余额 113 万元与偿债金融资产账面价值 100 万元之间的差额 13 万元为债务重组的收益，计入投资收益。

借：应付账款　　　　　　　　　　　　　　　　　1 130 000
　　贷：交易性金融资产——成本　　　　　　　　　　　800 000
　　　　交易性金融资产——公允价值变动　　　　　　　200 000
　　　　投资收益　　　　　　　　　　　　　　　　　130 000
借：公允价值变动损益　　　　　　　　　　　　　　200 000
　　贷：投资收益　　　　　　　　　　　　　　　　　200 000

### 2. 债权人的会计处理

债权人受让的金融资产应当以其公允价值进行初始确认，受让金融资产确认金额与债权终止确认日账面价值之间的差额，计入"投资收益"科目。如果重组债权已经计提了减值准备，计提的减值准备应转出。

（1）受让的金融资产为交易性金融资产时，债权人的会计处理为

借：交易性金融资产　　　　　　　　[交易性金融资产公允价值]
　　投资收益　　　　　　　　　　　　[交易费用+债权账面价值与交易性金融资产
　　　　　　　　　　　　　　　　　　公允价值的差额]
　　坏账准备　　　　　　　　　　　　[债权累计计提的坏账准备金额]
　　贷：应收账款等　　　　　　　　　[债权账面余额]
　　　　银行存款　　　　　　　　　　[支付的交易费用]

（2）受让的金融资产为其他权益工具投资时，债权人的会计处理为

借：其他权益工具投资　　　　　　　　[其他权益工具投资的公允价值+交易费用]
　　坏账准备　　　　　　　　　　　　[债权累计计提的坏账准备金额]
　　投资收益　　　　　　　　　　　　[差额]
　　贷：应收账款等　　　　　　　　　[债权账面余额]
　　　　银行存款　　　　　　　　　　[支付的交易费用]

（3）受让的金融资产为其他债权投资时，债权人的会计处理为

借：其他债权投资　　　　　　　　　　[其他债权投资的公允价值+交易费用]
　　坏账准备　　　　　　　　　　　　[债权累计计提的坏账准备金额]

| 投资收益 | [差额] |
| 贷：应收账款等 | [债权账面余额] |
| 银行存款 | [支付的交易费用] |

（4）受让的金融资产为债权投资时，债权人的会计处理为

| 借：债权投资 | [债权投资的公允价值+交易费用] |
| 坏账准备 | [债权累计计提的坏账准备金额] |
| 投资收益 | [差额] |
| 贷：应收账款等 | [债权账面余额] |
| 银行存款 | [支付的交易费用] |

**【例 9-3】** 接例 9-1，假设 A 公司在知悉 B 公司发生财务困难后，计提了 10 万元的坏账准备。要求作出 A 公司上述业务的会计分录。

**【分析】**

债务重组损失 =（113 − 10）− 83 = 20（万元）

根据新《企业会计准则第 12 号——债务重组》的规定，债务重组涉及的债权和债务，属于《企业会计准则第 22 号——金融工具确认与计量》所定义和规范的金融工具，因此其损失计入"投资收益"。

| 借：银行存款等 | 830 000 |
| 坏账准备 | 100 000 |
| 投资收益 | 200 000 |
| 贷：应收账款 | 1 130 000 |

**【例 9-4】** 沿用例 9-2 的资料，要求作出债权人 A 公司的会计处理。

**【分析】**

| 债权账面余额 | 1 130 000 |
| 减：已经计提的减值准备 | 50 000 |
| 债权账面价值 | 1 080 000 |
| 减：受让资产的公允价值 | 1 100 000 |
| 债务重组的损失 | −20 000 |
| 借：交易性金融资产——成本 | 1 100 000 |
| 坏账准备 | 50 000 |
| 贷：应收账款 | 1 130 000 |
| 投资收益 | 20 000 |
| 借：投资收益 | 1 000 |
| 贷：银行存款 | 1 000 |

## （二）以非金融资产清偿债务

### 1. 债务人的会计处理

债务人以非金融资产清偿债务，不再区分资产处置损益和债务重组损益，而是根据清偿债务账面价值与转让资产账面价值的差额计算债务重组损益，计入"其他收益——

债务重组收益",账务处理时不涉及公允价值计量。如果债务人以多项非金融资产清偿债务或者以包含金融资产和非金融资产在内的多项资产清偿债务,也按上述规定进行处理,不需要区分不同资产的处置损益。如果偿债资产已经计提了减值准备,应相应结转已计提的减值准备。

1)以库存商品、原材料等抵偿债务

债务人以日常活动产出的商品或服务清偿债务时,应将所清偿债务的账面价值与商品或服务等资产账面价值之间的差额,计入"其他收益——债务重组收益"科目。其会计处理为

借:应付账款等　　　　　　　　　　　　　[重组债务账面余额]
　　存货跌价准备　　　　　　　　　　　　　[偿债资产计提的减值准备]
　　贷:库存商品等　　　　　　　　　　　　[偿债资产成本]
　　　　其他收益——债务重组收益　　　　　[债务重组的收益]

**【例 9-5】** A 公司应收 B 公司货款总计 113 万元。经双方协商,A 公司同意 B 公司以其生产的产品一批抵偿债务。B 公司所生产产品的实际成本为 80 万元,公允价值为 90 万元。A 公司和 B 公司均为一般纳税人,增值税税率为 13%,债务重组时发生的增值税不另行向 A 公司收取,不考虑其他相关税费。A 公司将取得的 B 公司产品作为库存商品入库,债务重组前 A 公司已经为该债权计提 20 万元的坏账准备。A 公司放弃债权的公允价值为 101.7 万元。要求列出债务人的会计处理。

**【分析】**

| | |
|---|---:|
| 债务账面余额 | 1 130 000 |
| 减:偿债产品的账面价值 | 800 000 |
| 　　增值税销项税额 | <u>117 000</u> |
| 债务重组收益 | 213 000 |
| 借:应付账款 | 1 130 000 |
| 　　贷:库存商品 | 800 000 |
| 　　　　应交税费——应交增值税(销项税额) | 117 000 |
| 　　　　其他收益——债务重组收益 | 213 000 |

债务重组中,债务人虽然产生了资产处置损益(10 万元)和债务重组损益(11.3 万元)两项当期损益,但在新《企业会计准则第 12 号——债务重组》中不再区分,合并在"其他收益——债务重组收益"中反映。

2)以固定资产、无形资产抵偿债务

债务人应将重组债务的账面余额(注销的债务)与固定资产、无形资产账面价值之间的差额作为债务重组收益,确认为"其他收益——债务重组收益"。

(1)偿债资产为固定资产。

借:固定资产清理　　　　　　　　　　　　[固定资产账面价值]
　　累计折旧　　　　　　　　　　　　　　　[已经计提的累计折旧]
　　固定资产减值准备　　　　　　　　　　　[已经计提的减值准备]
　　贷:固定资产　　　　　　　　　　　　　[固定资产原值]
借:固定资产清理　　　　　　　　　　　　[固定资产清理发生的支出]

| | |
|---|---|
| 贷：银行存款等 | [固定资产清理发生的支出] |
| 借：应付账款等 | [重组债务原账面余额] |
| 贷：固定资产清理 | [偿债资产账面价值、清理支出合计] |
| 其他收益——债务重组收益 | [重组债务账面余额大于偿债资产账面<br>价值、清理支出的差额] |

（2）偿债资产为无形资产。

| | |
|---|---|
| 借：应付账款等 | [重组债务原账面余额] |
| 累计摊销 | [已经计提的累计摊销] |
| 无形资产减值准备 | [已经计提的减值准备] |
| 贷：无形资产 | [偿债资产账面原值] |
| 其他收益——债务重组收益 | [重组债务账面余额大于偿债资产账<br>面价值的差额] |

**【例 9-6】** A 公司应收 B 公司货款总计 113 万元。由于 B 公司发生比较严重的财务困难，无法按合同规定按期偿还该项债务。经双方协商，A 公司同意 B 公司以其一台生产设备抵偿债务。B 公司设备的账面原值 200 万元，已经计提累计折旧 105 万元，公允价值为 80 万元。A 公司将取得的 B 公司设备作为固定资产使用，设备发生运输、安装等达到预定可使用状态前的费用 5 000 元，债务重组前 A 公司已经为该债权计提了 20 万元的坏账准备。A 公司放弃债权的公允价值为 80 万元。不考虑其他相关税费。要求列出债务人的会计处理。

**【分析】**

| | |
|---|---|
| 债务账面余额 | 1 130 000 |
| 减：偿债设备的账面价值 | <u>950 000</u> |
| 债务重组收益 | 180 000 |
| 借：固定资产清理 | 950 000 |
| 累计折旧 | 1 050 000 |
| 贷：固定资产 | 2 000 000 |
| 借：应付账款 | 1 130 000 |
| 贷：固定资产清理 | 950 000 |
| 其他收益——债务重组收益 | 180 000 |

**2. 债权人的会计处理**

债权人采用购买交易模式，即以支付对价公允价值为基础确认取得资产的入账成本。具体来讲，债权人应按照放弃债权的公允价值加上直接相关税费作为受让非金融资产的入账成本。放弃债权的公允价值与账面价值之间的差额，计入"投资收益"。

1）以库存商品、原材料等抵偿债务

债权人以放弃债权的公允价值，以及使该资产达到当前位置和状态所发生的可直接归属于该资产的税金、运输费、装卸费、保险费等其他成本作为受让存货的成本。其会计处理为

| | |
|---|---|
| 借：库存商品等 | [债权的公允价值－增值税进项税＋<br>直接相关税费] |

应交税费——应交增值税（进项税额）　　[按公允价值计算的增值税]

坏账准备　　　　　　　　　　　　　　　[债权计提的减值准备]

投资收益　　　　　　　　　　　　　　　[债权公允价值与账面价值的差额]

　贷：应收账款等　　　　　　　　　　　 [债权的账面余额]

　　　银行存款　　　　　　　　　　　　 [支付的相关税费]

【例 9-7】 沿用例 9-5 的资料，要求列出债权人的会计处理。

【分析】

| | |
|---|---:|
| 放弃债权公允价值 | 1 017 000 |
| 减：增值税进项税额 | <u>117 000</u> |
| 差额 | 900 000 |

债权公允价值为 101.7 万元，债权账面价值 93（113 – 20）万元，投资收益为 8.7 万元。

　借：库存商品　　　　　　　　　　　　　　　　　　　900 000

　　　应交税费——应交增值税（进项税额）　　　　　　 117 000

　　　坏账准备　　　　　　　　　　　　　　　　　　　200 000

　　　贷：应收账款　　　　　　　　　　　　　　　　 1 130 000

　　　　　投资收益　　　　　　　　　　　　　　　　　 87 000

2）以固定资产、无形资产抵偿债务

债权人收到的固定资产、无形资产以其成本入账，其中固定资产的成本包括放弃债权的公允价值，以及使该资产达到预定可使用状态前所发生的可直接归属于该资产的税金、运输费、装卸费、安装费、专业人员服务费等其他成本；无形资产的成本包括放弃债权的公允价值，以及可直接归属于该资产达到预定用途所发生的税金等其他成本。同时，在确定固定资产成本时，应考虑预计弃置费用因素。债权账面价值与公允价值之间的差额作为债权重组损益，计入"投资收益"科目。如果债权人计提了减值准备，比照前述处理。

　借：固定资产、无形资产　　　　　　　 [偿债资产公允价值 + 支付的运杂费等]

　　　坏账准备　　　　　　　　　　　　　[债权计提的减值准备]

　　　投资收益　　　　　　　　　　　　　[债权公允价值与账面价值的差额]

　　　贷：应收账款等　　　　　　　　　　 [债权账面余额]

　　　　　银行存款等　　　　　　　　　　 [债权人支付的与偿债资产有关的运杂费等]

【例 9-8】 沿用例 9-6 的资料，要求列出债权人的会计处理。

【分析】

| | |
|---|---:|
| 债权账面余额 | 1 130 000 |
| 减：坏账准备 | <u>200 000</u> |
| 债权账面价值 | 930 000 |
| 减：债权公允价值 | <u>800 000</u> |
| 债务重组损失 | 130 000 |

债权公允价值为 80 万元，债权账面价值 93（113 – 20）万元，投资收益为 – 13 万元。

借：在建工程　　　　　　　　　　　　　　　　　　　　　　800 000

　　坏账准备　　　　　　　　　　　　　　　　　　　　　　200 000

　　投资收益　　　　　　　　　　　　　　　　　　　　　　130 000

　　　贷：应收账款　　　　　　　　　　　　　　　　　　　　　1 130 000

借：在建工程　　　　　　　　　　　　　　　　　　　　　　　5 000

　　　贷：银行存款　　　　　　　　　　　　　　　　　　　　　　　5 000

借：固定资产　　　　　　　　　　　　　　　　　　　　　　805 000

　　　贷：在建工程　　　　　　　　　　　　　　　　　　　　　　805 000

## 三、债务转为权益工具

### 1. 债务人的会计处理

债务人应将重组债务账面价值与债转股股份的公允价值总额之间的差额确认为债务重组收益，计入投资收益。将债转股股份的面值确认为股本（或实收资本），公允价值总额与股本之间的差额计入"资本公积"。如果债务人因发行股份支出相关税费，应依次冲减资本公积——资本溢价（股本溢价）、盈余公积、未分配利润。其会计处理为

借：应付账款等　　　　　　　　　[重组债务账面价值]

　　　贷：股本（或实收资本）　　　　[债转股股份面值]

　　　　　资本公积——股本（资本）溢价　[股份公允价值与面值的差额]

　　　　　投资收益　　　　　　　　　[重组债务账面价值与股份公允价值的差额]

【例 9-9】 A 公司应收 B 公司（非股份有限公司）货款总计 113 万元。由于 B 公司发生比较严重的财务困难，无法按合同规定按期偿还该项债务。经双方协商，A 公司同意 B 公司将债权转为对 B 公司的投资。债转股后，B 公司的注册资本为 6 000 万元，净资产公允价值为 1 亿元，所转股份占 B 公司股份的 1%。A 公司将取得的股权作为长期股权投资处理，债务重组前 A 公司已经为该债权计提了 8 万元的坏账准备。不考虑其他相关税费。要求列出债务人的会计处理。

【分析】

债务账面余额　　　　　　　　　　　　　　　　　　　1 130 000

减：偿债股权的公允价值　　　　　　　　　　　1 000 000（1 亿×1%）

债务重组收益　　　　　　　　　　　　　　　　　　　　130 000

股权公允价值 100 万元与面值 60（6 000×1%）万元之间的差额 40 万元为资本溢价，计入"资本公积"。

借：应付账款　　　　　　　　　　　　　　　　　　　1 130 000

　　　贷：实收资本　　　　　　　　　　　　　　　　　　　600 000

　　　　　资本公积——资本溢价　　　　　　　　　　　　　400 000

　　　　　投资收益　　　　　　　　　　　　　　　　　　　130 000

### 2. 债权人的会计处理

债权人应将取得的股份的公允价值确认为对债务人的投资，重组债权账面价值与取

得股份公允价值之间的差额确认为债务重组损益，计入投资收益。如果重组债权已经计提了减值准备，应将其转出。债权人为取得股份而发生的相关税费，按照《企业会计准则第 2 号——长期股权投资》或《企业会计准则第 22 号——金融工具确认与计量》进行处理。

（1）取得的股权为交易性金融资产时，债权人的会计处理为

借：交易性金融资产　　　　　　　　[交易性金融资产公允价值]

　　投资收益　　　　　　　　　　　[直接相关费用+债权账面价值与交易性金融资产公允价值的差额]

　　坏账准备　　　　　　　　　　　[债权累计计提的坏账准备金额]

　　贷：应收账款等　　　　　　　　[债权账面余额]

　　　　银行存款　　　　　　　　　[支付的直接相关费用]

（2）取得的股权为其他权益工具投资时，债权人的会计处理为

借：其他权益工具投资　　　　　　　[其他权益工具投资的公允价值+直接相关费用]

　　坏账准备　　　　　　　　　　　[债权累计计提的坏账准备金额]

　　投资收益　　　　　　　　　　　[差额]

　　贷：应收账款等　　　　　　　　[债权账面余额]

　　　　银行存款　　　　　　　　　[支付的直接相关费用]

（3）取得的股权为长期股权投资时，债权人的会计处理为

借：长期股权投资等　　　　　　　　[债权公允价值+直接相关费用]

　　坏账准备　　　　　　　　　　　[计提的坏账准备]

　　投资收益　　　　　　　　　　　[债权公允价值与账面价值的差额]

　　贷：应收账款等　　　　　　　　[债权账面余额]

　　　　银行存款等　　　　　　　　[支付的直接相关费用]

【例 9-10】 沿用例 9-9 的资料，要求列出债权人的会计处理。

【分析】

| | |
|---|---|
| 债权账面余额 | 1 130 000 |
| 减：已经计提的减值准备 | 80 000 |
| 债权账面价值 | 1 050 000 |
| 减：受让股权的公允价值 | 1 000 000 |
| 债务重组损失 | 50 000 |
| 借：长期股权投资 | 1 000 000 |
| 　　坏账准备 | 80 000 |
| 　　投资收益 | 50 000 |
| 　　贷：应收账款 | 1 130 000 |

如果债权人受让多项资产，或者受让包括金融资产、非金融资产在内的多项资产，应按照《企业会计准则第 22 号——金融工具确认和计量》的规定确认和计量受让的金融资产；而对受让的金融资产以外的各项资产，则按照债务重组合同生效日的公允价值比例，分配放弃债权在合同生效日的公允价值扣除受让金融资产当日公允价值后的净额，并以此为基础分别确认各项资产的成本。放弃债权公允价值与账面价值之间的差额，

计入"投资收益"科目。受让资产入账金额的计算公式如下：

受让金融资产的入账金额＝受让金融资产的公允价值

某受让非金融资产的入账金额＝某非金融资产在合同生效日的公允价值/所有非金融资产在合同生效日的公允价值合计×（放弃债权在合同生效日的公允价值－受让金融资产合同生效日的公允价值）

如果债权人受让处置组，应对处置组中的金融资产和负债进行初始计量，然后按照金融资产以外的各项资产在债务重组合同生效日的公允价值比例，对放弃债权在合同生效日的公允价值以及承担的处置组中负债的确认金额之和，扣除受让金融资产当日公允价值后的净额进行分配，并以此为基础分别确定各项资产的成本。放弃债权公允价值与账面价值之间的差额，计入"投资收益"科目。

受让资产入账金额的计算公式如下：

受让金融资产的入账金额＝受让金融资产的公允价值

受让金融负债的入账金额＝受让金融负债的公允价值

某受让非金融资产的入账金额＝某非金融资产在合同生效日的公允价值/所有非金融资产在合同生效日的公允价值合计×（放弃债权在合同生效日的公允价值＋受让金融负债的入账金额－受让金融资产合同生效日的公允价值）

【例 9-11】20×1 年 1 月 5 日，A 公司向 B 公司赊购一批材料，含税价为 234 万元。因 A 公司发生财务困难，无法按期偿还，20×1 年 6 月 10 日双方协商债务重组。B 公司同意 A 公司用其生产的产品、机器设备和一项债权抵偿债务。当天，用于抵债的商品不含税市价为 100 万元、设备公允价值为 60 万元、债券投资市价为 23.2 万元，B 公司应收债权的公允价值为 210 万元。抵债资产于 20×1 年 7 月 1 日转让完毕，当日债券投资的市价变为 18 万元，B 公司发生设备安装费用 1 万元。B 公司将其受让的商品、机器设备和一项债权分别作为低值易耗品、固定资产和以公允价值计量且其变动计入当期损益的金融资产核算。A 公司和 B 公司均为一般纳税人，适用的增值税税率为 13%。另 B 公司对其应收债权计提了 20 万元的坏账准备。要求计算 B 公司受让资产的入账价值并作出相应的会计处理。

【分析】

低值易耗品可抵扣的增值税＝100×13%＝13（万元）

固定资产可抵扣的增值税＝60×13%＝7.8（万元）

低值易耗品和固定资产应以其公允价值比例分摊应收债权公允价值扣除受让金融资产合同生效日公允价值后的净额

低值易耗品的成本＝（210－23.2－13－7.8）×100/160＝103.75（万元）

固定资产的成本＝（210－23.2－13－7.8）×60/160＝62.25（万元）

按照《企业会计准则第 22 号——金融工具确认与计量》规定，交易性金融资产应按取得时的公允价值计量，即交易性金融资产的入账金额为 18 万元。

| | |
|---|---:|
| 债权账面余额 | 2 340 000 |
| 减：已经计提的减值准备 | <u>200 000</u> |
| 债权账面价值 | 2 140 000 |
| 减：受让低值易耗品的价值 | 1 037 500 |

| | |
|---|---|
| 受让固定资产的价值 | 622 500 |
| 受让增值税的价值 | 208 000 |
| 受让债券投资的价值 | <u>180 000</u> |
| 债务重组损失 | 92 000 |

借：低值易耗品　　　　　　　　　　　　　　　1 037 500
　　在建工程——设备　　　　　　　　　　　　　622 500
　　应交税费——应交增值税（进项税额）　　　　208 000
　　交易性金融资产　　　　　　　　　　　　　　180 000
　　坏账准备　　　　　　　　　　　　　　　　　200 000
　　投资收益　　　　　　　　　　　　　　　　　　92 000
　　　贷：应收账款——A 公司　　　　　　　　　　　　2 340 000
借：在建工程——设备　　　　　　　　　　　　　10 000
　　　贷：银行存款　　　　　　　　　　　　　　　　　10 000
借：固定资产——设备　　　　　　　　　　　　　632 500
　　　贷：在建工程——设备　　　　　　　　　　　　　632 500

## 四、修改其他债务条件

### 1. 债务人的会计处理

修改其他债务条件的情况下，债务人的债务并没有消失，仍然需要承担债务，只是重新修订了债务协议。债务条件的修改可能导致债务合同条款产生实质性修改，带来原债权债务的终止。因此，可能存在以下两种结果。

（1）修改其他债务条件导致全部债务终止确认。债务人应当按照公允价值重新计量重组债务，终止确认的债务账面价值与新确认的重组债务金额之间的差额，计入"投资收益"科目。

（2）修改其他债务条件未导致全部债务终止确认，或者仅导致部分债务终止确认。终止确认的部分按照上述结果（1）进行处理；对于未终止确认的部分债务，债务人应当根据其分类，继续以摊余成本、以公允价值计量且其变动计入当期损益或其他适当的方法进行后续计量。对于以摊余成本计量的债务，其重组后债务的账面价值根据修订后的合同现金流量按照债务原实际利率进行折现计算确定。重组后债务账面价值与重组前债务账面价值之间的差额，计入"投资收益"科目。

债务人的会计处理为

借：应付账款等　　　　　　　　　　[重组债务原账面价值]
　　贷：应付账款等——债务重组　　　　　　[重组后债务的账面价值]
　　　　投资收益　　　　　　　　　　　[差额]

【例 9-12】20×1 年 1 月 1 日，A 公司向 B 银行贷款 1 000 万元，贷款期限为 3 年，年利率为 6%（实际利率也为 6%），按年付息。A 公司按照协议约定支付了所有的利息。20×3 年 12 月 31 日，因 A 公司发生财务困难，无法按期偿还贷款本金，B 银行同意与 A 公司就贷款本金重新签订协议。

情形 1：B 银行免除 A 公司贷款本金 70 万元，剩余贷款本金 930 万元延期 1 年（20×4 年 12 月 31 日）偿还，贷款利率为 7%。协议签订时市场利率为 5%。剩余债务的公允价值为 947.71 万元。

情形 2：B 银行免除 A 公司贷款本金 180 万元，剩余贷款本金 820 万元延期 1 年（20×4 年 12 月 31 日）偿还，贷款利率为 7%。协议签订时市场利率为 5%。剩余债务的公允价值为 835.62 万元。

要求判断情形 1、情形 2 是否属于实质性修改，并分别写出其会计处理分录。

【分析】

①情形 1 的会计处理。

重组债务未来现金流量的现值 = 930×（1+7%）/（1+6%）= 938.77（万元）

原债务剩余期间现金流量现值为 1 000 万元。

现金流量变化 =（1 000 − 938.77）/1 000×100% = 6.12%

由于重组债务未来现金流量现值与原债务剩余期间现金流量现值之间的差异小于 10%，不属于实质性修改，原债务未终止确认。

| | | |
|---|---|---|
| 借：长期借款 | | 10 000 000 |
| 　　贷：长期借款——本金 | | 9 300 000 |
| 　　　　　　　——利息调整 | | 87 700 |
| 　　　　投资收益 | | 612 300 |

②情形 2 的会计处理。

重组债务未来现金流量的现值 = 820×（1+7%）/（1+6%）= 827.74（万元）

原债务剩余期间现金流量现值为 1 000 万元。

现金流量变化 =（1 000 − 827.74）/1 000×100% = 17.23%

由于重组债务未来现金流量现值与原债务剩余期间现金流量现值之间的差异大于 10%，属于实质性修改，原债务终止确认，按公允价值确认新债务。

| | | |
|---|---|---|
| 借：长期借款 | | 10 000 000 |
| 　　贷：短期借款——本金 | | 8 356 200 |
| 　　　　投资收益 | | 1 643 800 |

【例 9-13】　A 公司 20×1 年 12 月 31 日应收 B 公司票据（票面利率和实际利率均为 6%）账面余额总计 53 000 元，其中 3 000 元为应收票据的利息。由于 B 公司发生严重的财务困难，无法在 20×1 年 12 月 31 日应收票据到期时偿还该项债务。经双方协商，A 公司同意将应收票据的利息免除，本金减至 40 000 元，同时债务年利率降至 5%（市场利率为 5%），延期 1 年还清，B 公司因此重新签发了一张新的票据。A 公司在债务重组前为该应收票据计提了 2 000 元的坏账准备。要求编制 B 公司债务重组的会计分录。

【分析】

重组债务未来现金流量的现值 = 40 000×（1+5%）/（1+6%）= 39 622.64（元）

重组债务公允价值 = 40 000×（1+5%）/（1+5%）= 40 000（元）

原债务剩余期间现金流量现值为 53 000 元。

现金流量变化 =（53 000 − 39 622.64）/53 000×100% = 25.24%

由于重组债务未来现金流量现值与原债务剩余期间现金流量现值之间的差异大于

10%，属于实质性修改。

| | |
|---|---|
| 债务账面余额 | 53 000 |
| 减：重组后债务公允价值 | <u>40 000</u> |
| 债务重组利得 | 13 000 |

①债务重组日。

借：应付票据　　　　　　　　　　　　　　　53 000
　　贷：应付票据——债务重组　　　　　　　　　　40 000
　　　　投资收益　　　　　　　　　　　　　　　　13 000

②20×2年12月31日支付本金和利息。

借：应付票据——债务重组　　　　　　　　　40 000
　　财务费用（40 000×5%）　　　　　　　　　2 000
　　贷：银行存款　　　　　　　　　　　　　　　　42 000

### 2. 债权人的会计处理

债务条件的修改也可能给债权带来以下两种结果。

（1）修改其他债务条件导致全部债权终止确认。债权人应当按照公允价值重新计量重组债权，终止确认的债权账面价值与新确认的重组债权金额之间的差额，计入"投资收益"科目。

（2）修改其他债务条件未导致全部债权终止确认。债权人应当根据其分类，继续以摊余成本、以公允价值计量且其变动计入其他综合收益或者以公允价值计量且其变动计入当期损益的金融资产进行后续计量。对于以摊余成本计量的债权，其重组后债权的账面价值根据修订后的合同现金流量按照债权原实际利率进行折现计算确定。重组后债权账面价值与重组前债权账面价值之间的差额，计入"投资收益"科目。

债权人的会计处理为

借：应收账款等——债务重组　　　　[重组后债权的账面价值]
　　坏账准备　　　　　　　　　　　　[计提的坏账准备]
　　投资收益　　　　　　　　　　　　[差额]
　　贷：应收账款等　　　　　　　　　　[重组债权原账面余额]

【例9-14】　沿用例9-13的资料，要求列出债权人的会计处理。

【分析】

| | |
|---|---|
| 债权账面余额 | 53 000 |
| 减：已经计提的减值准备 | <u>2 000</u> |
| 债权账面价值 | 51 000 |
| 减：重组后债权公允价值 | <u>40 000</u> |
| 债务重组损失 | 11 000 |

①债务重组日。

借：应收票据——债务重组　　　　　　　　　40 000
　　坏账准备　　　　　　　　　　　　　　　　2 000
　　投资收益　　　　　　　　　　　　　　　　11 000

　　　　贷：应收票据　　　　　　　　　　　　　　　　　　　53 000

②20×2年12月31日收到本金和利息。

　　借：银行存款　　　　　　　　　　　　　　　　　　　　42 000

　　　　贷：应收票据——债务重组　　　　　　　　　　　　　40 000

　　　　　　财务费用（40 000×5%）　　　　　　　　　　　　2 000

## 五、混合方式

　　债务重组的基本方式包括以资产、债转股、修改其他债务条件清偿债务，其混合方式因此主要包括以下几种：一是以资产、债转股方式清偿债务；二是以资产、修改其他债务条件清偿债务；三是以债转股、修改其他债务条件清偿债务；四是以资产、债转股、修改其他债务条件清偿债务。不管采用何种组合方式，其会计处理与前述基本方式的会计处理类同。

### 1. 债务人的会计处理

　　采用混合方式进行债务重组时，债务人应当根据偿债方式区别处理。

　　（1）对于用于偿债的资产，债务人应当按照账面价值转出该资产。

　　（2）对于用于偿债的权益工具部分，债务人应当在初始确认时按照权益工具的公允价值计量，权益工具公允价值不能可靠计量的，应当按照所清偿债务的公允价值计量。

　　（3）对于修改其他债务条件形成的重组债务，按照上文修改其他债务条件的处理，确认和计量重组债务。

　　所清偿债务的账面价值与转让资产的账面价值以及权益工具和重组债务的确认金额之和的差额，计入"其他收益——债务重组收益"或"投资收益"（仅涉及金融工具时）科目，即涉及以金融工具偿还时，该金融工具偿还部分所产生的差额计入"投资收益"科目；涉及以非金融资产偿还时，其所产生的差额计入"其他收益——债务重组收益"科目。

　　【例9-15】　A公司20×1年12月31日应收B公司票据（票面利率和实际利率均为6%）账面余额1 060 000元，其中60 000元为应收票据的利息。由于B公司发生严重的财务困难，无法在20×1年12月31日应收票据到期时偿还该项债务。经双方协商，A公司同意将应收票据的利息和20万元本金免除，以20万元银行存款清偿部分债务，同时将45万元债务转为对B公司的投资，债转股后A公司取得B公司普通股5万股，面值1元/股，市价9元/股，A公司将取得的股权作为长期股权投资处理。剩余债务15万元延期1年还清，同时债务年利率降至5%（市场利率为5%），B公司因此重新签发了一张新的票据。A公司在债务重组前为该应收票据计提了20 000元的坏账准备。B公司为有限责任公司，债务利息每年年末支付。要求编制B公司债务重组的会计分录。

　　【分析】

　　重组后债务的公允价值=15×（1+5%）/（1+5%）=15（万元）

　　债务账面余额　　　　　　　　　　　　　　　　　　　1 060 000

　　减：银行存款　　　　　　　　　　　　　　　　　　　　200 000

　　　　债转股公允价值　　　　　　　　　　　　　　　　　450 000

|  |  |
|---|---|
| 重组后债务公允价值 | <u>150 000</u> |
| 债务重组利得 | 260 000 |

① 债务重组日。

借：应付票据      1 060 000

    贷：银行存款      200 000

        实收资本      50 000

        资本公积      400 000

        应付票据——债务重组      150 000

        投资收益      260 000

② 20×2 年 12 月 31 日支付本金和利息。

借：应付票据——债务重组      150 000

    财务费用（150 000×5%）      7 500

    贷：银行存款      157 500

### 2. 债权人的会计处理

采用混合方式进行债务重组时，一般认为对全部债权的合同条款作出了实质性修改。债权人首先应当按照修改后的条款，以公允价值初始计量新的金融资产；其次，按照受让的金融资产以外的各项资产在债务重组合同生效日的公允价值比例，对放弃债权在合同生效日的公允价值扣除受让金融资产和重组债权当日公允价值后的净额进行分配，并以此为基础分别确定各项资产的成本。其计算公式如下：

受让金融资产的入账金额＝受让金融资产的公允价值

某受让非金融资产的入账金额＝某非金融资产在合同生效日的公允价值/所有非金融资产在合同生效日的公允价值合计×（放弃债权在合同生效日的公允价值－受让金融资产和重组债权合同生效日的公允价值）

放弃债权的公允价值与账面价值的差额，计入"投资收益"科目。

【例 9-16】 沿用例 9-15 的资料，要求列出债权人的会计处理。

【分析】

|  |  |
|---|---|
| 债权账面余额 | 1 060 000 |
| 减：已经计提的减值准备 | <u>20 000</u> |
| 债权账面价值 | 1 040 000 |
| 减：银行存款 | 200 000 |
|     债转股公允价值 | 450 000 |
|     重组后债权公允价值 | <u>150 000</u> |
| 债务重组损失 | 240 000 |

① 债务重组日。

借：银行存款      200 000

    长期股权投资      450 000

    应收票据——债务重组      150 000

    坏账准备      20 000

| | |
|---|---:|
| 投资收益 | 240 000 |
| 　贷：应收票据 | 1 060 000 |

② 20×2年12月31日收到本金和利息。

| | |
|---|---:|
| 借：银行存款 | 157 500 |
| 　贷：应收票据——债务重组 | 150 000 |
| 　　财务费用（150 000×5%） | 7 500 |

## 三九集团的债务重组

### 一、三九集团债务重组的背景

三九集团是国务院国有资产监督管理委员会直接管理的国有大型中央企业。集团以医药为主营业务，以中药制造为核心，同时还涉及工程、房地产等领域。2008年度，公司实现主营业务收入43.16亿元，净利润5亿元。"999"品牌价值居我国制药行业榜首，在国内药品市场上具有相当高的占有率和知名度。

从1996年到2001年，三九集团出手并购了140多家地方企业，平均每个月并购2家，其中承债式占45%、控股式占35%、托管式占20%。在迅速扩大公司规模的同时，公司的财务风险也不断上升，并最终陷入不得不进行债务重组的困境。

### 二、三九集团债务重组的实施情况

#### （一）企业的财务困境

1.资产负债率过高

以三九集团旗下的三九医药为例，2006年末其流动资产不到64亿元，而其流动负债却高达51亿元，流动比率仅为1.26。三九集团总资产178亿，其中，固定资产38亿，长期投资40亿，两项合并78亿，仅约占总资产的44%。

2.经营状况不良、资金链断裂

三九医药2006年的季报显示，其一季度主营业务收入及净利润均同比下降近18%，经营状况不容乐观。三九集团内部频密的关联交易使得银行贷款风险增加，银行收缩贷款后企业资金链紧张。2001年违规占用三九医药资金事件的发生导致企业资金供应难以为继，资金链断裂。

#### （二）债务重组方案

经国务院批准，三九集团及其下属企业的20家金融债权人组成三九集团债权人委员会，同意对三九集团的债务进行重组。2004年9月26日，三九集团发布债务重组公告，进行三九集团层面的债务重组、三九医药层面的债务重组以及三九宜工生化股份有限公司、深圳市三九医药连锁股份有限公司及其控股的各级子公司的债务重组。由华润集团、新三九控股有限公司、三九集团及其下属企业在自债务重组协议生效日起1个月内向债权人一次性全额支付人民币4 457 002 080元，用以清偿全部集团层面和三九医药层面重组债务本金、三九医药层面欠息以及诉讼费。华润集团获得对三九集团的战略重组权后，在国家工商总局注册成立了新三九控股，作为重组三九集团的管理平台。至此，三九集团的债务重组最终得以完成。

债务重组前，三九医药预计负有不超过人民币 6 亿元的银行借款。根据债务重组方案，债权人同意豁免所有三九医药层面重组债务相关的罚息及复利；解除三九医药对相关重组债务的担保责任；解除所有与三九医药层面重组债务相关的抵押、质押及查封、冻结，并对其提起的所有与重组债务相关的诉讼案件、仲裁案件及执行案件予以撤诉或撤销执行申请。

### （三）债务重组成效

债务重组后，三九集团的各项财务指标得到改善：

1. 短期偿债能力

流动比率由 2004 年的 1.16 逐年增加到了 2010 年的 2.23，速动比率也由 2004 年的 1.09 逐年增加到 2010 年的 1.92，现金比率也由 2004 年的 0.13 逐年增加到 2010 年的 1.1。

2. 长期偿债能力

资产负债率由 2004 年的 68%逐年下降到了 2010 年的 27%，利息保障倍数达到了 70，企业偿还债务的能力大大增强，几乎不存在到期无法偿还债务的风险。

3. 盈利能力

2004 年后，企业努力控制费用支出，2005 年的成本费用较 2004 年下降 57%，企业实现扭亏为盈。之后，企业的盈利水平稳步增长，资产收益率稳步提高，每股收收益由 2004 年的－0.73 稳步增长到 2010 年的每股 0.87 元，投资效益明显。

**思考：**三九集团为什么会面临债务重组？从中国古代辩证思想出发，三九集团债务重组成功的案例可以给我们带来什么启示？

答案提示　扫描此码

资料来源：中建政研智库. 债务重组！不良资产处理案例分析[EB/OL]. https://www.163.com/dy/article/H7QNSP4G0518TF3C.html

# 本章知识点小结

1. 债务重组的方式包括资产清偿债务、债务转为权益工具、修改其他债务条件及上述三种方式的组合。

2. 新债务重组准则不再考虑抵债资产的公允价值，在计算债务重组损益时，债务人应当将所清偿债务账面价值与转让资产账面价值（而非公允价值）之间的差额计入"投资收益"或"其他收益——债务重组收益"科目。

3. 如果债权人受让多项资产，或者受让包括金融资产、非金融资产在内的多项资产，应按照《企业会计准则第 22 号——金融工具确认和计量》的规定确认和计量受让的金融资产；而对受让的金融资产以外的各项资产，则按照债务重组合同生效日的公允价值比例，分配放弃债权在合同生效日的公允价值扣除受让金融资产当日公允价值后的净额，并以此为基础分别确认各项资产的成本。

4. 修改其他债务条件方式下，债务人对于以摊余成本计量的债务，根据修订后的合同现金流量按照债务原实际利率的折现值计算确定重组后债务的账面价值；债权人根据修订后的合同现金流量按照债权原实际利率的折现值计算确定重组后债权的账面价值。

5. 实质性修改是指重组债权债务未来现金流量现值与原债权债务剩余期间现金流

量现值之间的差异超过了 10%。在计算未来现金流量现值时，均应采用原债务的实际
利率。

6. 债权人受让的交易性金融资产、其他权益工具投资、债权投资、其他债权投资
以受让资产的公允价值为基础入账，而对受让的长期股权投资、非金融资产则以放弃债
权的公允价值为基础入账。

7. 对债务人而言，采用金融工具偿还债务，产生的所清偿债务的账面价值与权益
工具及重组债务确认金额的差额，计入"投资收益"科目；采用非金融资产偿还债务，
产生的所清偿债务的账面价值与转让资产的账面价值的差额，计入"其他收益——债务
重组收益"科目。对于债权人而言，放弃债权的公允价值与账面价值的差额，计入"投
资收益"科目。

8. 债务人和债权人在不同偿债方式下的账务处理：

| 偿债方式 | | 债务人差额及处理 | | 债权人差额及处理 | |
|---|---|---|---|---|---|
| 以资产清偿债务 | 金融资产 | 债务账面价值–转让资产账面价值 | 投资收益 | 债权账面价值–受让金融资产公允价值 | 投资收益 |
| | 非金融资产 | 债务账面价值–转让资产账面价值 | 其他收益——债务重组收益 | 债权账面价值–债权公允价值 | 投资收益 |
| 债务转为权益工具 | | 债务账面价值–债转股股份的公允价值 | 投资收益 | 债权账面价值–受让金融资产公允价值 | 投资收益 |
| 修改其他债务条件 | 全部债权终止 | 原债务账面价值–新债务的公允价值 | 投资收益 | 原债权账面价值–新债权的公允价值 | 投资收益 |
| | 未全部债权终止 | 原债务账面价值–新债务的公允价值或折现确定的价值 | 投资收益 | 原债权账面价值–新债权的公允价值或折现确定的价值 | 投资收益 |
| 混合方式 | 金融工具偿还的部分 | 债务账面价值–转让资产账面价值及权益工具、重组债务确认金额 | 投资收益 | 债权账面价值–债权公允价值 | 投资收益 |
| | 非金融工具偿还的部分 | 债务账面价值–转让资产账面价值 | 其他收益——债务重组收益 | | |

# 思　考　题

1. 什么是债务重组？
2. 债务重组的方式包括哪些？
3. 以金融资产清偿债务时，债务人偿债资产账面价值与债务账面价值之间的差额
如何处理？以非金融资产清偿债务时，该差额又该如何处理？
4. 以金融资产清偿债务时，债权人已经对债权计提减值准备的情况下，债务重组
损失如何计量？债权人受让的资产价值如何计量？
5. 债转股时，债务人股票的公允价值与账面价值之间的差额如何进行会计处理？
6. 在修改债务条件的方式下，债务终止确认和债务未终止确认的会计处理有什么
区别？

# 练 习 题

1. A公司是B公司股东。20×1年12月31日，A公司应收B公司货款1 000万元，采用摊余成本进行后续计量。因B公司发生财务困难，债权人与B公司签订协议进行债务重组。合同约定，A公司免除B公司60%的债务，其他债权人免除50%的债务，未豁免的债务B公司应于20×2年6月30日前偿还。请问本例中，B公司20×1年度应就与A公司债务重组业务确认利得金额为（　　　）万元。

  A. 0             B. 100             C. 500             D. 600

2. A公司和B公司为非关联企业。A公司欠B公司货款1 000万元，由于A公司偿债困难，经协商后，A公司与B公司达成债务重组协议。协议约定，A公司以其设备和库存商品偿还债务880万元，剩余债务的70%在未来2个月内用现金偿还，其余债务豁免。A公司用于偿还债务的设备账面价值450万元，公允价值400万元；用于偿债的库存商品账面价值420万元，公允价值480万元。不考虑相关税费。要求计算A公司债务重组收益，并编制相关会计分录。

3. A公司应收B公司货款1 000万元，因B公司发生较为严重的财务困难，已经逾期1年半没有偿还，A公司计提了180万元的坏账准备。20×1年7月，A公司与B公司达成债务重组协议，约定B公司以其S产品和银行承兑汇票偿还债务。用于偿还债务的S产品成本为4万/件，市价为5万/件。20×1年8月，A公司收到B公司S产品150件和银行承兑汇票80万元。S产品增值税税率为13%，B公司向A公司开具了增值税专用发票，税款不另行收取。A公司放弃债权的公允价值为927.5万元。A公司和B公司均为增值税一般纳税人，不考虑其他税费。要求编制A公司债务重组的会计处理。

4. A公司欠控股股东K公司的货款为1 000万元，欠M银行的短期借款为400万元。20×1年1月，A公司与其控股股东K公司、债权银行M银行达成如下债务重组协议：A公司按照80%的比例立即以银行存款偿还上述款项，其余部分豁免。为扶持A公司尽快走出经营困境，2个月后K公司代A公司支付了其生产经营所需的200万元原材料款，并约定A公司不需偿还。要求编制上述业务中A公司的会计分录。

5. A公司应收B公司账款2 000万元，已计提坏账准备200万元。因B公司财务困难，双方于20×1年7月1日进行债务重组，合同签订日该项债权的公允价值为1 700万元。B公司用处置组抵偿上述债务，处置组中包括其他权益工具投资（公允价值400万元）、短期借款（公允价值200万元）、库存商品（公允价值420万元）、机器设备（公允价值980万元）。

20×1年7月30日上述资产组完成交接手续，债权债务解除。当天，资产组的价值情况为：其他权益工具投资账面价值390万元（成本为380万元，公允价值变动为10万元），公允价值为410万元；短期借款账面价值和公允价值均为200万元；库存商品账面价值为400万元；机器设备账面价值为900万元（原值1 式000万元，累计折旧100万元）。A公司取得后不改变资产组中各项目的分类，B公司按净利润的10%提取法定盈余公积。要求分别编制20×1年7月30日A公司和B公司债务重组的会计分录。

6. 20×1年7月1日，A公司与B公司进行债务重组。重组前，A公司应收B公司账款 1 000 万元，已计提坏账准备 200 万元，该项债权的公允价值为 850 万元。双方约定，B 公司用公允价值为 700 万元的存货抵偿债务，增值税为 91 万元。另 A 公司支付了该批商品的运输费等共计 1 万元。要求计算 A 公司得到库存商品的入账金额，并列出 A 公司的会计分录。

答案解析  扫描此码

## 即测即练题

自学自测  扫描此码

# 参 考 文 献

[1]  财政部. 企业会计准则应用指南（2022 年修订版）[M]. 上海：立信会计出版社，2022.

[2]  企业会计准则编审委员会. 企业会计准则案例讲解（2022 年版）[M]. 上海：立信会计出版社，2022.

[3]  中国注册会计师协会. 会计[M]. 北京：中国财政经济出版社，2022.

[4]  刘永泽、傅荣. 高级财务会计[M]. 7 版. 大连：东北财经大学出版社，2021.

[5]  周华. 高级财务会计[M]. 3 版. 北京：中国人民大学出版社，2019.

[6]  刘文霞. 三种合并财务报表理论的比较与选择[J]. 现代财经，2008(4)：64–67.

[7]  范小超. 新会计准则中合并财务报表的理论定位[J]. 财会月刊，2006(9)：12–13.

[8]  王志芹. 合并商誉会计处理的国际比较探讨[J]. 财会研究，2015(1)：30–32.

[9]  罗胜强，潘文学. 企业并购会计——重点、难点及案例分析[M]. 上海：立信会计出版社，2016.

[10]  黄中生，路国平. 高级财务会计[M]. 3 版. 北京：高等教育出版社，2019.

[11]  高顿财经研究院. 会计[M]. 2 版. 大连：东北财经大学出版社，2018.

[12]  张志凤. 会计[M]. 北京：北京科学技术出版社，2022.

[13]  中华会计网校. 会计[M]. 北京：人民出版社，2022.

[14]  陆建桥，王文慧. 国际财务报告准则研究最新动态与重点关注问题[J]. 会计研究，2018(1)：89–94.

[15]  黄中生，路国平. 高级财务会计学习指导与习题集[M]. 3 版. 北京：高等教育出版社，2019.

[16]  彭浪，段小法，郭黎. 高级财务会计学[M]. 上海：立信会计出版社，2015.

[17]  王焕良，马凤岗. 课程思政——设计与实践[M]. 北京：清华大学出版社，2021.

# 教师服务

感谢您选用清华大学出版社的教材！为了更好地服务教学，我们为授课教师提供本书的教学辅助资源，以及本学科重点教材信息。请您扫码获取。

## **》教辅获取**

本书教辅资源，授课教师扫码获取

## **》样书赠送**

**会计学类**重点教材，教师扫码获取样书

 清华大学出版社

---

E-mail: tupfuwu@163.com
电话: 010-83470332 / 83470142
地址: 北京市海淀区双清路学研大厦 B 座 509

网址: http://www.tup.com.cn/
传真: 8610-83470107
邮编: 100084